테크놀레이션

메타버스 스마트시티 그리고 디지털 옥외광고

학지사

안녕하세요 선생님

이화여자대학교 커뮤니케이션·미디어학부 유승철 교수입니다. 선생님을 직접 찾아뵙고 드리고 싶지만 이렇게 택배로 졸저를 전달 드림을 이해 부탁드립니다.

높고 웅장한 건물들과 빛나는 밤거리, 그리고 즐거운 보행자들의 인파, '도시'라 하면 떠올릴 만한 이미지입니다. 하지만 우리가 떠올리는 도시의 모습은 전 세계 어디를 가도 비슷비슷한 형태로 다가오는 것도 현실입니다. 그렇다면 이 거대한 도시 공간을 좀 더 매력적으로, 시민이 참여하는 공간으로 재창조할 수는 없을까요? 이러한 질문에서 이 책의 출발점이 마련되었습니다.

여러 가지 답이 있을 수 있겠지만, 필자들과 저는 디지털 광고에 주목했습니다. 문화와 커뮤니케이션이 풍부한 탈 미디어로 변모해 가고 있는 요즘의 상황을 살펴보면 광고는 과거에 비해 다양한 형태로 나타나기 때문입니다. 과거 광고는 단순히 상업적 메시지를 노출하는 수단으로 쓰였다면, 이제는 공공정보를 제공하기도 하며, 예술가와 일반 시민이 참여해 문화 콘텐츠를 전시할 공간으로 활용되기도 합니다. 이 책은 이런 독특한 최신 흐름을 정보통신 기술(technology)로 도시를 아름답게 한다(decoration)는 개념으로 정리하면서 '테코레이션(Tecoration)'이라는 신조어를 제시했습니다.

이 책의 제목은 『테코레이션: 메타버스 스마트시티 그리고 디지털 옥외광고』입니다. 필자들은 이 책을 통해서 테코레이션이라는 메타버스 스마트시티의 최신 변화를 개념화하고, 생생한 관련 사례들을 통해 독자에게 실용적인 정보를 제공하고자 합니다. 여러 국내외 사례를 통해 개념적 이해를 넘어서 실무적인 통찰을 얻을 수 있도록 각 챕터를 세심하게 준비했습니다. 스마트시티 도시정책 및 미디어/광고 정책을 입안하고 실행하는 정부 관계자들, 그리고 산업에서 디지털 미디어를 다루는 실무자들에게 이 책이 유용한 자료로 쓰이기를 기대합니다. 부족한 면이 많지만 시간을 내서 검토해 주시고 또 주변에 관련된 분들에게도 추천해 주시면 감사하겠습니다.

선생님, 연말에 건강하시고 내년도 더 힘차게 시작하길 기원합니다.

필자들을 대신해서
유승철 교수 드림

테코레이션

메타버스 스마트시티 그리고 디지털 옥외광고

테코레이션

메타버스 스마트시티 그리고 디지털 옥외광고

유승철 · 김병희 · 김신엽 · 윤호영 · 이남경 · 유원준 · 함창대 · 강승미 공저

TECORATION
Technology + Decoration

QR코드를 통해 저자의 소개 영상을 시청하실 수 있습니다.

학지사

— 머리말 —

문화와 커뮤니케이션이 있는
'메타버스 스마트시티'를 만들어 가자

"우리가 이 도시를 세웠어, 로큰롤 위에 이 도시를 만들었어."
We built this city, we built this city on rock and roll.

−스타쉽(1985)의 노래 〈We built this city〉 중에서−

높고 웅장한 건물들과 빛나는 밤거리, 즐거운 보행자들의 인파,
어린 시절 저자에게 '도시'는 늘 밝고 역동적으로 느껴지고는 했다.
청년기를 지나 이제 중년 언저리를 여행하고 있는 저자에게 도시
에 대한 인상이 전처럼 긍정적이지 않다는 점은 참으로 안타깝다.
도시가 경제적 교환가치에 따라 세밀한 단위로 분절되고, 성별과
나이 그리고 인종에 따라 갈등하는 전쟁터처럼 느껴지는 것이 요
즘 현실이다. 엎친 데 덮친 격으로 2020년 신종 코로나 바이러스가
발발한 이후 도시는 '감염병 통제'라는 다른 중차대한 과제까지 마
주하고 있다. 그렇다면 향후 우리의 도시는 공상과학 영화에서 자
주 만날 수 있는 디스토피아(dystopia)처럼 변해 갈까? 전 세계가 도

시의 이상향으로 간주하고 있는 스마트시티(Smart City)가 현대 도시의 문제들을 해결해 줄 수 있을까?

저자가 역동적인 도시의 모습을 떠올릴 때 늘 생각나는 노래는 〈We built this city〉다. 유명 로큰롤 그룹인 스타쉽(Starship)이 1985년 발표한 〈Knee Deep In The Hoopla〉 앨범 가운데서 가장 유명한 곡으로 1980년대 당시 비평가들에게 혹평을 받았지만, 대중적으로는 선풍적인 인기를 끈 노래다. 이 노래는 "우리가 이 도시를 세웠어, 로큰롤 위에 이 도시를 만들었어(We built this city, we built this city on rock and roll)."라는 구절로 시작한다. 저자는 이 노래가 스마트시티의 발전 방향에 많은 함의를 준다고 믿는다. 어디를 가도 비슷비슷한 모습으로 다가오는 도시라는 거대한 공간을 시민이 참여할 수 있고 다양한 목소리가 함께하는 매력적인 공간으로 재창조할 수는 없을까?

문화와 커뮤니케이션이 풍부한 디지털 미디어가 주도하는 요즘, 옥외광고는 단순히 상업적인 메시지를 송출하는 것 이상의 역할을 담당하고 있다. 공공정보의 비중이 높아지면서 예술가와 일반 시민이 참여하는 문화 콘텐츠의 전시 공간으로 활용되기도 한다. 이 책은 이런 독특한 흐름을 '정보통신 기술(technology)로 도시를 아름답게 한다(decoration)는 개념'으로 정리하면서 '테코레이션(Tecoration)'이라는 신조어를 제시한다.

이 책에는 스마트시티와 디지털 미디어의 특정 분야에서 상당한 성과를 거둔 영역의 전문가들이 필진으로 참여했다.

제1장 '메타버스 미디어 공간으로서 스마트시티 그리고 옥외광

고 테코레이션(유승철 교수 집필)'에서는 메타버스 스마트시티를 향한 도시의 변화 가운데서 발생하는 여러 현상을 설명하면서 옥외광고 테코레이션이 도시 소통에서 가지는 가치에 대해 이야기했다.

제2장 '소통도시로서의 스마트시티 그리고 공공 옥외 커뮤니케이션(김병희 교수 집필)'에서는 스마트시티의 개념과 정부의 정책 방향 그리고 디지털 옥외광고가 스마트시티 공공 커뮤니케이션에서 가지는 의미를 설명했다.

제3장 '테코레이션과 프로그래매틱 광고(김신엽 소장 집필)'에서는 디지털 사이니지가 스마트 기술과 만나 어떻게 사용자 경험을 만들어 가는지를 광고/마케팅적 관점에서 살펴보았다.

제4장 '스마트시티 테코레이션: 컴퓨팅과 데이터 그리고 옥외광고(윤호영 교수 집필)'에서는 스마트시티 커뮤니케이션이 엣지 컴퓨팅 기술 및 빅데이터 기술과 결합하면서 얻을 수 있는 효용과 동시에 발생 가능한 우려에 관해 설명했다.

제5장 '메타버스 스마트시티 그리고 디지털 빌보드: 기대와 우려 그리고 발전 방향(유승철 교수 집필)'에서는 스마트시티에서 신경망으로 기능할 디지털 빌보드의 개념과 시장성 그리고 관리 방향에 대해 정리했다.

제6장 '테코레이션 실현을 위한 디지털 사이니지 그리고 메타버스와의 접목(이남경 박사 집필)'에서는 정보공간으로서 스마트시티와 관련된 다양한 기술적 도전과 향후 발전 방향에 대해 논의했다.

제7장 'Post City의 징후, 테코레이션으로서의 도시예술(유원준 교수 집필)'에서는 테코레이션을 도시예술이라는 관점에서 새롭게 해

석하고 스마트시티에서 예술적 표현이 지니는 의미에 대해 살펴보았다.

제8장 '테코레이션이 열어 가는 스마트시티 그리고 도시 브랜딩에의 새로운 접근(함창대 교수 집필)'에서는 테코레이션을 도시 마케팅과 브랜딩 관점에서 살펴보고 브랜드 관리 관점에서 디지털 옥외광고가 발전할 방향에 대해 논의했다.

제9장 '전문가 인터뷰 및 테코레이션 사례(강승미 박사 집필)'에서는 메타버스 스마트시티와 관련된 혁신적 시도를 통해 새로운 역사를 만들어 가고 있는 6명의 학계 및 업계 전문가를 인터뷰했다.

이 책은 테코레이션이라는 메타버스 스마트시티의 최신 변화를 개념화함으로써 독자의 이해를 돕고 또 생생한 관련 사례들을 통해 독자에게 실용적인 정보를 제공하려고 했다. 특히 스마트시티 도시정책 및 미디어/광고 정책을 입안하고 실행하는 정부 관계자들과 산업현장에서 디지털 미디어를 개발하고 사업화하고 있을 실무자들에게 유용한 자료가 될 것이라고 믿는다. 또한 학부나 대학원에서 관련 전공으로 공부하고 있을 학생들에게도 신선한 자극이 될 것이다. 이 책을 마중물로 삼아 스마트시티와 디지털 미디어를 연계한 전문 서적이 다수 출간되고 관련된 학술 연구도 활성화되기를 고대한다.

이 책의 출간을 물심양면으로 도와주신 학지사의 김진환 대표님과 최임배 부사장님, 김순호 이사님, 편집작업 실무를 담당한 이영민 대리님을 비롯한 학지사의 선생님들께 고마움을 전한다. 이화여자대학교 커뮤니케이션·미디어 대학원의 연구원들, 무엇보다도 생소한 주제를 가지고 집필작업에 열정적으로 참여해 주신 저자 여러분과 인터뷰에 적극적으로 참여해 주신 전문가들에게도 감사드린다. 마지막으로, 이 단행본이 출간될 수 있도록 물심양면 후원해 주신 한국지방재정공제회 이인재 이사장님 그리고 한국옥외광고센터 여현호 센터장님께도 감사의 마음을 전한다.

미래는 언제나 어두운 면과 밝은 면을 동시에 지니고 있다. 밝은 면을 더 크게 만드는 것이 '내일을 열어 가는 사람들'의 역할이다. 이 책을 읽는 독자들이 모두 메타버스 스마트시티라는 거대한 변화를 보다 긍정적인 것으로 만드는 작업에 함께해 주길 바라며 또 많은 이가 새로운 도시 속에서 함께 행복할 수 있기를 고대한다.

2021년 11월
저자들을 대신해서
유승철

─────── 차례 ───────

09 전문가 인터뷰 및 테코레이션 사례 • 313

01

메타버스 미디어 공간으로서
스마트시티 그리고
옥외광고 테코레이션

QR코드를 통해 저자의 소개 영상을 시청하실 수 있습니다.

유승철
이화여자대학교 커뮤니케이션 · 미디어학부 교수

‘스마트(smart)’와 ‘도시화(urbanization)’라는 두 메가트랜드가 융합해 탄생한 스마트시티(Smart City)는 이미 수년 전부터 전 세계적인 화두다. 스마트시티의 성장에서 가장 주목해야 할 요소는 바로 ‘미디어의 기능을 하는 도시’라는 점이다. 미디어(媒體, Media)라고 하면 송신자(sender)가 수신자(receiver)에게 정보를 전달하는 과정에서 기능되는 매개체를 의미하며 채널(channel)이라고도 불린다.[1] 미디어 기술(media technology)이 발달하면서 커뮤니케이션의 양이 폭발적으로 증가함에 따라, 대용량의 정보를 고속으로 전달하기 위해 5G를 넘어 6G에 이를 정도로 통신 네트워크의 초고속화가 진행되는 것이 현대사회의 특징이다. 미디어를 통해서 전달되는 정보의 다양성도 엄청나게 증가하였으며 미디어의 종류 역시 ‘4대 대중매체’라고 불리는 TV, 라디오, 신문과 잡지가 급격히 쇠락하는 가운데 모바일 기기를 활용하는 디지털 미디어가 득세하고 있는 상황이다. 실례로 한 영국의 마케팅 조사에 따르면 영국인 기준으로 1년 동안 스마트폰을 사용하면서 엄지손가락을 움직인 거리가 마라톤 풀코스(42.195km)를 두 번 완주하는 거리(약 83㎞)에 육박한다고 한다. 이 결과는 단순히 화면을 올리고 내리는 동작만 계산했기 때문에 모바일 게임을 하거나 메시지를 보내려고 여러 차례 화면을 누르는 것까지 감안하면 실제 거리는 월등히 더 길 것으로 예상할 수 있다.[2]

---

1) Kittler, F. (1996). The history of communication media. *theory*, pp. 7-30.
2) Step away from the smartphone, https://www.dailymail.co.uk/sciencetech/article-9579525/Thumbs-travel-two-marathons-year-scrolling-social-media.html

모바일을 중심으로 디지털 미디어가 약진하는 가운데서 최근 주목 받고 있는 것이 바로 '메타버스 미디어(Metaverse Media: 이하 메타버스)'다.

'초월'이라는 의미의 '메타(Meta)'와 우주를 뜻하는 '유니버스(Universe)' 합성어인 메타버스(Metaverse)는 1992년 닐 스티븐슨(Neal Stephenson)의 소설 〈스노우 크래쉬〉에서 유래한 개념이라고 알려져 있다.[3] 메타버스는 정의하는 연구자에 따라서 크게 다르지만 주로 '가상의 것(virtual thing)'으로 간주된다. 하지만 최근에는 메타버스가 정치·경제·사회·문화의 전반적 측면에서 현실과 비현실 모두 공존할 수 있는 생활형·게임형 가상 세계라는 광의적인 의미로 사용되고 있다.[4] 독립 가상세계 메타버스의 대표주자로 알려진 로블록스(Roblox)의 전 세계 일일적극이용자(DAU: Daily Active Users)는 약 4천만 명에 육박한다. 로블록스 플랫폼 이용료는 누구에게나 무료이지만 대규모의 이용자를 바탕으로 인기 게임을 유료로 판매할 뿐 아니라 게임 제작자에게 게임을 마케팅하기 위한 광고비를 내도록 유도하는 등 플랫폼 운용에 따르는 비용과 부가적 수익을 창출하며 차세대 게임 플랫폼으로 자리잡고 있다.[5]

---

3) What is the metaverse?, https://www.economist.com/the-economist-explains/2021/05/11/what-is-the-metaverse
4) 김한철 외. 메타버스에 기반한 차세대 U-Biz 고찰, *Samsung SDS Journal of IT Services*, 6(1), p. 180
5) https://www.roblox.com

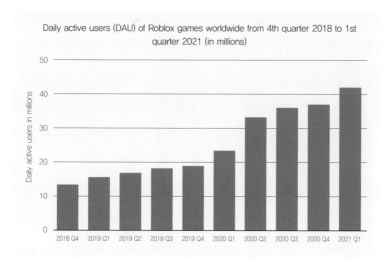

[그림 1-1] 로블록스의 전세계 일일적극사용자의 증가 추이

출처: https://www.statista.com/statistics/1192573/daily-active-users-global-roblox

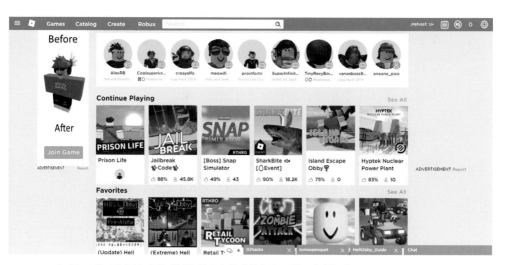

[그림 1-2] 로블록스에서 게임을 알리기 위해 활용되고 있는 다양한 광고

출처: https://devforum.roblox.com/t/remove-ads-sponsored-games-are-the-future/270296

앞서 설명한 메타버스 가상공간이 도시에도 접합되기 시작했음에도 주목해야 한다. 최근 약진 중인 스마트시티의 변화를 보면 도시 운영이 고도로 지능화되고 콘텐츠가 증강되면서 '도시에서 온라인과 오프라인의 경계 구분'이 파괴되는 모습을 발견할 수 있다. 우리는 과거와 다름없이 물리적 도시 공간을 걷고 있지만 이제는 지형지물과 연결된 공간정보를 스마트폰으로 확인하고 또 도심의 디지털 옥외광고를 통해 실시간 공공 및 상업 정보에 항시적으로 노출되고 있는 것이다. 도시의 지향점으로 자리 잡은 스마트시티는 이제 일종의 '도시민 생활 플랫폼'으로서 메타버스 기술과 융합 콘텐츠를 통해 도시민의 생활을 촘촘하게 연결하고 있다. 이 책에서는 '스마트시티가 메타버스 미디어 공간으로 기능하는 현상'을 '테코레이션(Tecoration: Technology + Decoration: 미디어 기술을 통한 도시 공간구축)'이라고 명명하고자 한다. 특히 이 책의 시작을 열어 갈 1장은 '메타버스 미디어 공간으로서 스마트시티 그리고 옥외광고 테코레이션'을 주제로 '디지털 옥외광고'가 만들어 가는 도시의 변화와 관련된 주요 이슈를 다루려고 한다.

WITH 바이러스 그리고 스마트시티 전성시대

바야흐로 '스마트시티 전성시대'라고 해도 과언이 아니다. 딜로이트(Deloitte)는 세계 스마트시티 시장 규모를 2016년 약 7,819억 달러 규모에서 연평균 약 16.6%씩 증가해 2021년에는 약 1조

6,900억 달러 규모까지 성장하리라 전망했다.[6] 특히 이 보고서에 따르면 아시아권 스마트시티의 성장이 유독 두드러지는데, 2017년 1분기 기준으로 아시아 태평양 지역의 스마트시티 프로젝트는 유럽 다음으로 많은 수준으로 추진되는 등 시장 규모가 크게 성장하고 있다. 이 장에서는 아시아 대표 도시라고 할 수 있는 서울, 상하이, 도쿄의 사례를 간략하게 살펴보려고 한다.

한국 국토교통부의 정의에 따르면 스마트시티는 "도시의 경쟁력과 삶의 질의 향상을 위하여 '건설 · 정보통신 기술 등'을 융 · 복합하여 건설된 도시기반 시설을 바탕으로 다양한 도시 서비스를 제공하는 지속 가능한 도시"라고 한다(법률 제15309호).[7] 대한민국 정부는 2018년 1월 '관계부처 합동 스마트시티 추진전략'을 발표했고 같은 해 2월에는 국토교통부가 스마트시티법을 개정하고 스마트시티 국가 시범도시(세종 5–1생활권, 부산 에코델타시티)를 선정했다. 또한, 과학기술정보통신부는 발맞춰 「지능정보화기본법」을 발의하는 등 스마트시티 사업에 총력을 기울이고 있다.[8]

중국 정부 역시 2012년 11월 「국가 스마트시티 시범도시 잠정관리방법(国家智慧城市试点暂行管理办法)」을 발표하고 2013년 초 90개 1차 시범 도시를 선정하는 등 스마트시티 육성에 상당히 적극적이다. 2017년 말 기준 중국에서 건설 중인 스마트시티 수는 무려

---

6) Deloitte (2018), Forces of change: Smart cities,
   https://www2.deloitte.com/us/en/insights/focus/sm-city/overview.html
7) 혁신도시조성및발전에관한특별법, https://www.law.go.kr
8) 대한민국 정책브리핑,
   https://www.korea.kr/special/policyCurationView.do?newsId=148863564

500여 개로 전 세계 스마트시티의 약 50%를 차지할 정도다.[9] 일본은 일찌기 2010년부터 추진 중인 '일본 신 성장 전략'의 하나로 '그린 이노베이션(Green Innovation)에 의한 환경, 에너지 대국전략'을 추진 중이며, 스마트시티도 이 전략의 핵심으로 포함되어 있다.[10] 일본은 저출산과 고령화 문제 그리고 지방 소멸 문제를 해결하기 위해 스마트시티에 사활을 걸었고 일본 내 스마트시티 시장 규모는 2019년 이후 4년 내 2배 확대될 것이라고 예상된다.[11]

한국을 대표하는 메가시티인 수도 서울(Seoul)은 이미 세계적 수준의 스마트시티로 교통과 안전, 환경 등 다양한 분야에서 스마트시티 전략을 추진해 왔다. 구체적으로 서울은 2019년 11월 스마트시티 엑스포 월드 콩그레스(SCEWC: Smart City Expo World Congress)에서 도시 분야의 본상을 받았으며, 2018년 7월 싱가포르의 에덴 전략연구소(Eden Strategy Institute)에서 발표한 세계 도시 스마트시티 평가에서도 상위 50개 도시 중 3위를 차지했을 정도로 높은 위상을 지니고 있다.[12]

중국 최대 상업도시이며 아시아 금융의 허브로 자리하고 있는 상하이(Shanghai)는 중국의 대표적인 스마트시티다. 2018년 8월, 상하이시는 IT공룡으로 불리는 알리바바(Alibaba), 텐센트(Tancent)

---

9) What is the metaverse?, https://www.economist.com/the-economist-explains/2021/ 05/11/what-is-the-metaverse

10) 일본의 스마트시티(2018). http://www.irsglobal.com/bbs/rwdboard/13679

11) 타카하시 요시에(2019). 일본, 소멸 위기 지방도시가 스마트시티로 변신. KOTRA. http:// news.kotra.or.kr/user/globalAllBbs/kotranews/album/2/globalBbsDataAllView. do?dataIdx=175104

12) 서울시, '바르셀로나 스마트시티 어워드' 본상 수상. https://www.asiatime.co.kr/news/ newsview.php?ncode=1065576370204168

와 '스마트시티 구축을 위한 협업'을 시작한 이래 통합 시스템에서 정부의 모든 공공 서비스를 이용할 수 있는 시스템을 개발하고 '상하이쇼핑(Shanghai Shopping)'이라는 차별화된 글로벌 도시 브랜드 구축을 위해 노력하고 있다. 한편, 일본은 도시경쟁력 평가에서 기술 수준이 가장 앞서 있으며 건설·교통 부문의 경쟁력은 이미 최고 수준에 이르렀다고 평가받고 있다. 특히 일본의 수도인 도쿄(Tokyo)는 첨단 도시정보 인프라를 구축했으며 도쿄올림픽 개최에 맞춰 고도화를 마친 상황이다.[13] 앞서 언급한 스마트시티 도시 비교에서 발견할 수 있는 것처럼, 서울과 상하이, 도쿄는 각기 다른 성격을 지니며 서로에게서 배울 점이 많다. 세 도시의 영역별 평가는 다음의 '글로벌 스마트시티 경쟁력 평가 영역별 순위' 표를 참고하길 바란다.

⟨표 1-1⟩ 글로벌 스마트시티 경쟁력 평가 영역별 순위

국가 (도시)	종합 순위	인적 자본	사회 통합	환경	공공 관리	거버 넌스	도시 계획	국제 영향력	기술	교통	경제
한국 (서울)	7	15	59	53	39	24	78	19	4	2	14
중국 (상하이)	80	12	163	165	148	61	102	12	7	4	79
일본 (도쿄)	8	6	96	8	33	91	86	20	5	21	6

출처: IESE Business School(2017), IESE Cities in Motion Index.

---

13) IESE cities in Motion Index (2017). https://blog.iese.edu/cities-challenges-and-management/2017/05/25/164

2020년 초 이래 세계를 공포의 도가니로 몰아넣고 있는 신종 코로나바이러스(COVID-19, 이하 코로나19) 발발 이래 초유의 사회경제적 위기를 겪고 있는 세계의 대도시들은 스마트시티로 빠른 변화를 통해 감염병을 극복하려고 노력하고 있다. 특히 코로나19 발발 초기 중국의 도시 관리에서 일어난 여러 시행착오는 우리에게 효과적인 스마트시티 커뮤니케이션에 대해 많은 함의를 전한다. 인정하고 싶지는 않지만 이제 말 그대로 감염병과 함께해야 할 'WITH 바이러스 시대'가 도래한 것이다. 그렇다면 코로나19 이후 스마트시티에는 어떤 변화가 일어날까?

첫째, 의료체계를 중심으로 스마트시티 내 공공 커뮤니케이션의 고도화를 예상할 수 있다. 여전히 논란 속에 있지만 사태가 발발했다고 거론되어 온 중국의 우한(Wuhan)시가 만일 고도의 스마트시티여서, 시민들의 건강정보 추적을 통해 및 바이러스 확산에 선제적으로 대응할 수만 있었더라면 현재와 같은 글로벌 대재앙은 일어나지 않았을 것이다. 둘째, 커뮤니케이션 네트워크 및 콘텐츠의 도시민 맞춤화와 도시 내 편재화다. 코로나19를 겪어 가면서 배운 것처럼 시민이 도시 어디에 있더라도 언제나 일원화된 긴급정보를 고속으로 전파할 수 있어야 사회적 동요와 불안을 줄일 수 있다. 단순히 스마트폰에 경계 문자를 빈번하게 발송하는 대응 이상의 커뮤니케이션 고도화가 필요하다. 이를 위한 정보 채널로 도시 디지털 옥외광고가 이바지할 수 있는 영역은 막대하다. 감염병 예방을 위해 로봇과 디지털 옥외광고를 결합한 로봇틱 디지털 사이니지(robotic digital signage)까지 등장할 정도다.[14] 셋째, 시민의 커

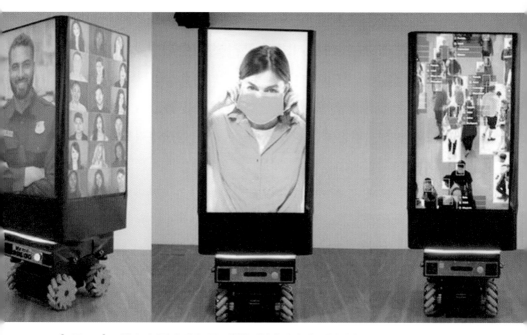

[그림 1-3] **로봇과 디지털 옥외광고를 결합한 감염병 방지 커뮤니케이션**
출처: https://www.digitalsignagetoday.com/articles/robotic-digital-signage-tackles-covid-19

뮤니티 소속감과 충성도를 높이기 위한 다양한 공공 커뮤니케이션
이 시행될 것으로 예상할 수 있다. 특히 경고성 높은 공공 메시지나
상업광고뿐 아니라 첨단 공공 미디어를 활용한 문화예술 콘텐츠를
활용한 소통까지도 늘어갈 것으로 예상할 수 있다.

---

14) Robotic digital signage tackles COVID-19, https://www.digitalsignagetoday.com/
articles/robotic-digital-signage-tackles-covid-19

메타버스 스마트시티의 공간정보 그리고
공간문화미디어

물리적 공간 및 가상공간이 만들어 내는 대량의 정보와 사물 인터넷(Internet of Things: 이하 IoT)을 연동하는 기술은 메타버스 스마트시티에서 핵심 역할을 담당한다. 빠르고 똑똑해진 인공지능(Artificial Intelligent: AI)의 힘으로 대용량의 공간정보(도시민의 위치 정보를 포함한)와 도시민 정보(인구통계 및 사회심리적 정보)가 빠르게 통합되고 실시간으로 자동 분석되면서 스마트시티에서 공간정보의 영향력은 더욱 높아질 것이다. MIT의 교수이자 MIT 미디어 랩의 창시자인 니콜라스 네그로폰테(Nicholas Negroponte) 교수는 1974년에 이미 "우리는 유비쿼터스적(어디든 존재하는)인 분산된 형태의 컴퓨터를 보게 될 것입니다. 아마 컴퓨터라는 것이 장난감, 아이스박스, 자전거 등 가정 내 모든 물건과 공간에 존재하게 될 것입니다."라고 언급했다.[15] 라틴어 'ubique'를 어원으로 하는 유비쿼터스(ubiquitous)라는 단어는 '동시에 어디에나 존재하는, 편재하는'이라는 사전적 의미를 지닌다. 2000년대 초반에 이미 2016년 이래 지금까지 시대의 화두로 자리 잡은 4차 산업혁명 정도로 큰 화두가 되었던 '유비쿼터스 컴퓨팅'은 이제 기술적으로 보다 고도화되어 실생활에 적용되고 있는 것이다.

---

15) Arns, I., Auner, J., & Bull, M. (2013). *Throughout: art and culture emerging with ubiquitous computing*. MIT Press.

　　공간정보를 기반으로 기능하는 미디어는 오프라인 공간에 설치된 옥외광고부터 도시민이 늘 휴대하는 스마트폰 그리고 가상공간에만 존재하는 게임까지 그 종류가 다양하다. 저자는 물리적 또는 가상의 공간정보를 활용해 기능하는 미디어를 통칭해 '공간문화미디어'라고 명명하려고 한다. 그리고 이 공간문화미디어가 증강도시(augmented city)로서 기능할 스마트시티에서 핵심적인 역할을 담당할 것으로 예상한다.

　　공간문화미디어라는 개념은 밀그램(Milgram)과 키시노(Kishino)가 제안한 분류체계를 적용해 구조화할 수 있다.[16] 구체적으로 실제환경(real-environment)과 가상환경(virtual-environment)이라는 연장선 위에서 공간 점유형, 공간 이동형, 공간 가상형으로 공간문화 콘텐츠를 유형화하는 것이 가능하다.

　　공간 점유형 매체(또는 위치기반 매체, Location Based Media: LBM)는 물리적 공간을 실제로 점유하면서 시민들과 소통하는 옥외광고 또는 옥외광고가 디지털화된 형태인 디지털 사이니지(digital signage 또는 Digital Out-Of-Home media: DOOH라고도 불린다.)를 들수 있다.

　　다음으로, 공간 이동형 매체의 대표적 사례로 개개인이 늘 휴대하는 매체인 모바일 미디어(mobile media)를 들 수 있다. 모바일 미디어의 용도는 단순히 공간정보를 기반으로 위치 관련 콘텐츠를 수신하고 활용하는 소극적 차원을 넘어서 이제는 VR/AR/MR 등 첨

---

16) Milgram, P., & Kishino, F. (1994). A taxonomy of mixed reality visual displays. *IEICE TRANSACTIONS on Information and Systems, 77*(12), pp. 1321-1329.

단기술을 통해 실제와 가상을 넘나드는 통로로 활용되고 있다. 최근에는 디지털 사이니지와 모바일 미디어를 상호 연동해 메시지를 주고받는 통합 미디어 서비스(integrated media service)까지도 쉽게 찾아볼 수 있다.

마지막으로 공간 가상형은 현실의 공간정보에 기반을 두지만 가상공간에서만 구현되는 형태의 매체를 지칭한다. 뉴욕시를 모델로 만든 레이싱/어드벤처 게임인 GTA(Grand Theft Auto) 연작, 공간건설 게임인 심시티(Simcity) 연작, 실감형 공간 가상체험들(예: 관광지 VR, 부동산/인테리어 VR), 현실에서는 광고가 집행되지는 않았음에도 공간정보를 응용해 방송 콘텐츠에 가상의 광고를 추가 삽입하는 스포츠 구장 가상광고(virtual advertising)가 대표적인 예다.

앞서 개념화한 공간문화미디어를 그 성격에 따라 분류하면 다음과 같다.[17]

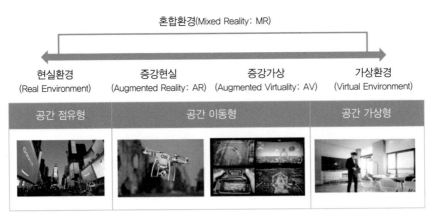

[그림 1-4] **공간문화미디어의 콘텐츠 유형화**
출처: 유승철(2019)의 도해를 참고해 수정함

〈표 1-2〉 **공간문화미디어의 유형과 특성**

공간문화미디어 유형	대표 미디어	미디어의 특성	미디어 기술
공간 점유형 (Real)	디지털 옥외광고	• 고정된 물리적 장소에서 관련한 상업/비상업적 서비스를 유상 또는 무상으로 제공	• 미디어 파사드 기술 • AR 연동 기술
공간 이동형 (Augmented/ Mixed)	모바일 미디어/ 드론	• 이용자에게 개인화된 특정 공간 연관 서비스 제공 • 공간을 이동하면서 관련 서비스를 실시간 제공	• GIS 기술 • AR 기술
공간 가상형 (Virtual)	게임/ 공간 가상체험	• 실제 또는 가상의 공간정보를 기반으로 새로운 가상/혼합공간을 구축 • 가상공간을 통한 공간정보 및 서비스 판매	• VR 기술 • 게임 등 가상세계

출처: 유승철(2019)을 참고해 수정함

　공간문화미디어를 이루는 것은 미디어 기술과 콘텐츠 요소다. 미디어 기술(media technology)은 미디어(media)와 혼용되어 쓰이기도 하지만 미디어가 일종의 대분류를 의미한다면 미디어 기술은 미디어를 기능하게 하는 '세부 기술 요소(technological elements)'를 지칭한다. 예컨대, 디지털 옥외광고라는 미디어 유형 아래에는 드론(drone), 홀로그램(hologram), 월-프로젝션(wall-projection), 미디어 파사드(media facade) 등 다양한 기술이 적용될 수 있다. 그 기술의 종류는 무한히 많고 지금 이 순간에도 새로운 기술들이 속속 등장하는 중이다. 이런 기술과 콘텐츠 요소가 만나서 설득력을 가

---

17) 유승철(2019). 공간문화콘텐츠 비즈니스의 핵심 성공조건에 관한 연구: ID3 알고리즘 기반의 귀납적 추론을 활용한 비즈니스 사례분석을 중심으로. 미디어 경제와 문화, 17(2), pp. 81-116.

지게 된다. 콘텐츠 요소는 콘텐츠에 소비자가 접근하는 방식이 수동적인지(push형: 강제적으로 정보를 밀어내듯이 전달) 또는 능동적인지(pull형: 이용자가 적극적 정보 탐색을 끌어냄)에 따라 구분된다. 한편, 콘텐츠가 풍부한 정보를 전달하는지(richness)에 따라서 풍부한(rich) 또는 단순한(simple) 콘텐츠로 구분된다. 이를 2x2 테이블로 만들면 [그림 1-5]와 같다. 앞서 언급한 공간미디어의 유형을 미디어 기술 그리고 콘텐츠 종류에 따라서 상세하게 정리하면 〈표 1-3〉과 같다.[18]

[그림 1-5] 공간문화미디어의 콘텐츠 유형화

출처: 유승철(2019)의 도해를 참고해 수정함

---

18) Arns, I., Auner, J., & Bull, M. (2013). *Throughout: art and culture emerging with ubiquitous computing*. MIT Press.

〈표 1-3〉 **공간문화미디어의 소통 방법, 목표대상, 운영 방법 및 수익 모델**

구분	아날로그 옥외광고	디지털 옥외광고	모바일 미디어	공간기반 가상현실
	공간 점유형		공간 이동형	공간 가상형
소통 방법	PUSH형 단방향 소통	즉각적, 타깃팅, 양방향 소통, 시간/위치기반 PUSH/PULL형 소통	즉각적 · 개인적 PUSH/PULL형 소통	이용자 대상 PULL형 소통
목표 대상	공간/장소를 이동하는 사람들 세분화 불가능	공간/장소를 이동하는 사람들 세분화 가능	- 공간/장소를 이동하는 대상 중 특정 콘텐츠 사용에 대한 의도가 있는 소비자 - 푸쉬 메시지에 적합하다고 판단되는 소비자	자발적인 콘텐츠 이용 고객 대상
운영 방법	단독형, 오프라인 관리 원격지 통제 불가	장소기반 네트워크 연결형 온라인 통합 관리	이용자기반 네트워크 연결형 온라인 통합 관리	이용자기반 네트워크 연결형 온라인 통합 관리
매체 사례	지역 랜드마크 도심 옥탑광고 도로변 야립광고 옥내외 포스터	미디어 파사드 (상설/비상설) 거리 디지털 전광판 관광 키오스크 옥내외 디지털 광고 예외: 이동형 디지털 사이니지 (드론버타이징 등)	SMS/MMS 광고PR 앱서비스 (지도, 맛집, 여행) 검색서비스 (지도, 맛집, 여행) VR/AR/MR 활용 각종 서비스	레이싱 게임 공간건설 게임 공간체험 VR 공간 가상광고
수익 모델	광고 수익	광고 수익 공공투자 제휴 수익	광고 수익 제휴 수익 판매 소액결재 이용자 이용료 프리미엄 이용료	광고 수익 제휴 수익 판매 소액결재 이용자 이용료 프리미엄 이용료

출처: 유승철(2019)을 참고해 수정함

앞서 설명한 공간문화미디어 가운데 도시 공간정보를 기반으로 빠르게 신기술을 접합하고 있는 미디어 유형이 바로 옥외광고다. 여타 매체에 비교해 물리적 규모감이 만드는 강력한 감각적 호소력을 지니고 있다는 점, 시민들이 이동 시에 반복적으로 접촉한다는 점, 또 도시경관의 중대한 요소로 작용한다는 점 등은 도시에서 옥외광고가 빈번하게 활용되는 이유다.[19] 옥외광고는 가장 오래된 광고의 형태이지만 가장 빠르게 디지털화되고 있는 광고이기도 하다. 디지털 옥외광고 또는 **디지털 사이니지**(digital out-of-home media 또는 digital signage)는 광장, 거리와 같은 도시 공공장소, 역사나 공항과 같은 교통시설물 등 집을 나선 소비자가 만나는 모든 도시 접점에서의 전자적 방법(electronic method)을 사용해 메시지를 송수신하는 정보 시스템이다.[20] 디지털 사이니지는 정보기술의 발전에 힘입어 광고, 정보, 디자인 그리고 예술의 결합을 통해 공간에 부가적인 가치를 창조한다.[21] 특정 장소를 점유하는 이유로 LBA(Location Based Advertising: 장소기반 광고)의 하나로 분류되기도 하는데, 특정 공간을 전략적으로 점유해 집행됨으로 자연스럽게 해당 공간의 장소특성 또는 장소성(placeness)을 조성하는 데 필수 요소로 작용한다는 특징이 있다.[22] 이렇게 디지털 옥외광고는

19) Bhargava, M., Donthu, N., & Caron, R. (1994). Improving the effectiveness of outdoor advertising: Lessons from a study of 282 campaigns. *Journal of Advertising Research, 34*(2), pp. 46-56.

20) 문철수(2010). OOH 광고 미디어로서의 디지털 사이니지에 관한 탐색적 연구. OOH 광고학연구, 7(4), pp. 237-256.

21) 유승철, 민지원, 황혜형(2016). 한국 디지털 사이니지 연구의 어제와 오늘. 한국콘텐츠학회 논문지, 16(10), pp. 745-757.

22) Jordaan, F. (2001). Environmental impact of outdoor advertising, *SATC* 2001.

거리나 건축물의 내외를 포함한 모든 곳을 디지털 정보공간으로 변화시킬 수 있다.

메타버스 스마트시티를 위한 옥외광고 테코레이션

디지털 옥외광고라는 공간문화미디어를 통해 도시 공간을 테코레이션한 사례는 여럿 찾아볼 수 있다. 실례로 홍콩의 '심포니 오브 라이트(Symphony of Lights)'는 2004년 홍콩관광청(The Hong Kong Tourism Board: HKTB)이 세계 최초로 개발한 초대형 규모의 라이트 쇼로, 홍콩 빅토리아 항구 주변 고층 건물들 사이로 매일 밤 8시에 펼쳐지는 음악/레이저쇼 공연이다. 자연 관광자원이 풍족하지 않은 홍콩이 '인공적으로 조성된 야경'을 관광 구심점으로 개발한 공간문화콘텐츠 상품으로 이해할 수 있다.[23] 기네스 세계기록(Guinness World Record)에 세계 최대 규모의 '라이트 & 사운드 쇼'로 등재된 심포니 오브 라이트는 40개가 넘는 초고층 빌딩들에 설치된 LED 광고 스크린과 조명, 레이저 투광기, 탐조등이 배경 교향곡과 함께 홍콩 하늘을 아름답게 수놓는다. 심포니 오브 라이트의 성공은 정부 차원에서 대규모 투자와 의사결정이 이뤄졌기 때문이다. 구체적으로 건물들의 세제 혜택을 강화하고, 네온사인 허가, 전기료 할인 등을 통해 야간 경관이 관광 상품화될 수 있도록 민간

---

23) 홍콩관광청(2018). A Symphony of Lights ｜ Hong Kong Tourism Board, http://www.discoverhongkong.com

[그림 1-6] 심포니 오브 라이트(Symphony of Lights)
출처: https://www.befreetour.com/en/detail/137-aqualuna-symphony-of-lights-cruise

에 다양한 지원을 아끼지 않은 것이 성공 요인으로 작용했다. [24]

미국 뉴욕 타임스스퀘어(Times Square)나 일본 오사카 도톰보리 (Dotombori)에 설치된 초대형 디지털 옥외광고는 관광지 방문객 과 지역 시민들을 목표로 설치된 '광고(advertisement)'다. 주목할 점

---

24) Knowles, C., & Harper, D. (2009). *Hong Kong: migrant lives, landscapes, and journeys*. Chicago, IL: University of Chicago Press.

은 타임스스퀘어나 도톰보리의 광고들은 빼곡한 빌딩들 사이에 존재하기 때문에 가시성(visibility)이 떨어지고 따라서 마케팅 목적으로 평가할 때 광고 효과가 크다고 주장하기는 힘들다는 점이다. 그럼에도 광고물의 콘텐츠 디자인과 편성이 공간문화콘텐츠로서 기능을 하기 때문에, 공간에 예술적 가치를 더할 뿐 아니라 방문객에게도 상당한 매력 요인으로 인식된다. 구체적으로 타임스스퀘어에는 광고물들의 크기와 모양이 매우 다양하며 제각기 다른 브랜드를 광고하고 있음에도 시민들과 관광객들에게는 하나의 초대형 디지털 예술품으로 인식되는 경향이 있다.[25] 실제로 하루 42만 명으로 추산되는 타임스스퀘어 유동인구 가운데 25만 명이 타임스스퀘어에서의 경험을 주제로 인스타그램을 비롯한 소셜 미디어에 메시지를 올린다고 한다.

다른 예로, 영국 런던의 피카딜리 서커스(Piccadilly Circus)는 화려한 디지털 사이니지가 밀집해 있는 영국의 대표적 관광명소다. 실제로 피카딜리 서커스 주요 구간의 건물 다수는 삼성과 LG를 포함한 다국적 기업들의 디지털 사이니지로 꾸며져 있다. 피카딜리 서

---

25) 권중록(2016). 전광판 광고탑의 랜드마크 기능에 대한 탐색적 연구, 지역사회연구, 24(1), 157-176.

커스의 디지털 사이니지가 주목받는 이유는 현대와 과거를 아우르는 장소성의 조화 때문이다. 현대식으로 디자인되어 있어 첨단의 이미지를 주는 동시에 예술과 문화로 유명한 영국의 전통적 분위기까지 느낄 수 있다. 피카딜리 서커스의 디지털 사이니지는 광고적 기능뿐 아니라 다양한 예술적 감성을 전달하는 콘텐츠까지 전략적으로 편성하고 있다. 광고 또한 매우 파격적이고 혁신적인 것이 많다.[26] 영국의 웨스트민스터(Westminster) 지역에서는 원칙적으로 애드벌룬, 모바일 빌보드 그리고 전광판을 포함한 특수 옥외광고를 금지하고 있으나 피커딜리 서커스 지역에 한해서는 규제

뉴욕 타임스스퀘어 "갤럭시S8"	런던 피카딜리 서커스 "Magic of flying	중국 상하이 푸동 "I♥SH"
타임스스퀘어 광장 45개 전광판을 연결해 푸른 바다 속에서 고래가 유영하는 영상으로 공감 체험	피카딜리 서커스에 British Airways의 이착륙 비행기 기종, 출발지 등 공유	중국 상하이 푸동 Aurora 빌딩에 LED 전광판 에 I♥SH로 상하이 홍보

[그림 1-7] 세계 주요 도시의 랜드마크 미디어에 집행된 옥외광고 테코레이션 사례

출처: 저자 정리

---

26) 이승지(2015). 도시 공간적 특성을 고려한 옥외광고물 자유표시구역의 지정 방안, OOH 광고학연구, 12(1), pp. 78-105.

를 대폭 완화하고 있는데, 규제 완화의 이유는 해당 지역의 광고가 주변 경관과 관광 산업에 긍정적 영향을 미치고 있다는 판단 때문이다.[27)]

최근 '도시 공간의 혁신'은 단순히 새로운 건축물이나 대형 구조물이 세워지는 것을 넘어서 '메타버스 미디어를 통해 다양한 콘텐츠를 제공'함으로써 도시 공간을 역동적인 정보증강 공간으로 변화시키고 있다는 점이 특징이다. 다시 말해, 앞서 언급한 테코레이션(Tecoration)이 고도화되고 있는 것이다. 5G-6G 초고속 통신 네트워크와 메타버스로 대표되는 첨단의 가상정보 기술들은 이런 현상을 촉진하고 있다. 구체적으로 모바일 웨어러블 정보기기가 보다 경량화되고 대형 디스플레이의 설치가 더욱 쉬워지면서 우리가 살고 있는 도시는 공상과학 영화에서나 만날 수 있었던 그런 모습으로 변화하고 있다. 한 영화(Ghost in the Shell, 2017)에서는 도시 곳곳에서 초대형 홀로그램과 같은 첨단 디스플레이 광고가 송출되고 있고 보행자와 시시각각 정보를 주고받으며 소통하고 있는 장면이 등장한다. 이제 영화에서 본 공상과학적 초현실의 모습이 우리에게 성큼 다가오고 있는 것이다.

---

27) Koeck, R., & Warnaby, G. (2014). Outdoor advertising in urban context: Spatiality, temporality and individuality. *Journal of Marketing Management, 30*(13-14), 1402-1422.

[그림 1-7] 공상과학 영화(Ghost in the shell, 2017)에서 미래 도시를 그린 한 장면
출처: https://www.imdb.com/title/tt1219827

도시의 오프라인 공간은 분명히 '물리적으로 실존하는 공간 (physical space)'이다. 반면에 가상의 온라인 공간은 물리적 기반이 없이 0과 1이라는 바이너리 데이터(binary data)의 무한 조합으로 결정되는 '디지털 정보공간'이다. 여기서 주목할 점은 물류와 유통 그리고 소매업을 필두로 전 산업이 정보지식산업화되고 물리적 공간이 가상공간과 융합하면서 각자의 본래 기능이 크게 바뀌고 있다는 점이다. 코로나19 이후 일상화된 비대면 재택근무는 이와 같은 지각변동을 촉진하고 있다. 일례로 과거 지식 노동자에게 필요한 적정 공간이 팀원들과의 협업을 위한 큰 규모의 물리적 공간이었다면 이제는 노트북과 VR헤드셋 정도면 카페 모퉁이에서도 충분히 공동의 목표 달성을 위해 협업할 수 있게 되었다. 스페이셜 (Spatial)이라는 스타트업은 2020년 이용자가 VR장비 없이 스마트폰이나 웹캠만으로도 증강현실 또는 홀로그래픽한 3D 가상 업무

[그림 1-8] **스페이셜(Spatial)이 선보인 메타버스 회의공간과 저자의 아바타**
출처: https://spatial.io

공간(holographic 3D workspace)을 통해 만날 수 있는 신기술을 선보였다.[28] 스페이셜을 통해 본인의 얼굴이 올려진 아바타를 활용해 가상공간에 접속한 동료들이 공동 필기를 하고 토론을 하는 등 현실과 유사한 협업이 가능하다.

앞서 언급한 것처럼 스마트시티 공간 곳곳이 메타버스화되는 것에 주목해 볼 필요가 있다. 도시 주요 지점에는 이미 감염병 긴급정보를 전달하기 위해 크고 작은 디지털 옥외광고가 적극적으로 활용되고 있다. 실례로 2020년 4월에는 코로나 19로 공포에 빠진 영국 시민을 안정시키기 위해 엘리자베스 여왕(Queen Elizabeth)이 영국의 타임스스퀘어라고 불리는 피카딜리 서커스의 대형 디지털 사이니지에 출연하기도 했다.

지면에 두 발을 딛고 살아가는 인간에게 물리적 공간은 여전히 결정적이다. 하지만 공간이 지니는 기능과 역할은 메타버스 스마

---

28) https://spatial.io

[그림 1-9] 영국 피카딜리 서커스의 초대형 디지털 사이니지에 등장한 엘리자베스 여왕

출처: https://www.thetimes.co.uk/article/millions-of-french-tune-in-to-queen-for-comfort-amid-coronavirus-crisis-h36m0nds0

트시티 환경에서는 달라져야 한다. 70대 이상의 노인 사이에서도 스마트폰으로 장보기와 모바일 지도 활용이 일상화된 요즘에는 특히 세대 간 정보 격차까지도 크게 줄었다. 소위 직주 근접성(직장과 거주지가 근접한 정도) 또는 기반 시설 근접성이 주는 가치가 차차 줄어들고 대신 업무와 휴식이 병행될 수 있는 한적한 교외의 지역이 시민들의 선호를 얻을 수도 있다. 물론 부동산이 주거 가치라는 기능적 의미보다 자산으로 기능하는 교환가치(exchange value)가 보다 중요한 것으로 여겨지는 국내에서 이런 변화는 더디게 올 듯하다. 스마트시티의 핵심 기능은 정보기반의 도시 운영이다. 정부 지자체는 무한히 쌓여 가는 도시 내 각종 정보를 고속으로 처리하

고 시민들에게 효용도가 높은 정보로 재가공해 도시인의 삶의 질
을 높이는 데 초점을 두고 있다.

실제 싱가포르(Singapore)는 스마트시티 디지털 트윈(digital twin:
현실세계에 존재하는 사물이나 시스템, 또는 환경 등을 가상공간에 동일
하게 구현하는, 즉 가상 쌍둥이를 만드는 기술) 프로젝트의 일환으로
'버추얼 싱가포르(Virtual Singapore) 프로젝트'를 진행해 오고 있다.
구체적으로 싱가포르 전체를 3D 가상공간으로 옮기는 대규모 작업
으로, 이를 통해 도시계획을 포함한 도시 운영을 위한 목적으로 활
용하고 있다.[29] 국내에서도 도시 공공 데이터를 적극적으로 공개하
면서 비상업적 활용뿐 아니라 상업적 활용까지도 권장하고 있다.
서울시의 '열린데이터광장'이 대표적이다.[30] 2021년 5월에는 라이다
(LiDAR) 센서로 도시의 공간 데이터를 수집해 '고해상도 3차원 정밀
지도'를 제작하는 서비스도 실험적인 사업 운영을 허가하는 '산업융
합규제샌드박스 실증특례'를 받은 바 있다.[31] 뿐만 아니라 서울시
도 버추얼 싱가포르와 비슷한 3차원기반의 '버추얼 서울'을 구축하
고 있어 기대를 모으고 있다. 3D 공간정보를 기반으로 개발되고 있
는 이 시스템은 재난안전과 교통편의 등 서울시에서 발생하고 있는
각종 문제를 해결하려는 목적으로 운영될 예정이라고 한다.[32]

---

29) National Research Foundation Singapore, https://www.nrf.gov.sg/programmes/virtual-singapore
30) 열린데이터광장, https://data.seoul.go.kr
31) 산업융합규제샌드박스(산업통상자원부 산하기관), https://sandbox.kiat.or.kr
32) '디지털 트윈'으로 도시 문제 해결해야, https://www.sciencetimes.co.kr

[그림 1-10] 버추얼 싱가포르를 활용한 도시계획 사례

출처: https://asia.nikkei.com/Business/Biotechnology/Virtual-Singapore-offers-tools-for-urban-planners

　　도시 운영에 필요한 필수 정보 그리고 광고를 포함한 상업적인 정보를 TPO(Time Place Occasion: 시간 장소 그리고 상황)에 맞게 전달하기 위해서는 정보의 수집 가공 그리고 메시지의 송출에 관련된 다양한 고도기술이 필요하다. 현재는 이용자의 스마트폰을 활용한 소통에 의지하고 있지만 추후 비접촉 이용자 인식 기술이 발전하면서 스마트폰이 없이도 도시의 각종 센서가 이용자를 파악하고 소통할 시대가 가까워지고 있다. 이미 도시의 각종 시설물을 통해 가상세계와 연동하려는 다양한 시도가 있어 왔다. 뉴욕의 링크 NYC(LinkNYC)는 종래의 전화부스를 혁신한 흥미로운 사례다. 구글의 계열사(Google's Sidewalk Labs)를 포함한 다수 첨단기업이 콘소시움으로 참여한 이 사업을 통해 2020년 11월 기준으로 뉴욕에 1,809기의 디지털 키오스크가 설치되었다. 이 기기에 상업 및 공공 광고, 지역정보 제공, 무료통화, 초고속 인터넷, 스마트폰 충전, 또 최근에는 방범 기능까지 추가되면서 스마트시티 고도화에 기여하고 있다. 시설물 제작 및 관리비에 대한 모든 비용을 광고 수익을

통해 충당하고 있다는 점도 흥미롭다. 공공의 역할과 상업적 역할을 동시에 하는 셈이다.[33] 오하이오의 주도인 콜럼버스(Columbus)에서도 스마트시티 전략의 일환으로 2018년부터 디지털 키오스크를 도시 주요 지점에 설치 중이다.[34] 한국 세종시도 2021년 '빅데이터 기반 디지털 옥외광고 시범운영' 계획을 통해 세종시 나성동 중심상업 지역 보행자 도로에 디지털 정보 디스플레이를 이용한 디지털 사이니지를 설치했다. AR/VR을 활용한 실감현실을 적용했을

[그림 1-11] 뉴욕의 링크NYC에 추가된 시민안전 방범 기능

출처: http://www.shanestrassberg.com/linknyc-safe-city

---

33) Link NYC, https://www.link.nyc

34) Berkeley moves forward with plan to install 'smart kiosks' in shopping districts, https://www.berkeleyside.org/2018/11/28/berkeley-moves-forward-with-plan-to-install-smart-kiosks-in-shopping-districts

[그림 1-12] 미국 오하이오주 콜럼버스에 설치된 디지털 키오스크

출처: https://www.berkeleyside.org/2018/11/28/berkeley-moves-forward-with-plan-to-install-smart-kiosks-in-shopping-districts

[그림 1-13] 세종시에 설치된 국내 최대 규모의 스마트 미디어 큐브

출처: http://www.glaam.co.kr

뿐 아니라 접촉한 시민(소비자)에 대한 빅데이터를 자영업자들에게 제공할 수 있다. 또 최근에는 나성동에 국내 최대 규모의 '스마트 미디어 큐브'를 완공하기도 했다.[35]

　사실 앞서 언급한 사례들과 유사한 시도가 국내에서도 오래전부터 있었다는 사실을 알면 놀라워 할 독자들도 있을 것이다. 강남구 역삼동 강남대로 강남역 11번 출구와 신논현역 5번 출구 사이의 강남대로변에는 10m 높이의 '검은 기둥' 총 22개가 30m 간격으로 서 있다. 바로 2009년 서울시와 강남구가 80억 원의 예산을 투자해 설치한 강남의 명물인 '강남대로 미디어폴(Media Pole)'이다. 2009년 설치 당시에는 뉴스 읽기, 사진촬영뿐 아니라 3D아바타 체험까지도 가능할 정도로 월등한 디지털 기술력을 보여 준 첨단 매체였다. 현재는 스마트폰의 급격한 발전으로 미디어 이용자가 급감하고 자연스럽게 광고 매체로서 가치까지 하락하기는 했지만, 국내를 넘어 세계를 대표할 수 있는 디지털 공공시설물이 이미 2009년에 서울의 도심에 설치되었다는 것은 그 의미가 크다. 한편으로는 시대를 지나치게 앞서간 미디어라고 평가할 수 있겠다. 향후 미디어 사업자는 이용자를 둘러싸고 있는 정치/경제/사회/기술적 변화를 읽고 그에 대응해 진화를 거듭해야 한다는 교훈을 주고 있다.

　앞서 언급한 기술적 기반을 갖추는 것뿐 아니라 도시민 그리고 방문객에 대한 이해를 높이기 위한 생활자에 대한 기초연구가 필수적이다. 기술의 궁극적인 목표는 바로 도시민과 방문객의 '삶의

---

35) 세종시, '빅데이터 기반 디지털 옥외광고 시범운영' http://www.newstnt.com/news/articleView.html?idxno=94647

[그림 1-14] 강남대로 미디어폴 3D 아바타 체험 장면

출처: https://www.samsung.com/sec/business/insights/case-study/reference-gangmandaero

[그림 1-15] 강남대로 미디어폴 야간시간 운영사진

출처: https://www.samsung.com/sec/business/insights/case-study/reference-gangmandaero

질(quality of life)'을 높이는 것이기 때문이다. 삶의 질과 만족도는 '심리적 해석(psychological interpretation)'에 따라 결정된다.[36] 구체적으로 우리의 지각(perception)은 현실 그 자체를 그대로 반영하기보다는 능동적인 해석 과정을 통해서 재가공된다. 이는 신라시대 원효대사(元曉大師, 617~686)가 선진국인 당나라로 유학길에서 동굴에서 하루를 묵어 가다가 해골에 담긴 오염된 물을 기쁘게 마셨는데, 아침이 되어 그 사실을 알고 복통과 구토에 시달렸다는 유명한 이야기와 비슷하다. 원효대사의 일화에서처럼 '정보 수신자의 지각과 해석'은 물리적 사실보다 더 중요하다.

현실과 가상이 인간의 삶에 주는 비중에서 '가상의 비중'이 날로 커지고 있다. 메타버스를 설명하는 영화라고 불리는 〈레디 플레이어 원(Ready Player One)〉(2018)의 주인공은 현실에서는 허름한 박스 트레일러에서 살지만, 가상현실 안에서는 매우 역동적이고 모험 넘치는 삶을 살고 있다. 물리적 현실에 대한 불만족을 떨치려는 도구로서 가상현실의 역할이 점차 중요해질 것이다. 가상이 현실만큼 중요해지면서 도시공간의 역할도 바뀌어 갈 것이다. 이런 배경에서 가상과 융합한 '증강현실 공간(augmented reality space)'이 되어 가고 있는 메타버스 스마트시티에 적합한 '도시 커뮤니케이션(urban communication)'에 주목할 필요가 있다.

---

36) Hamlyn, D. W. (2017). *The psychology of perception: A philosophical examination of Gestalt theory and derivative theories of perception* (Vol. 13). Routledge.

[그림 1-16] 영화 〈레디 플레이어 원〉에서 주인공이 가상현실 기기를 착용한 장면
출처: https://www.imdb.com/title/tt1677720

메타버스 시대의 도시 커뮤니케이션

일반적으로 스마트시티라고 하면 물리적이고 초연결 네트워크
와 빅데이터로 대표되는 '기술적 요소'들을 통해 완성된다고 간주
하는 경향이 있다. 하지만 첨단기술은 시민들이 스마트시티라는
공동체(community)에서 얻을 수 있는 '삶의 질과 행복'을 만드는 '효
과적인 도구'로서 진정한 가치가 있다. 다시 말해서 스마트시티는
기술 발전과 같은 물질적 지표가 아니라 '도시민의 안녕과 행복이
보장되는 살기 좋은 도시'를 최종 거버넌스(governance) 목표로 삼
아야 한다.

캐나다의 인문지리학자인 에드워드 렐프(Edward Relph)는 독일의
실존 철학자인 마르틴 하이데거(Martin Heidegger)를 인용하면서 인

간다움에서 장소의 중요성을 강조한 바 있다.[37] 공간은 본디 일차원
적이고 중립적이며 기하학적인 형태로 인간의 직접 경험에 별 의미
가 없다.[38] 반면, 장소(place)는 공간에 참여자의 경험적 맥락의 의미
가 부여된 '인간다운 공간'이다. 장소는 사람과 환경과의 다양한 상
호작용 가운데서 형성된다. 앞서 '인간답다'는 것은 의미 있는 장소
로 가득한 세상에서 산다는 것이라고 볼 수 있다. 스마트시티가 시
민들에게 의미 있는 장소로 자리매김하기 위해서는 메타버스 기술
을 활용해 전략적이고 지속적인 커뮤니케이션 노력이 필요하다.

　스마트시티에서 핵심적인 소통 채널로 활용되고 있는 디지털 옥
외광고는 IT 기술의 발전과 함께 광고, 정보, 디자인의 결합으로 공
간이나 건축물을 개성화 혹은 특성화시켜 인간의 삶과 생활에 가
치 있는 유희를 줄 수 있다.[39] 한국은 이미 테코레이션과 관련해서
도전적인 시도를 시작했다. 구체적으로 행정안전부는 2016년 12월
서울시 강남구 코엑스(COEX) 일대를 '광고물 등 자유표시구역'으
로 선정,[40] 강남구와 사업자가 컨소시엄을 구성해 초대형 디지털
옥외광고물을 설치 및 운영하는 사업을 추진해 큰 주목을 받았다.
한국의 타임스스퀘어라고 불릴 수 있는 광고물 등 자유표시구역을
중심으로 2019년 9월 '꿈이 이루어지는 곳, 강남'을 주제로 강남페
스티벌이 열려 뉴미디어아트와 창작 퍼포먼스 등이 펼쳐졌고, 풍

37) Relph, E. (1976). *Place and placelessness* (Vol. 67), London: Pion.
38) Tuan, Y. (1995). Island selves: HUMAN DISCONNECTEDNESS in a world of interdependence, *Geographical Review*, 85(2), 229. doi:10.2307/216065
39) 이후종(2011). 복합요소를 통한 디지털 사이니지 사례연구. *Archives of Design Research*, 24(3), 153-164.
40) 자유표시구역에서의 표시방법, https://easylaw.go.kr/

[그림 1-17] 광고물 등 자유표시구역 예상도, 행정안전부 제공
출처: http://news.kmib.co.kr/article/view.asp?arcid=0923652424&code=11151400&cp

성한 콘텐츠를 자유표시구역 내 6개소 총 16기의 디지털 옥외광고를 통해 실시간으로 표출했다.[41]

도시에 있어 디지털 옥외광고물의 역할은 단순히 도시민들과의 소통을 위한 채널의 기능을 넘어서 방문객과 잠재 방문객에게도 긍정적인 영향력을 행사한다. 한 연구에 따르면 도시의 디지털 옥외광고는 현대적이고 새로운 도시 이미지 형성에 긍정적인 영향을 주고 도시방문의사에도 정적인 영향을 준다고 한다.[42] 실례로 2020년 5월 삼성동이 CNN을 비롯한 외신(外信)의 집중 관심 지역으로 떠올랐다. K-POP 광장 앞 코엑스 아티움 건물에 있는 대형

41) 내일부터 코엑스에서 '강남페스티벌', https://www.weeklytrade.co.kr/news/view.html?section=1&no=57474
42) 김선영(2013). 도시 마케팅과 환경심리학적 측면으로 본 미디어 파사드 디자인과 도시 이미지. 한국과학포럼, 14, pp. 23-38.

디지털 옥외광고를 통해 송출된 웨이브(Wave) 영상 때문이다. 매시 정각과 30분마다 대략 1분 동안 시퍼런 파도가 8K 초고해상도로 요동치는 '물이 만들어 내는 초현실적인 쇼'를 보기위해 기다리는 사람들까지도 생겼고 유튜브를 필두로 한 각종 소셜 미디어를 통해 세계적인 반향이 있었다. 이 예술적인 콘텐츠는 전광판이나

[그림 1-18] 코엑스 K-POP 광장에 설치된 대형 디지털 옥외광고에서 송출된 웨이브

출처: https://stupiddope.com/2020/05/20/wave-public-art-installation-by-south-koreas-dstrict

건물 내 공간을 연출 공간으로 활용하고자 하는 사업자들의 관심을 끌기 위한 전략으로, 공공 예술인 동시에 한편으로 광고의 기능을 지니고 있다.[43]

저자가 2020년 11월에서 12월까지 웨이브를 다룬 유튜브 영

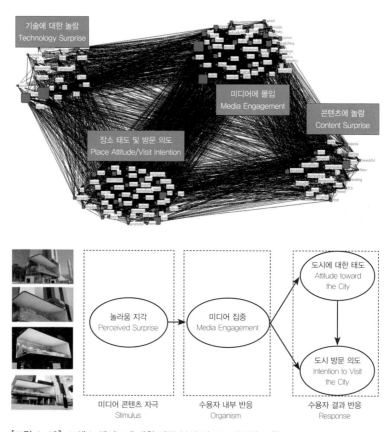

[그림 1-19] 코엑스 웨이브에 대한 댓글 분석 및 구조방정식 모형

---

43) 서울 삼성동에 파도가 갇혀있다,
  https://www.chosun.com/site/data/html_dir/2020/05/23/2020052300488.html

상에 달린 영어로 작성된 댓글(956개)을 모아서 토픽 분석(topic analysis)을 진행한 결과에 따르면 댓글들은, ① 기술에 대한 놀람, ② 콘텐츠에 대한 놀람, ③ 미디어에 몰입, ④ 장소태도 및 방문의도와 관련된 것으로 유형화할 수 있었다. 댓글의 유형에서 착안해 이론모형을 만들고 이를 외국인 316명을 대상으로 얻은 클라우드 온라인 설문(Amazon Mechanical Turk)을 통해 얻은 결과를 구조방정식을 활용해 분석 및 검증했다. 그 결과를 보면 (직접 또는 영상을 통해) 웨이브를 본 응답자는 처음에는 놀라워하고 집중한 이후 도시를 좋아하게 되며, 종국에는 도시를 방문하고 싶어 한다는 점을 검증할 수 있었다. 글로벌 도시 브랜딩 측면에서 옥외광고를 활용한 테코레이션을 통해 해외의 잠재 방문객에게 긍정적 영향과 선호를 만들어 낼 수 있음을 보여 주는 흥미로운 연구 결과다.

　해외에서도 랜드마크가 될 만한 디지털 옥외 미디어 시설물을 만드는 데 혈안이 되어 있다. 그 가운데 가장 주목받고 있는 사례가 바로 라스베이거스의 MSG 스피어(MSG Sphere)다. 지구본 모양을 한 17,500석 규모의 돔형 경기장의 내·외부는 모두 고해상도 디스플레이로 이뤄져 있어서 구조물 안팎으로 광고 및 예술 영상을 송출할 수 있다. 초저주파 햅틱 시스템을 통해 전 좌석 관람객에게 모두 웅장한 음악을 전달할 수 있다고 한다. 총 18억 달러의 천문학적인 건설비용이 소요될 것으로 예상되는 이 프로젝트는 2023년에 완공을 목표로 공사 중이다. [44] 지금까지 시도된 적이 없는 대단한

---

44) https://www.msgsphere.com

[그림 1-20] MSG 스피어의 내 · 외부 모습

출처: https://twitter.com/enzomarinotv/status/1153714568998244353/photo/1

규모의 랜드마크 미디어 프로젝트이며 공연예술의 역사를 바꿀 만한 시도라고 평가할 수 있다. MSG 스피어가 완공될 시점에 라스베이거스가 가질 도시 브랜드 파워는 막대할 것이다.

버틀러(Butler)의 관광 목적지 수명이론(Tourist Area Life Cycle: TALC)에 따르면, 관광지는 시간의 흐름에 따라 6단계를 거치게 된다. 그 과정은 순차적으로 개척 단계→관여 단계→발전 단계→강화 단계→정체 단계→쇠퇴 단계→회복 단계다.[45] 라스베이거스의 경우 관광객 및 컨벤션 참가인원이 감소되는 흐름을 발견하고 도시의 재브랜딩(re-branding)을 통해 정체 및 쇠퇴 단계가 오기 전에 강화 단

---

45) Butler, R. W. (2006). The future and the TALC. *The tourism area life cycle, 2,* pp. 281-290.

계부터 가족이 찾는 종합휴양지라는 특성을 더해 지속 가능한 관광도시로서 잠재력을 키웠다. 또 앞서 제시한 MSG 스피어와 같은 랜드마크를 지속적으로 건설하면서 매력적인 장소로 진화를 멈추지 않고 있다.

앞서 언급한 초대형 미디어 프로젝트 외에도 도심의 옥외광고물들은 단순히 정보제공의 역할을 넘어 시민참여적 플랫폼으로 성장하고 있다. 그리고 그 단초는 바로 한국에서 찾아볼 수 있다. 아이돌이나 연예인의 생일 축하를 위한 클라우드 펀딩이 바로 그것이다. 2020년 12월에는 중국의 BTS팬들이 한 BTS 멤버의 생일 축하를 위해 온라인 모금을 진행하여 세계에서 가장 높은 빌딩으로 알려진 두바이의 마천루(Burj Khalifa in Dubai)에 광고를 집행하기도 했다.[46] 이미 서울 전체 지하철 광고에서 아이돌 팬덤의 영향력은 절대적인 수준이다. 서울교통공사가 서울 지하철 1~8호선 역사 내 광고를 분석한 결과, 2019년 한 해 전체 광고 10,468건 중 무려 2,166건이 아이돌·연예인 광고였다(약 21%). 세계적인 메트로폴리스인 서울의 지하철 운영비의 상당 부분을 K-POP 아이돌 팬들이 충당하고 있다고 해도 과언이 아니다. 실제로 지하철 광고가 아이돌의 인기 척도를 가늠하는 지표로 인식되어 자신이 좋아하는 연예인의 광고를 원하는 장소에 게재하기 위한 팬들 사이의 경쟁도 치열하다. '지광순례(지하철 광고 순례)'라는 신조어까지 만들

---

46) BTS member V's Chinese fans to pay for birthday ad on Burj, Khalifa https://koreajoongangdaily.joins.com/2020/12/27/entertainment/kpop/dubai-fountain-BTS-BTS-V/20201227151800560.html

[그림 1-21] 두바이에 집행된 팬들의 BTS 생일 축하 옥외광고

출처: https://koreajoongangdaily.joins. com/2020/12/27/entertainment/kpop/dubai-fountain-BTS-BTS-V/20201227151800560.html

어 낼 정도로 팬들은 아이돌 광고판 앞에서 본인이 촬영한 사진을 소셜 미디어를 통해 인증하고 또 그 광고 위에는 포스트잇으로 아이돌에 대한 애정을 표현하기도 한다.[47]

문화와 경제가 결합하는 문화경제학(culturenomics)과 국가의 연성 권력(soft-power), 도시 브랜드 가치(city brand value)의 중요성이 날로 커지고 있다.[48] 스마트시티를 만드는 데 일조할 수 있는 테코레이션은 한국과 한류에 관심이 높은 잠재 방문객들에게 강력한 문화적 자산으로 기능할 것으로 기대할 수 있다. 나아가서 국내 대기업뿐 아니라 중소기업들이 이미 비교 우위에 있는 디지털 디스플레이 및 네트워크에 대한 기술력, 강력한 한류 콘텐츠, 국가 브랜드 경쟁력을 바탕으로 베트남, 태국, 인도네시아 등 '신(新)남방정책 전략 국가'들을 포함한 전 세계에 테코레이션 선두국으로서 한국이 신한류의 새 분야

---

47) '아이돌 팬덤'이 바꾼 서울지하철 풍경…제일 잘 나가는 그룹은?, https://www.hani. co.kr/arti/area/capital/935996.html

48) Spence, K. M. (2020). *Creative Seoul: A Lesson for Asian Creative Cities.* In *Re-Imagining Creative Cities in Twenty-First Century Asia* (pp. 203-219). Palgrave Macmillan, Cham.

를 개척할 것이다. 이미 한국의 전자정부 노하우는 많은 개발도상국에 수출된 바 있으며 지능형 공동체인 스마트시티 또한 큰 가능성을 지니고 있다. 결론적으로, 스마트시티의 테코레이션은 도시민의 삶의 터전을 가꿀 뿐 아니라 중요 관광자원이자 또 국가 경쟁력임이며 국가적 차원에서 육성해야 할 신산업이다.

스마트시티 옥외광고 테코레이션이 직면한 문제점

스마트시티가 우리 삶이 더욱 윤택하게 만들지, 정보 및 신기술 독점에 따른 부의 양극화를 가져와 유례 없는 사회갈등을 만들어 낼지 아직은 미지수다. 실제로 치명적인 감염병과 환경오염은 'K자형 패턴'이라고 불리는 부익부−빈익빈이 가속화되고 있다(Cox, 2020). 같은 맥락에서 메타버스 스마트시티에서 옥외광고의 역할은 상당하지만, 한편으로 예상되는 문제점도 많아서 우려를 낳고 있다.

우선 간과되거나 오용 또는 악용되기 쉬운 것이 바로 시민들의 개인정보다. 시민들의 삶에 효용을 더한다는 빌미로 소위 빅 브라더(big brother)라고 불리는 고도의 통제사회가 열릴 수 있다. 한편으로 해킹(hacking) 등 정보체계에 침입하는 행위를 통해 개인정보를 악용할 수도 있다. 스마트시티 메타버스 기술 자체는 가치중립적이지만 그 기술을 활용하는 사람에 따라 그들의 정치적 · 경제적 이익을 얻으려는 목적으로 악용될 수 있는 것이다.

전 세계 폐쇄회로 TV(CCTV)의 54%가 설치된 중국에는 안면인식 기술이 실생활에 널리 활용되고 있다. 중국은 이미 안면인식 기술 분야에서 세계 최고 수준이다. 세계지적재산권기구(World Intellectual Property Organization: WIPO)가 발표한 통계에 따르면, 중국 화상처리 기술 특허출원 건수는 16,000건으로 미국의 4배가 넘고 코로나19 감염병 발발 이후 관련 기술 수준이 날로 높아지고 있다.[49] 점포에서는 안면정보를 간편결제와 연동해 얼굴을 비추면 결제할 수 있고, 호텔 등에서도 안면인식으로 신분 증명이 가능하다.[50] 심지어 베이징(北京) 톈탄(天壇) 공원에서는 화장실 휴지 도난을 막으려고 안면인식을 도입해 배당 분량의 휴지를 제공한다고 한다. 한편 시민의 식별 정보를 대량 수집해서 범죄예방 및 사회통제를 위한 목적으로 활용하는 것으로 유명하다. 중국 공산당 중앙위원회는 2019년 1월부터 '매의 눈(Sharp Eyes)'이라고 알려진 '쉐량공정(雪亮工程)'을 추진하고 있는데 도로나 다중이용시설에 설치된 감시카메라(CCTV)를 주민들의 TV, 휴대전화, 도어락 등과 연결해 실시간으로 도시정보를 파악하는 촘촘한 네트워크 구축사업이다. 중국은 테크놀로지를 활용한 권위주의(Techno-Authoritarianism)라고 불릴 정도로 정보기술이 정부의 사회통제에서 큰 역할을 하고 있다.[51]

---

49) Baidu's AI-related patented technologies,
   https://www.wipo.int/wipo_magazine/en/2020/02/article_0003.html
50) 5만 콘서트장 안면인식으로 수배범 찾아낸 中의 반성,
   https://www.mk.co.kr/news/world/view/2021/04/406021
51) 안면인식 1위 中 '인간통제' 지나친 감시 우려 목소리,
   http://www.goodnews1.com/news/news_view.asp?seq=89687

저자도 2019년 상하이 출장 당시 목격한 '스마트 사이니지'를 보고 경악한 경험이 생생하다. 한 중년 남성이 신호등 빨간불에 무단 횡단하는 동시에 인공지능 안면인식 기술을 활용하여 그 사람의 얼굴이 이름과 함께 횡단보도 건너에 부착된 전광판에 실시간 공개되는 모습이었다. 물론 사회의 법을 강제하는 데 직접적인 효과가 있겠지만 법과 주관이 모호해지는 경계의 영역에서 식별 가능한 개인 정보가 악용될 가능성을 배제할 수 없다. 글로벌 인권단체인 휴먼라이츠워치(Human Rights Watch: HRW)는 2020년 발간 보고서에서 "중국은 빅데이터와 안면인식 기술로 분리독립 운동이 일어났던 신장위구르(Xinjiang) 자치구를 통제하면서 주민들의 인권을 침해하고 있다."라며 중국 공산당을 강도 높게 비판한 바 있다.[52] 최근에

[그림 1-22] **중국의 안면인식 AI 군중 모니터링 시스템**
출처: http://www.goodnews1.com/news/news_view.asp?seq=89687

---

52) The Robots are Watching Us,
   https://www.hrw.org/news/2020/04/06/robots-are-watching-us

[그림 1-22] 상하이에 설치된 스마트 신호등

출처: https://www.sohu.com/a/317082976_100030976

는 중국에서도 도시민의 사생활 보호에 대한 시민들의 요구가 거세어지면서, 2021년 6월 전국정보안전표준화기술위원회(全国信息安全标准化技术委员会)는 '안면인식정보 보호를 위한 규제 초안'을 공개한 바 있다.

다음으로 메타버스 기술에 대한 부적절한 설계가 가져올 수 있는 시민들의 물리적·심리적 피해다. 물론 스마트시티 담당자는 발생 가능한 문제에 대해 꼼꼼한 예상 시뮬레이션을 진행하고 확인과 확인을 거듭할 것이다. 그런데도 기술이 사용자인 인간의 모든 행위 가능성을 예견하고 대비하기란 불가능에 가깝다. 2016년에 개봉한 영화 〈모놀리스(Monolith)〉는 첨단 인공지능을 탑재한 스마트 SUV 차량에 감금된 아들을 구출하려는 엄마의 사투를 그리고 있다. '안전'과 '편의성'으로 대변되는 이 자동차의 내구성과 밀폐성이 역설적으로 탑승자의 생존을 위협하고, 첨단을 자랑하는 인공지능이 오히려 인간의 의사에 역행하는 아이러니한 상황을 보여 준다.

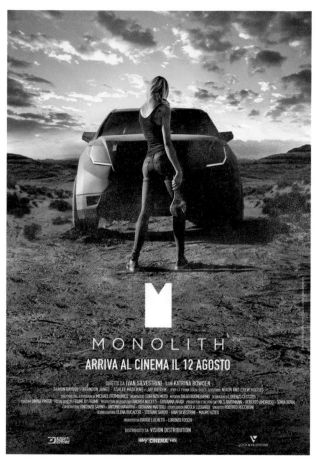

[그림 1-24] 영화 〈모놀리스〉의 포스터

출처: https://www.imdb.com

영화에서처럼 극단적 상황은 드물겠지만 메타버스 기술로 무장한 도시에서도 유사한 상황이 충분히 발생할 수 있다. 2016년에는 인도네시아의 한 IT 전문가가 본인의 출퇴근 경로에 설치된 거대한 디지털 빌보드를 해킹하고 포르노 영화를 스트리밍해서 처벌받았다.[53] 국내에서도 2016년 전라남도 여수시 서교동에 있는 한 버스 정보 시스템이 해킹되어 40분 동안 음란영상이 무단 송출된 사건이 있었다.[54] 이와 같은 사례는 디스플레이 단말에 부적절한 영상을 송출하는 정도의 수준이지만 네트워크를 통해 도시를 움직이는 수많은 시설이 모두 해킹에 무방비하게 노출될 수 있고 더 큰 해악을 유발할 수 있음을 보여 주는 사례다.

[그림 1-25] 해킹을 통해 도시 디지털 사이니지를 통해 송출된 음란영상

출처: (좌) https://www.dailymail.co.uk/news/article-3824470/Bored-worker-hacks-giant-electronic-billboard-streams-Japanese-PORN-afternoon-rush-hour-traffic.html / (우) http://news.heraldcorp.com/view.php?ud=20160425001073

---

53) The light's green... why is nobody moving?, https://www.dailymail.co.uk/news/article-3824470/Bored-worker-hacks-giant-electronic-billboard-streams-Japanese-PORN-afternoon-rush-hour-traffic.html

54) 여수 버스정류장 야동, 원인 찾았다, https://www.seoul.co.kr/news/newsView.php?id=20160428500213

'좋은 커뮤니케이션의 도시'를 위한 옥외광고 테코레이션

한 연구에 따르면, 스마트시티의 랜드마크는 이제 공간 점유보다 소통 기능의 영역으로 전이되고 있다고 한다. 특히 도시가 시민이 참여할 수 있는 열린 영역으로서 의미를 찾으려면 건물, 랜드마크가 활성화된 표피(interactive surface)로 작동해야 한다.[55] 우리 정부는 2019년 2월 스마트시티의 새로운 비즈니스모델을 발굴할 민간 협의체로 '스마트시티 융합 얼라이언스'를 출범한 바 있다.[56] 이 협의체에서는 물리적 공간 건축과 정보기술과 관련한 기관과 기업들이 주를 이루고 있다. 하지만 아쉽게도 도시 내에서 어떤 콘텐츠로 어떻게 사람들과 소통할지, 또 소통을 통해 시민들의 삶의 만족을 어떻게 더 높일지에 대한 고민은 찾기 어려웠다. 또 스마트시티의 수많은 미디어를 운영하기 위한 자금조달에 활용될 수 있는 상업정보인 광고의 역할에 대한 고민도 필요하다.

스마트시티의 구성 요소에서 최근 인프라와 같은 물리적 측면뿐 아니라 환경, 거버넌스 등 비물리적인 측면이 주목받고 있다. 유엔 무역 개발 회의(United Nations Conference on Trade and Development: UNCTAD)는 비물리적 요소를 통합해 스마트시티의

---

55) 이정학, 구영민(2005). 현대도시에서 랜드 마크의 의미 변화에 관한 연구. 대한건축학회 학술발표대회 논문집. 25(1), pp. 259-262.

56) https://smartcity.go.kr

구성 요소를 스마트 교통, 스마트 경제, 스마트 생활, 스마트 거버넌스, 스마트 피플, 스마트 환경으로 세분화했다.[57] 또 '공공 공간 프로젝트(Project for Public Spaces) 보고서'에 따르면 사회적이며, 편리하고, 안정적이며, 활동적인 네 차원으로 분류되는 도시의 '물리적 공간(space)'을 개개인의 '의미가 부여된 장소(place)'로 만들기 위해서는 '도시 커뮤니케이션과 콘텐츠'가 필수적이다.[58] 스마트시티가 기술적 기반 위에 건설된 공간이지만 여전히 공간에서 삶을 영위하는 존재는 바로 '생활자로서의 시민(citizen)'들이기 때문이다.

결국 스마트시티는 '좋은 커뮤니케이션의 도시(city of good communication)'여야 한다. 진정한 의미의 도시를 완성하려면 시민과 시민이 또 시민과 정부 간 끊임없는 정보유통이 핵심적이며 보다 나은 도시를 만들 수 있도록 사실에 근거한 커뮤니케이션이 절실하기 때문이다.[59] 실제 몇몇 대도시는 커뮤니케이션 고도화를 위해 전담부서를 설립하고 있다. 미국 서부 콜로라도 주의 볼더(Boulder)는 도시민의 참여를 촉구하는 소통을 목표로 전담부서(Communication and Engagement Department: CED)를 설립했다. 미국의 디트로이트(Detroit)와 캐나다의 토론토(Toronto) 역시 CIO(Chief Communication Officer) 제도를 도입하고 디지털 채널을 중심으로 한 소통 전략 고도화에 힘쓰고 있다.

미디어타이제이션(mediatization)이라고 불릴 정도의 만물의 미디

---

57) https://unctad.org
58) https://www.pps.org
59) Gibson, T. A., & Lowes, M. D. (2007), *Urban communication: Production, text, context.* Lanham, MD: Rowman & Littlefield.

어화가 가속화되고 있다. 이런 흐름 속에서도 우리가 몸을 움직이고 있는 물리적 공간은 여전히 가상공간의 기초가 된다. 사람들의 공동 체험과 시간이 누적된 집합적 공간인 도시 곳곳에 부가적 콘텐츠를 디지털 옥외광고를 통해 증강함으로써 장소애착 (place attachment)과 장소 귀속감(place belongingness)을 형성하는 방법은 도시의 몰개성화에 대항해 참여적 시민사회를 조성할 수 있는 가장 현실적이고 효율적인 대안이며, 스마트시티가 고민해야 할 중요한 문제다. 이런 도구로서 디지털 빌보드를 포함

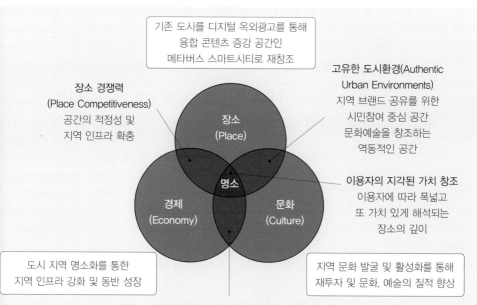

[그림 1-26] 도시를 디지털 옥외광고를 통해 융합 콘텐츠 증강 공간인 메타버스 스마트시티로 재창조

출처: https://www.turcomat.org/index.php/turkbilmat/article/view/9902

한 디지털 옥외광고는 도시의 미디어화에 핵심적인 도구로 활용될 수 있다. 단순히 정보 전달을 넘어서 고유한 도시환경(authentic urban environments)을 창조하고 창조·문화 산업(Creative and Cultural Industries)을 만들어 가며, 나아가서는 장소 경쟁력(place competitiveness)을 강화할 수 있다. 이를 통해 우리 도시를 국내외의 많은 방문객이 즐겨 찾고 싶어 하는 명소로 만들 수 있다.[60] 이러한 과정을 통해 얻을 수 있는 유무형의 자산은 상당할 것이다.

도시공동체의 근간이 되는 시민들의 소통(communication)과 참여(participation)를 보다 활성화하기 위해 디지털 옥외광고를 효과적으로 활용한 테코레이션 방안을 고민해야 한다. 태생적으로 이미 융합적인 성격을 지닌 스마트시티의 소통을 연구하기 위해서는 학제적 접근은 불가피하다. 구체적으로 미디어/콘텐츠학, 도시공학, 건축학, 컴퓨터학, 디자인학, 행정학 등의 연관 전공이 협업하는 학제적 접근이 필수적이다. 서로 다른 배경의 다양한 학자 및 전문가 그리고 정부 관계자들 간의 지속적 협력을 통해 더 나은 스마트시티를 위한 테코레이션 방안을 연구해야 할 시점이다.

---

60) Yoo, S. C., Jeon, M., Truong, T. A., Kang, S. M., & Shin, I. (2021). "Tecoration" Using Digital Outdoor Advertising: A Case Study of the Three Leading Global Smart Cities. *Turkish Journal of Computer and Mathematics Education (TURCOMAT), 12*(13), pp. 6206-6216.

02

소통도시로서의
스마트시티 그리고
공공 옥외 커뮤니케이션

QR코드를 통해 저자의 소개 영상을 시청하실 수 있습니다.

김병희
서원대학교 광고홍보학과 교수

● ● ●

첨단 정보통신 기술이 도시 전역에 접목되는 스마트시티는 우리나라는 물론 전 세계에서 보편화되고 있다. 스마트시티는 정보통신 기술이 인간의 신경망처럼 도시의 구석구석까지 연결되어 시민들이 자유롭게 소통하는 도시다. 기존의 유시티(U-City)와 유사해 보이지만, 유시티의 개념을 넘어 사물 인터넷(Internet of Things: IoT)과 인공지능(Artificial Intelligent: AI) 기술이 결합된 미래 도시의 개념에 가깝다. 지난 2000년대 중후반부터 유시티 사업을 추진해 온 우리나라는 전국 각지에 스마트시티에 필요한 도시기반을 어느 정도 구축하였고 그 우수성도 널리 인정받고 있다.

이 장에서는 스마트시티의 개념과 특성을 살펴보고 스마트시티에서 구성원들 간에 네트워크로 어떻게 소통할 것인지 살펴보고자한다. 정부는 4차산업혁명위원회 산하에 스마트시티 특별위원회를 구성해 스마트시티 정책을 발굴하고 있다. 이런 상황에 주목해여기에서는 중앙 정부와 서울특별시의 스마트시티 정책을 소개한다. 그리고 옥외광고를 활용한 공공 커뮤니케이션 현상이 어떻게전개되고 있는지 살펴보며, 스마트시티와 공공 옥외광고의 미래를전망한다. 소통도시로서의 스마트시티와 공공 옥외 커뮤니케이션의 가치를 생각해 보자.

스마트시티의 개념

스마트시티(Smart City)란 무엇일까? 여러 국가나 기관에서는 스마트시티의 개념을 약간씩 다르게 정의하고 있다. 여러 국가와 기관에서는 스마트시티에 대해 시민 서비스를 최대화하고 도시 자원을 최적화하며 예방 유지에 효과적이고 안전도가 높은 도시(미국, 2009), 삶의 질을 개선하고 지속 가능성을 높이는 도시(EU, 2014), 경제적·사회적·환경적·문화적 측면에서 현재와 미래 세대의 욕구를 충족시키는 혁신 도시(ITU, 2014) 같은 다양한 맥락에서 정의해 왔다(〈표 2-1〉 참조).[1] 공통 요인은 정보통신 기술(ICT)을 활용해 삶의 질을 높이고 도시의 지속 가능성을 추구한다는 사실이다.

우리나라에서는 스마트시티를 "도시의 경쟁력과 삶의 질의 향상을 위하여 건설·정보통신 기술 등을 융·복합하여 건설된 도시기반시설을 바탕으로 다양한 도시 서비스를 제공하는 지속 가능한 도시"로 정의한다. 「스마트도시 조성 및 산업진흥 등에 관한 법률」 (2017. 12. 26. 개정) 제2조의 정의다. 결국 스마트시티란 정보통신 기술을 활용해 도시의 경쟁력과 삶의 질을 향상시키고 도시의 지속 가능성을 추구하는 혁신 도시라고 할 수 있다.

---

1) 전철기, 강부미(2018. 9.). 4차 산업혁명 핵심 융합사례: 스마트시티 개념과 표준화 현황. 경기: 한국정보통신기술협회.

〈표 2-1〉 스마트시티에 대한 국가별 기관별 정의

구분		스마트시티의 개념
국가	미국(2009)	미국 연방에너지부: 도로, 교량, 터널, 철도, 지하철, 공항, 항만, 통신, 수도, 전력, 주요 건물을 포함한 중요한 인프라의 상황을 통합적으로 모니터링해 시민 서비스를 최대화하고 도시 자원을 최적화시켜 예방 유지에 효과적이고 안전도가 높은 도시
	EU(2014)	디지털 기술을 활용하여 시민을 위해 더 나은 공공 서비스를 제공하고, 자원을 효율적으로 사용해, 환경에 미치는 영향을 최소화시켜 시민의 삶의 질을 개선하고 지속 가능성을 높이는 도시
	영국(2013)	비즈니스 창의기술부: 정형화된 개념보다 더 살기 좋은 새로운 환경에 도시가 신속히 대응하는 일련의 과정과 단계로 정의 버밍엄시: 인적자원과 사회 인프라, 교통수단, 첨단 정보통신 기술에 투자해 지속적인 경제 발전과 삶의 질을 향상시키는 도시
	인도(2014)	인도 도시개발부: 상하수도 위생 보건 등 도시의 공공 서비스를 제공하고, 투자를 유인하며, 행정의 투명성이 높고, 비즈니스하기 쉽고, 안전과 행복감을 시민이 느끼는 도시
	한국(2017)	도시 경쟁력과 삶의 질을 높이기 위해 건설과 정보통신 기술을 융·복합해 건설된 도시기반 시설을 바탕으로 다양한 도시 서비스를 제공하는 지속 가능한 도시(스마트 도시 조성 및 산업진흥 등에 관한 법률 제2조)
기관	ITU(2014)	시민의 삶의 질, 도시 운영과 서비스의 효율성, 경쟁력을 높이기 위해 정보통신 기술을 바탕으로 경제적·사회적·환경적·문화적 측면에서 현재와 미래 세대의 욕구를 충족시키는 혁신 도시
	ISO & IEC (2015)	시민의 삶의 질을 높이기 위해 도시의 지속 가능성과 탄력성을 높이고, 도시와 시민사회를 위해 도시의 운영 요소, 시스템, 데이터를 통합시켜 개선하는 도시
	IEEE(2017)	기술·정부·사회의 특성 일곱 가지 제시: 스마트 도시, 스마트 경제, 스마트 이동, 스마트 환경, 스마트 국민, 스마트 생활, 스마트 거버넌스
	Gatner (2015)	다양한 서브시스템 간에 지능형 정보를 교류하고 스마트 거버넌스 운영의 기틀을 바탕으로 지속적으로 정보 교환
	Forrester Research (2011)	주요 인프라의 구성 요소와 도시 서비스를 위해 스마트 컴퓨팅 기술을 바탕으로 도시 관리, 교육, 의료, 공공안전, 부동산, 교통, 유틸리티 분야에서 보다 지능적이고 상호작용
	Frost & Sullivan (2014)	스마트시티 개념의 요소 여덟 가지 제시: 스마트 거버넌스, 스마트 에너지, 스마트 빌딩, 스마트 이동, 스마트 인프라, 스마트 기술, 스마트 헬스 케어, 스마트 시민

출처: 전철기, 강부미(2018), p. 8과 천용석(2020), p. 5를 바탕으로 보완함

예컨대, 과거에는 도시에 교통 체증이나 전력난이 발생하면 도로나 발전소를 건설해 당면 과제를 해결하는 물리적 해법을 추구했다. 그러나 스마트시티에서는 스마트 플랫폼을 활용해 데이터를 수집하고 분석하는 동시에 한정된 도시 자원의 분배를 최적화함으

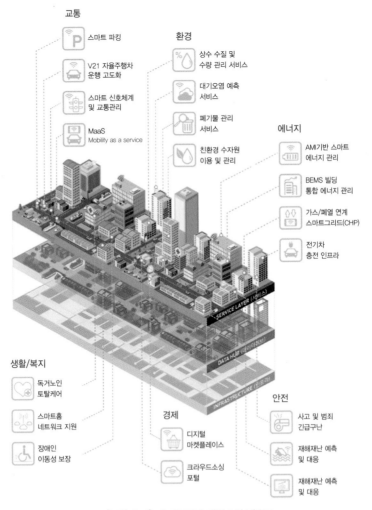

[그림 2-1] 스마트시티 서비스의 개요도

출처: 4차산업혁명위원회(2018. 1. 29.)

로써 도시 문제를 해결하려고 한다. 그러므로 스마트시티는 도시
화에 따른 교통, 환경, 에너지, 범죄 같은 산적한 도시 문제를 해결
할 수 있는 대안으로 떠올랐다.

스마트시티의 핵심인 기반 시설과 데이터 및 서비스가 상호작용
하기 위해서는 먼저 운용의 수월성을 확보하는 것이 중요하다. 스
마트시티 서비스의 개요도는 [그림 2-1]과 같다.[2] 처음에 스마트
시티를 설계할 때부터 도시 내와 도시 간에 공통으로 적용할 수 있
는 표준적인 기반을 구축해야 시민들의 소통이 보다 수월해진다.
표준화란 사업자, 도시, 이용자 같은 주체와 기술 간에 융합과 상호
작용이 일어나도록 하는 필수 요소들이다. 필수 요소에 5G나 사물
인터넷(IoT) 같은 정보통신 기술을 접목해 스마트시티를 구현하는
데 있어서 표준화된 기반을 선제적으로 구축해야 하는 이유도 그
때문이다.

정부는 인공지능 기술을 기반으로 메타버스를 활용한 스마트시
티도 본격적으로 추진하고 있다. 메타버스(Metaverse)는 초월이라
는 뜻의 '메타(Meta)'와 세계를 뜻하는 '유니버스(Universe)'를 합쳐
만든 용어로, 현실을 초월한 가상 세계를 뜻한다. 주요 정책으로 이
미 확정된 스마트시티에 메타버스 플랫폼을 구축한 다음, 실시간
시뮬레이션으로 스마트시티를 만들어 시민들이 가상의 스마트시
티를 미리 체험할 수 있도록 했다. 시민들은 자신의 아바타로 가상
의 스마트시티에 들어가 다른 시민들과 다양한 소통 활동도 할 수

---

2) 4차산업혁명위원회(2018. 1. 29.). 도시혁신 및 미래성장동력 창출을 위한 스마트시티 추진 전
략. 서울: 4차산업혁명위원회.

있다.

스마트시티의 지향점은 정보통신 기술을 활용해 도시의 시설물을 지능화시켜 지속 가능한 첨단 도시를 만드는 데 있다. 스마트시티를 구축하려면 정보통신 기술을 구현할 수 있는 환경적 요건을 갖춰야 한다. 도시의 각종 서비스를 동시에 연계할 지능적인 공통 플랫폼, 개방형 API,[3] 빅데이터 시스템이 유기적으로 작동하면서 도시의 효율성을 높여 줄 첨단 시스템이 필요하다는 뜻이다. 인프라, 데이터, 서비스, 제도는 스마트시티에서 첨단 시스템을 갖추는 데 필요한 네 가지 구성 요소인데, 〈표 2-2〉에서 보다 상세한 내용을 확인할 수 있다.[4]

시민 소통에 있어서 서비스 요소가 특히 중요한데, 서비스의 핵심적 기능은 어느 도시에나 산적해 있는 사회 문제를 해소하는 데 이바지하는 것이다. 정보통신 기술이 연계된 스마트시티의 기반 시설(인프라)을 바탕으로 행정, 교통, 복지, 환경, 방재 분야의 정보를 수집한 다음 그 정보들을 기능별로 연계해 최적의 서비스를 시민들에게 제공해야 한다. 행정, 안전, 교통, 생활, 복지, 환경, 에너지, 수자원 분야는 스마트시티에서 시민들에게 제공할 수 있는 대표적인 서비스다. 최근에는 4차 산업혁명에 관련된 융·복합 기술을 시민

---

3) API(Application Programming Interface)란 응용 프로그램에서 사용할 수 있도록 운영 체제나 프로그래밍 언어에서 제공하는 기능을 제어할 수 있게 만든 응용 프로그래밍 인터페이스다. 파일 제어, 창 제어, 화상 처리, 문자 제어에 필요한 인터페이스를 제공한다. 특히 개방형 API(Open API)는 공개 API라고도 하며 개발자라면 누구나 사용할 수 있도록 공개된 API로 개발자에게 응용 소프트웨어나 웹 서비스의 프로그래밍 권한을 제공한다.
4) 천용석(2020). 스마트시티 구축을 위한 디지털 사이니지 활용 방안. **정보통신방송정책**, 32(3), pp. 1-23.

〈표 2-2〉 스마트시티에 필요한 네 가지 구성 요소

구성 요소		설 명
인프라	도시 인프라	• 스마트시티 관련 기술과 서비스를 적용할 수 있는 도시 하드웨어 • 스마트시티는 소프트웨어 중심의 사업이지만 도시 하드웨어 발전도 필요
	ICT 인프라	• 도시 전체를 연결할 수 있는 유·무선 통신 인프라 • 과거에는 사람과 컴퓨터의 연결이 주요 목적이었지만 스마트시티에서는 사물 간 연결이 핵심
	공간정보 인프라	• 지리정보, 3D 지도, GPS 등 위치 측정 인프라, 인공위성, 디지털 콘텐츠의 공간정보화(Geotagging) 등 • 현실공간과 사이버공간의 융합을 위해 공간정보가 핵심 플랫폼으로 등장 • 공간정보 이용자가 사람에서 사물로 변화
데이터	사물 인터넷(IoT)	• CCTV를 비롯한 각종 센서를 통해 정보를 수집하고 도시의 각종 인프라와 사물을 네트워크로 연결 • 스마트시티 구축 사업에서 가장 시장 규모가 크고 많은 투자가 필요한 영역 • 특정 부문에 대해 개별적으로 사업을 추진할 수 있어 점진적 투자확대 가능
	데이터 공유	• 생산된 데이터의 자유로운 공유와 활용 지원 • 좁은 의미의 스마트시티 플랫폼이며 도시 내 스마트시티 리더의 주도적 역할 필요
서비스	알고리즘·서비스	• 데이터를 처리하고 분석하는 알고리즘 바탕의 도시 서비스 • 실제 활용이 가능한 정도의 높은 품질과 신뢰성 확보가 관건
	도시혁신	• 도시 문제 해결을 위한 아이디어와 새로운 서비스가 가능하도록 하는 제도와 사회적 환경 필요 • 본격적인 지능 사회 실현
제도	거버넌스	• 부처 간에 적극적인 협업을 통한 정책과 제도 • 정책 결정 과정에서 시민참여를 확대해 민관 협력의 거버넌스를 구축하고 정부의 투명성 제고

출처: 천용석(2020), p. 7을 바탕으로 재구성

서비스 분야에 연계해 도시의 가치를 높이는 맞춤형 서비스로 발전하고 있다. 그래야 도시의 지속 가능한 성장이 가능하기 때문이다.

정부의 스마트시티 정책

대통령직속 4차산업혁명위원회는 2017년 11월에 스마트시티 특별위원회를 구성하고 정책의 청사진을 설계하였다. 정부 차원에서 설계한 스마트시티 정책 현황을 살펴보자. 정부는 스마트 도시계획, 스마트 인프라, 스마트 솔루션(서비스), 스마트 도시 운영 플랫폼이라는 네 가지 스마트시티 영역을 구성해 사업을 추진하고 있다. 국토교통부는 2008년부터 시행하던 「유비쿼터스법」을 「스마트도시법」으로 개편하고 2017년 9월부터 시행했다.

정부는 2018년 1월에 '국가스마트도시위원회'를 구성했는데, 이 위원회는 스마트시티 정책을 결정하는 법정 기구라는 성격을 갖는다. 시범도시 지정을 비롯해 주요 정책을 심의해 온 국가스마트도시위원회는 2018년 7월에 국가 시범도시의 기본 구상을, 2019년 2월에 국가 시범도시의 시행 계획을 발표했다. 연이어 스마트시티 종합계획(2019~2023)이 확정됐고, 현재 전국 각지에서 스마트시티 사업이 활발하게 추진되고 있다.[5]

---

5) 국토교통부 국토도시실(2021. 6. 24.). 스마트시티 추진현황 및 계획: 스마트시티 특별위원회 제 24차 회의 1호 안건. 세종: 국토교통부.

① 스마트 도시계획	② 스마트 인프라
스마트시티 조성을 위한 기본계획 (스마트도시법)	스마트시티의 기반 시설 구축

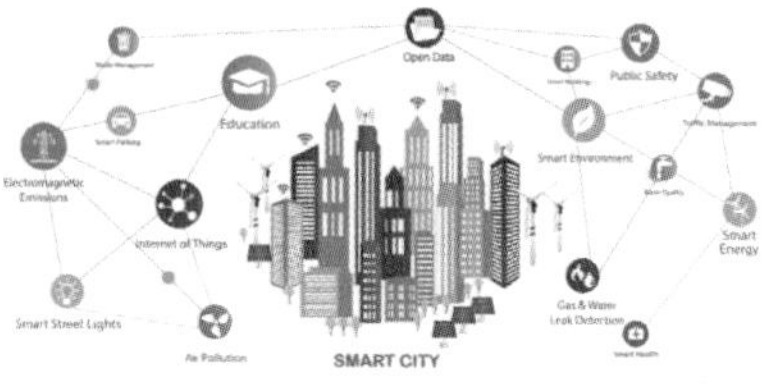

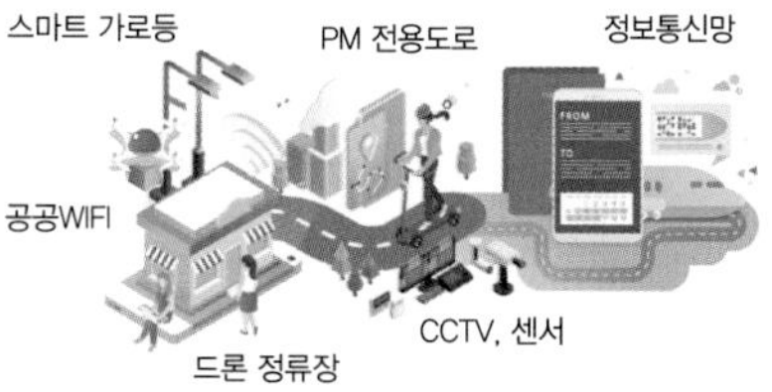

③ 스마트 솔루션	④ 스마트 도시 운영 플랫폼
스마트 인프라를 통해 제공하는 서비스	도시 데이터를 활용한 도시 관리 운영 시스템

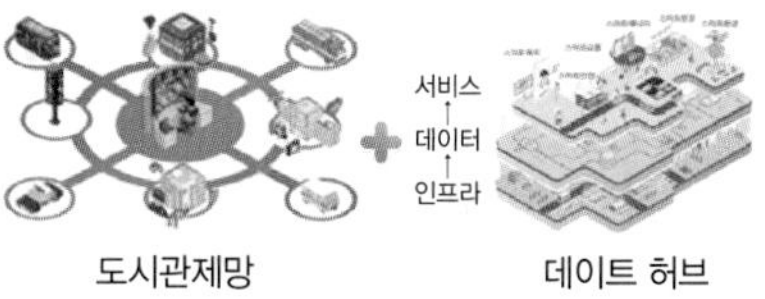

[그림 2-2] **정부의 스마트시티 종합계획 4영역**

출처: 국토교통부 국토도시실(2021. 6. 24.) p. 1.

    정부에서 확정한 스마트시티 종합계획의 주요 내용은 [그림 2-2]에서 알 수 있듯이 크게 네 가지 영역의 사업이다. ① 스마트 도시계획 영역에서는 신도시(국가 시범도시), 기존도시(챌린지), 노후도시(도시재생)에 알맞게 스마트시티를 맞춤형 모델로 조성하는 데 목표가 있다. ② 스마트 인프라 영역에서는 통합 플랫폼의 보급,

연구개발(R&D) 데이터 허브의 구축, 스마트 인재 양성, 국가정보 포털을 통해 확산의 기반을 구축하려고 한다. ③ 스마트 솔루션 영역에서는 규제에 대한 샌드박스 제도의 도입, 거버넌스의 정비, 인증제 및 표준화, 창업 지원을 시도함으로써 혁신 생태계를 조성하고자 한다. ④ 스마트 도시 운영 플랫폼 영역에서는 도시 관제망이나 데이터 허브를 바탕으로 도시 데이터를 활용한 도시 관리 운영 시스템의 품질을 향상시키는 데 목표가 있다. 정부에서 추진하고 있는 주요 스마트시티 정책을 보다 구체적으로 살펴보자.

1) 스마트시티 국가시범도시의 조성

정부가 스마트시티 국가시범도시를 조성하는 목적은 스마트시티의 선도적 모델을 제시해 신기술 개발을 지원하고 관련 산업을 육성함으로써 4차 산업혁명을 견인하는 데 있다. 백지 상태인 부지의 장점을 살려 융·복합 환경을 구현해 세계적인 수준의 스마트시티를 조성한다는 것이다. 4차 산업혁명에 관련된 융·복합 신기술의 테스트베드를 구축하고, 도시 문제를 해결해 삶의 질을 제고하고, 혁신 산업의 생태계 조성을 균형 있게 추진하겠다는 정부의 계획이다. 정부는 시범도시를 신기술 테스트베드로 조성하는 동시에 그 과정에서 중소기업이 보유한 혁신 서비스를 발굴하고 중소기업의 성장을 지원한다.

정부는 민간의 자율성과 혁신성을 스마트시티에 접목해, 시범도시가 혁신 서비스를 도입할 수 있도록 민관공동법인(SPC)[6]의 형태

로 사업을 추진한다. 예컨대, 지방자치단체(세종시와 부산시), 도시
조성 공기업(LH와 수자원공사) 그리고 민간기업이 공동으로 출자해
SPC를 설립한 다음 일정기간 운영하는 것이다. 부산시의 스마트
빌리지의 경우, 56세대의 시범주택단지를 조성해 시민이 실제로
거주하면서 혁신 서비스를 체험하고 피드백하는 형태로 운영한다.
주택단지에 혁신 기술(물, 에너지, 로봇, 생활 등)이 적용되며 입주민
은 5년 동안 임대료는 내지 않고 관리비만 부담한다. 세종시 교통
종합실의 경우, 스마트 교차로와 스마트 횡단보도를 실증하는 시
민참여단을 운영하고, 차량 공유, 자율 주행차, 수요 응답형 버스,
스마트 주차, PM통합 충전기, 교통안전 경고 앱 같은 여덟 가지의
스마트 서비스를 실증한다.

　정부의 스마트시티 시범사업인 부산 에코델타의 사례를 보자.
부산시 강서구 일원(세물머리 지구)의 2.8㎢(84만평)에 계획 인구
8,500명(3,380세대)을 대상으로 건설하는 주거, 상업, 업무, 연구개
발 시설이 에코델타의 중심이다. 생태환경과 4차 산업혁명의 핵심
기술이 어우러진 입지적 장점이 뛰어난 낙동강 하구의 친수형 수변
도시라, 수자원에 관련된 혁신 기술을 도입하기에도 적합하다. 정
부와 부산시는 헬스케어, 수열 에너지, 증강현실(AR), 가상현실(VR)
을 도시 플랫폼에 적용해서 개인, 사회, 공공, 도시라는 4대 분야에
서 기존의 도시와 확실히 차별화는 스마트시티를 만들겠다고 발표

---

6) 민관공동법인(Special Purpose Company: SPC)이란 특수 목적을 위해 설립하고 목적을 달
　성하면 해산하는 한시적 회사다. SPC를 설립하는 이유는 사업 위험의 분산, 자금 조달 부
　담의 분담, 부채 수용 능력의 확대, 사업의 단일화를 위해서다.

했다. 에코델타의 성공을 위해 10대 전략 과제를 설정하고 추진 방향을 제시했는데, 〈표 2-3〉에서 자세한 내용을 확인할 수 있다.

〈표 2-3〉 부산 에코델타 스마트시티의 10대 전략 과제

10대 전략 과제	추진 방향과 서비스 사례
❶ 로봇 활용 생활혁신	육아, 교육, 의료 등 시민의 일상생활, 취약 계층, 영세 상공인 지원에 로봇을 활용해 세계적인 로봇 도시의 조성 (가정용 AI비서 로봇, 배송로봇, 재활로봇 도입 및 로봇 테스트베드 제공)
❷ 배움-일-놀이(LWP)	배움, 일, 놀이가 하나의 공간에서 이루어지는 복합기능의 허브 공간을 조성하고, 커뮤니티 기반의 일자리 창출 (도서관, 스마트 워크센터, 메이커스 페이스 등 LWP센터의 인프라 구축과 프로그램 운영)
❸ 도시행정·도시관리 지능화	도시 관리 통합 플랫폼을 기반으로 사용자 중심의 도시행정 서비스를 제공하고, 인공지능기반의 도시 관리 효율성 극대화 (증강도시 활용 도시 행정, 로봇을 활용한 도시 유지 관리, 시민자치 행정)
❹ 스마트 워터	도시의 물 순환 전 과정(강우-하천-정수-하수-재이용)에 스마트 물 관리 기술을 적용해 국민이 신뢰하는 물 특화 도시의 조성 [도시강우 레이더, 스마트 정수장, SWM(Smart Water Management), 하수 재이용 등]
❺ 제로 에너지 도시	물과 태양광 등 자연의 신재생 에너지를 활용해 온실가스 배출을 줄이고 친환경 에너지로 에너지 자립율 100% 달성 (수소연료전지, 수열 및 재생열을 활용한 열에너지 공급, 제로에너지 주택 시범단지 도입)

❻	스마트 교육 & 리빙	도시 전체를 스마트 기술 교육장으로 활용해 스마트홈, 스마트 쇼핑 등 시민 체감형 콘텐츠를 도입해 편리한 삶 제공 (에듀테크, City App 도입, 스마트홈, 스마트쇼핑센터 도입 등)
❼	스마트 헬스	헬스케어 클러스터를 도입해 개인 특성별 건강 관리 방법을 체크하고 일상에서 시민의 건강한 삶을 돕는 도시 조성 (실시간 건강 모니터링 시스템, 헬스케어 클러스터 도입 등)
❽	스마트 모빌리티	최소의 비용으로 가장 효율적이고 친환경적이며 빠르게 목적지까지 이동할 수 있는 도시의 조성 (스마트도로-차량-주차-퍼스널 모빌리티를 연계한 통합 모빌리티 솔루션 제공)
❾	스마트 안전	4차 산업 기술을 활용한 통합안전 관리 시스템을 구축해 지능형 재난·재해 예측 및 신속 정확한 시민 안전 서비스의 제공 (비상 응급상황 대응 최적화 시스템, 빌딩 내 대피 유도 시스템, 지능형 CCTV 도입 등)
❿	스마트 공원	사람 중심의 스마트 테크와 디자인을 결합해 자연환경과 일상에서 스마트 기술을 체감할 수 있는 공원 계획 (미세먼지 저감, 물 재이용 등 도시 문제 해결, 신재생에너지 등 스마트 기술 체험 공원)

2) 기존 도시의 스마트화

기존 도시를 스마트시티로 바꾸는 스마트 챌린지 사업의 목적은 대표 사업을 묶어 스마트시티의 성과를 알리고 국민의 체감도를 높이는 데 있다. 지방자치단체에서 시민들과 기업이 교통, 환경, 에너지, 안전 같은 해결해야 할 도시 문제를 함께 제안하면, 정부는 경쟁 과정을 거쳐 실증 참여와 확산을 지원하게 된다. 이 사업은 규모와 사업비에 따라 4개 유형(시티, 타운, 솔루션 확산, 캠퍼스)으로 구분해 실행한다. 전국의 주요 도시에서 다양한 서비스를 실험하고 있는데, 교통 편의를 제공하거나 도심의 주차난을 해소하는 데 성과가 나타나고 있다.

스마트 챌린지의 성과 사례를 살펴보자. 대전시에서는 사물 인터넷(IoT) 감지기와 CCTV를 활용한 모니터링 시스템을 갖춰 전통시장의 화재사고 5건을 예방했다. 이런 성과를 바탕으로 앞으로도 CCTV를 활용한 감시 기능의 고도화를 추진하고 있다. 인천시에서는 수요응답형 버스를 도입해 버스 대기 시간을 78분에서 13분으로 단축했고, 앞으로 송도, 남동 국가 산단, 검단 신도시 같은 대중교통이 취약한 전역으로 확대할 예정이다. 부천시는 마을기업에서 주도한 공유주차 서비스를 도입해 불법 주차를 48% 감소시키고 주차장 수급률을 72% 증가시킨 성과를 바탕으로 부천시 전역으로 스마트 서비스를 확대하고 있다.[7]

지금까지의 스마트시티 서비스가 발굴과 실증 위주로 진행됐다면, 성공한 정책을 전국적으로 확산시키기 위해 앞으로는 사업 체계를 개편해야 한다. 시티, 타운, 솔루션 확산, 캠퍼스 같은 4개 유형이 기존의 사업 체계였다면 앞으로는 2개 유형(혁신 기술 발굴형, 스마트시티 조성형)으로 개편해야 한다. 그리고 지역에서 주도하고 확산하는 모델인 '지역거점 스마트시티' 유형을 새로 도입해, 지자

---

7) 국토교통부 국토도시실(2021. 6. 24).

[그림 2-3] **지역거점 스마트시티의 기본 개념**

체와 민간기업 중심으로 지역의 신규 또는 재개발 지구를 스마트 거점으로 조성하는 사업도 진행해야 한다. [그림 2-3]에서 지역거점 스마트시티의 기본 개념을 알 수 있다.

지역거점 스마트시티 사업의 기본 방향은 '지자체 주도 + 공공 시행자(LH, 지방공사 등) + 민간 참여'라는 형태다. 먼저 지역의 개발 지구(신규, 재개발 등)를 스마트시티의 거점으로 조성한 다음, 점차 주변으로 확산하는 과정을 거치게 된다. 주거나 상업 기능 같은 공급 중심으로 도시 개발을 진행하고, 스마트시티의 개발은 도시 문제를 해결하고 도시의 경쟁력과 '삶의 질'을 높이는 데 초점을 맞추어야 한다. 이는 지금까지 정부가 주도해 사업을 진행하던 방식에서 탈피해, 지역이 주도하고 민간기업과 공공 시행자가 참여함으로써 스마트시티의 자발적 확산을 유도하는 방식이다. 지역의 특성에 알맞게 도시공간과 서비스의 구조를 변화시키고, 그에 알맞게 도시 운영의 스마트화를 추진하겠다는 것이 정부의 방침이다.

3) 데이터 기반의 도시 운영

데이터 기반의 도시 운영에서는 이미 보급된 CCTV를 바탕으로 도시 관리에서 플랫폼 기능을 고도화하고, 데이터와 인공지능기반의 도시 운영 체계로 단계적으로 전환하는 것을 목적으로 한다. 데이터 기반의 도시 운영은 스마트시티 통합 플랫폼의 고도화와 스마트시티 데이터의 허브 구축으로 나눌 수 있다.

먼저, 스마트시티 통합 플랫폼의 고도화 사업은 지방자치단체의 방범과 교통의 정보 시스템과 영상정보(CCTV)를 통합시켜 도시관리 서비스를 제공하는 도시 운영의 플랫폼을 구축하는 사업이다. 한국판 뉴딜 사업의 목적으로 이미 여러 지자체에 보급됐고, 아직 보급되지 않은 도시에는 단계적으로 보급하고 있다. 연계 서비스 열 가지는 안전, 방범, 복지, 기타의 4개 분야에 해당하며 〈표 2-4〉에서 세부적인 열 가지 서비스를 확인할 수 있다. 이 사업은 관계 부처(국토교통부, 환경부, 산업부) 간의 협약을 통해 부처 간 연

〈표 2-4〉 **연계 서비스 열 가지**

안전	• 귀가 과정을 CCTV로 관리하는 여성 안심귀가 지원(본인 요청 시) • 119센터 긴급출동 지원 • 긴급재난 영상 지원 • 민간보안–공공안전 연계	**방범**	• 112센터에 범죄현장 등 CCTV 녹화 영상 긴급지원 • 112 출동차량에 현장영상 지원 • 강력범죄 수배차량 적발 • 전자발찌 범죄 피해자 보호
복지	• 치매노인과 실종어린이 찾기 지원	**기타**	• 군 작전 훈련 지원

계를 늘려 나가고 있다.

다음으로, 스마트시티 데이터의 허브 구축 사업은 데이터와 인공지능기반의 스마트시티를 만들기 위해 각종 도시 데이터를 수집하고 분석해 공공 서비스를 제공할 수 있는 플랫폼을 구축하는 사업이다. 데이터 허브의 구축은 선진국에서도 시도한 적이 없었는데, 현재 국토교통부와 과학기술정보통신부가 공동으로 개발해 대구시와 시흥시에서 시범 사업을 진행하고 있으며 앞으로 국가시범도시나 지자체로 확산될 예정이다.

데이터 허브를 활용한 대표적인 사례로는 카드사와 통신사 및 CCTV의 정보를 융합해 2020년 3월에 개발한 '코로나19 역학조사 지원 시스템'이 있다. 데이터 허브의 플랫폼모델을 바탕으로 개발된 역학조사 프로그램이 확진자의 카드사용 내역과 휴대폰의 통신 내역을 자동으로 수집해 빅데이터 분석(22개 카드사 정보 + 3개 통신사 정보 + CCTV망 연계)을 실시한다. 그렇게 하면 코로나 확진자의 동선을 파악하는 시간을 건당 24시간에서 10분으로 획기적으로 단축하고, 감염 전파 경로나 감염 우려 지역을 구체적으로 분석할 수 있다.

데이터 허브는 교통수단의 통합 예약결제 서비스(MaaS), 도시의 통합 에너지 관리, 시설물의 통합 관리 서비스 같은 여러 분야에 활용할 수 있다. 정부는 민간에서 자발적으로 데이터를 개방하도록 유도하는 동시에 민간 시장을 창출하기 위해 '스마트시티 스토어'를 개설했다.

4) 스마트시티 산업의 육성

스마트시티 산업을 육성하는 목적은 관련 산업의 규제를 해소하고 판로를 개척하는 동시에 창업과 인력 양성을 지원함으로써 혁신적인 스마트 생태계를 조성하는 데 있다. 우수한 기업과 기술의 사업화를 지원하려면 규제 해소가 뒤따를 수밖에 없다. 따라서 정부에서는 2020년 2월에 스마트시티 규제 샌드박스를 도입해 민간의 신기술 개발과 실증을 지원했다. 현대자동차의 수요응답형 모빌리티 서비스인 '세종시 셔클'은 정부에서 규제를 해소하고 민간의 신기술 개발을 지원했기 때문에 가능했다.

또한 스마트 챌린지 사업을 통해 발굴한 혁신 기술을 혁신 조달 상품으로 선정해서 지방자치단체 등에 공공 구매 대상으로 판로를 지원하는 정책도 중요하다. 해마다 5건 내외의 혁신 상품이나 기술이 선정되면 정부나 지자체는 해당 기업과 3년 동안 수의 계약을 체결할 수 있다. 나아가 사업화 자금 지원을 통해 창업을 촉진하고 대학의 전문 인력 양성을 지원하며, 스타트업을 비롯해 기업 성장을 지원하는 정책도 추진되고 있다.

5) 스마트시티의 해외 협력

스마트시티의 해외 협력은 우리 기업의 해외 진출을 지원하고 우리나라를 글로벌 스마트시티의 선도 국가로 도약시킨다는 목적에서 추진되고 있다. 정부 간의 협력을 통해 해외 도시에 한국형 스마트시티 사업을 전파하고, 외국의 정부나 기업과 프로그램을 협력하는 해외 도시 협력사업(K-City Network)이 대표적이다. 우리 기업의 해외 진출을 지원하기 위해 주요 국가에 글로벌 협력센터 5개소를 설치해 운영하고 있다. 또한, 정부에서는 유망한 프로젝트 정보를 발굴하고 전파하며 발주처와 국내 기업 간에 동반 관계를 구축하는 데 도움을 주기도 한다.

월드뱅크(World Bank), 경제협력개발기구(OECD), 미주개발은행(IDB)이라는 주요 국제기구와도 협업이 이루어지고 있다. 국제기구에 스마트시티 전문가를 파견하고 관련 기술을 지원하며, 스마트시티 전략 수립을 지원하는 등 다양한 협력 사업과 공동 연구를 진행하고 있다. 국제 행사는 일산 킨텍스에서 2021년에 진행된 제5차 월드스마트시티엑스포(WSCE)가 대표적이다. 이 행사는 아시아 최대의 스마트시티 국제 행사인데, 우리 기업이 해외에 진출하는 데 필요한 유용한 정보를 얻을 수 있다.

서울특별시의 스마트시티 정책

시민과의 소통은 새로운 도시를 만드는 원천이다. 모든 변화는 소통에서 시작된다. 서울특별시가 소통도시가 되려면 시민이 만들고 시민이 누려야 한다.[8] 서울특별시의 스마트시티 정책은 연결과

---

8) Kim, B. H. (2019). *The City of Communication, Seoul: Citizen Communications, A New Start for the City*. Seoul: The Seoul Institute.

융합 및 혁신을 통한 스마트도시의 생태계를 선도하는 데 그 목표가 있다. 스마트시티를 구현하는 데 필요한 추진기반은 크게 스마트서울 거버넌스와 스마트서울 플랫폼으로 구분할 수 있는데, 이는 [그림 2-4]와 같다. 현재 서울특별시는 미래 스마트시티의 인프라 구축, 첨단기술을 활용한 스마트 서비스의 확산, 시민과 함께 누리는 스마트시티의 구현이라는 세 영역에서 각종 정책을 추진하고 있다. 영역별 정책을 보다 구체적으로 설명하면 다음과 같다.[9]

스마트서울 거버넌스		스마트서울 플랫폼	
시민	· 디지털청년자문단 · 와이파이 모니터링단 · 공공데이터수집단	플랫폼	기반 기술
		S-Net (Smart Seoul Network)	초고속통신, WiFi
전문가 기업	· 스마트도시위원회 · S-Net 전문가자문단 · 대·중소기업·스타트업	S-Data (Smart Seoul Data)	빅데이터
		S-DoT (Smart Seoul Data of Things)	사물 인터넷
공공 해외도시	· 스마트도시 특구 · 자치구 및 중앙정부 · 스마트시티 서밋 참여도시	S-Brain (Smart Seoul AI)	인공지능
		S-Map (Smart Seoul Map)	디지털 트윈
		S-Security (Smart Seoul Security)	사이버 보안, CCTV

[그림 2-4] **스마트시티의 구현에 필요한 추진기반**

출처: 서울시 스마트도시정책관(2020. 10.). p. 4.

---

9) 서울시 스마트도시정책관(2020. 10.). 서울시의회 제297회 임시회 행정자치위원회 주요업무보고 자료. 서울시의회, pp. 1-66.

첫째, 미래 스마트시티의 인프라 구축 영역에서는 다양한 정책이 실행되고 있다. 스마트서울 네트워크를 구축해 공공 와이파이를 확대하고, 스마트서울네트워크(S-Net) 기반의 사물 인터넷(IoT) 시범 서비스를 시행하고, 빅데이터의 통합 관리체계를 구축한다는 것이다. 그리고 스마트 통합 서비스를 제공하는 인프라를 조성하며, 서울시 입체지도와 공간정보 인프라를 구축해 스마트시티의 기반을 조성하고 있다.

둘째, 첨단기술을 활용한 스마트 서비스의 확산 영역에서도 여러 정책을 추진하고 있다. 인공지능기반의 행정 서비스의 혁신을 추진하고, 공공 예약 서비스의 범위를 확대하고, 시민의 편의성을 높인다는 것이다. 그리고 민·관 융합 데이터를 구축해 활용하는 범위를 확대해 나가는 동시에 스마트시티의 공간정보 서비스를 확산하고 블록체인 기반의 행정 서비스를 다방면으로 확대하는 정책이 실행되고 있다.

셋째, 시민과 함께 누리는 스마트시티의 구현 영역에서는 특히 시민 참여와 거버넌스를 고려해서 정책을 추진하고 있다. 디지털 격차를 해소해 스마트 포용도시를 실현하고, 열린데이터광장 및 빅데이터 캠퍼스를 운영한다는 것이다. 그리고 디지털 시민시장실을 보다 활성화하며, 스마트시티의 글로벌 위상을 더 강화하고, 코로나19에 대응하는 스마트 기술을 확대하는 시정 혁신을 적극적으로 추진하고 있다.

서울특별시에서는 스마트시티를 구현하는 데 필요한 추진기반을 바탕으로 관련 정책을 수립하거나 곧바로 실행하고 있다. 서울시에서 2021년 이후에 집중하고 있는 스마트시티 사업 분야는 크게 일곱 가지로 정리할 수 있다. 추진되고 있는 주요 사업과 정책 내용을 간략히 설명하면 다음과 같다.[10]

첫째, 스마트서울네트워크(S-Net)를 구축하고 확대하는 정책이다. 디지털 전환이 가속화됨에 따라 통신은 공공의 필수재(必須財)가 됐고 그에 따라 데이터의 격차 현상이 심화되었다. 이에 따라 서울시는 자가 통신망, 공공 와이파이(S-Net), 사물 인터넷(IoT)망 같은 스마트시티의 통신 인프라를 구축해 서울시 전역에 차세대 공공 정보통신망 서비스를 제공하고 시민들의 통신 기본권을 전면 보장하는 사업을 시작했다.

둘째, 스마트서울 CCTV의 운영 체계를 강화하는 정책이다. 서울시는 안전에 취약한 지역에 방범용 CCTV를 '스마트서울 CCTV 안전센터'와 연계하기 위해 지능형의 선별관제 시스템을 구축하고 있다. 관제 센터와의 연계를 확대함으로써 시민 주거지의 안전망 서비스를 강화하는 것이다. 이때, 서울시는 시민의 생명과 재산을 보호할 골든타임을 확보함으로써 도시안전을 위한 종합 컨트롤타워의 기능을 수행하고자 한다.

셋째, 정보 자원을 클라우드로 전환해 IT서비스의 탄력적 기반을 마련하는 정책이다. 서울시는 서울시 본청과 자치구 및 산하기관의 정보 시스템을 공동으로 이용할 수 있는 클라우드로 모든 정보를 이전하고 통합하고 있다. 정보 자원의 운용에 있어서 전문성

---

10) 서울시 스마트도시정책관(2021. 4.). 서울시의회 제300회 임시회 행정자치위원회 2021년 주요업무보고 자료. 서울시의회, pp. 1-16.

과 효율성 및 안정성을 확보하기 위해서다. 디지털 환경의 변화에 대응하기 위해 정보 자원을 통합적으로 운영할 수 있는 환경을 구축한다는 것이다.

넷째, 빅데이터 저장소의 1단계 구축을 완료하겠다는 정책이다. 과학적 의사결정이 갈수록 중요해지는 상황에서 공공 데이터를 통합적으로 관리하고 데이터 행정을 활성화시키기 위해 데이터의 통합 저장소를 완공하는 사업이다. 통합 저장소가 완공되면 데이터 통합 검색이나 데이터 맵의 시각화 같은 데이터 활용 서비스가 가능해지며, 정책 결정을 지원할 수 있는 사용자 주도형의 데이터 분석 환경을 제공할 수 있다.

다섯째, 인공지능기반의 지능형 시정 서비스를 확대하겠다는 정책이다. 서울시는 인공지능 기술을 활용해 스마트 시정 서비스를 확대하고 시민 서비스에서 생산성을 높이겠다고 발표했다. 나아가 지능형 영상회의 시스템으로 시민 소통을 활성화하고, 상담과 안내 같은 반복 업무에 로봇프로세스자동화(RPA)[11] 기능을 추가하고자 한다. 이렇게 되면 업무 처리의 효율성이 높아지고 지능형 서비스의 제공이 가능해진다.

여섯째, 디지털 격차를 해소해 스마트 포용도시를 실현하겠다는 정책이다. 디지털 전환이 급속히 이루어지고 디지털 격차가 심화함에 따라, 서울시는 '서울시 디지털 격차해소 종합대책'을 발표

---

11) 로봇프로세스자동화(Robotic Process Automation: RPA)란 기업의 재무, 회계, 제조, 구매, 고객 관리 분야의 데이터를 수집해 입력하고 비교하는 단순 반복적인 업무 과정에 소프트웨어를 적용해서 자동화하는 기술이다. 인간의 일을 대신할 수 있는 로봇, 인공지능, 드론 분야의 기술이 급속히 발전해 프로세스의 자동화가 가능해졌다.

했다. 차별 없는 디지털 이용 환경을 조성하기 위해 시민 누구나 쉽게 배울 수 있는 디지털 역량 교육을 강화하겠다는 뜻이다. 나아가 서울시는 포용적 디지털 환경을 시급히 조성해 스마트 포용도시를 구현하겠고 발표했다.

일곱째, 디지털 트윈[12] 기반의 서울맵 서비스를 확대하겠다는 정책이다. 서울맵(S-Map)은 드론과 가상현실(VR), 혼합현실(MR), 인공지능(AI) 기술을 적용한 3차원 가상공간의 지도 서비스다. 정부에서 2020년 7월에 발표했던 디지털 트윈 정책을 서울시의 과제로 선정해, 가상의 서울 지도에서 맞춤형 서비스를 제공함으로써 디지털 트윈의 표준모델을 정부, 지자체, 공공기관, 산업계에 두루 확산하겠다는 계획이다.

옥외광고를 활용한 스마트시티 공공 커뮤니케이션

옥외광고는 움직이는 수용자들과 24시간 내내 접점을 만들어 내는 특성 때문에 광고주들의 호응을 얻으며 광고 시장의 판도를 바꿔 왔다. 2000년대 이후 통신, 네트워크, 디스플레이, 콘텐츠 기술이 접목된 디지털 옥외광고가 등장하면서 옥외광고에 대한 기존의 고정관념도 크게 바뀌었다. 디지털 환경에서 새로운 마케팅 채널을 찾던 광고주의 기대에 첨단 정보통신 기술(ICT)이 부응하면

---

12) 디지털 트윈은 현실세계를 공간정보를 활용한 3D 가상 디지털로 표현하는 시스템으로, 현실 상태를 확인하고 의사 결정의 주요 도구로 활용할 수 있다.

서 광고 시장에서 옥외광고의 영향력은 나날이 확장될 수밖에 없었다. 공공기관이나 단체에서도 디지털 사이니지를 비롯한 디지털 옥외광고에 특별한 관심을 나타내고 있다.

디지털 사이니지는 디지털 미디어의 총아다. 1세대(신문), 2세대 (라디오, 영화), 3세대(텔레비전), 4세대(컴퓨터), 5세대(스마트폰, 인터넷, 모바일)라는 미디어의 발전 과정에서 디지털 사이니지는 6세대에 해당한다. 5세대 이후의 융합 미디어는 문자와 영상 및 음성을 두루 활용하는 차세대 융합 미디어로 손꼽히고 있다. 디지털 사이니지는 1세대인 단순 노출형과 2세대인 상호작용형을 거쳐 3세대인 상황인지형(context aware)으로 발전해 왔다. 미래형 하드웨어, 통신 서비스, 모바일, 클라우드 같은 핵심 기술이 융합된 3세대형 디지털 사이니지는 공공 커뮤니케이션 분야에서도 널리 활용되고 있다.

1) 옥외광고의 공공 커뮤니케이션 기능

법적 측면에서의 옥외광고란 "공중에게 항상 또는 일정 기간 계속 노출되어 공중이 자유로이 통행하는 장소에서 볼 수 있는 간판 디자인 광고물(디스플레이를 이용하여 정보, 광고를 제공하는 것)"이다 (「옥외광고물법」, 2016. 1. 6. 일부 개정).[13] 법에서는 문자 그대로 실외(옥외)라는 설치 장소나 설치 형태 위주로 규정했다. 이때 스마트 기술은 옥외광고의 설치와 노출에 결정적인 영향을 미치며, 디지

---

13) 옥외광고물법(2016. 1. 6.). 옥외광고물 등의 관리와 옥외광고산업 진흥에 관한 법률.

털 사이지니도 스마트 기술이 발달함에 따라 가능해졌다. 현대의 옥외광고는 실외를 뜻하는 옥외의 개념을 넘어 집밖에서 노출된다는 보다 확장된 의미를 지니고 있어, 정부를 비롯한 공공 영역에서 적극적으로 활용하고 있다.

예컨대, 인천국제공항공사의 OOH 광고 〈아트포트(artport)〉 편(2018)에서는 공항을 예술 체험 공간으로 바꾸려고 디스플레이 영상을 설치했다([그림 2-5] 참조). 사람들이 공항에 머무르는 동안에 보통 도착하는 목적지 위주로 생각하지 출발 장소는 기억하지 않는다는 소비자 심리를 고려해, 인천국제공항은 공항의 통로 벽면에 예술 작품을 결합한 옥외광고물을 게시했다. 색감을 오묘하게 처리한 〈Hello〉 작품에서는 한글의 자음과 모음을 결합시켜 이목을 사로잡았다. 여행객에게 문화예술 작품을 감상하도록 고려한 공공 옥외 소통 활동이었다. 카피는 다음과 같다. "Art + Port Project" "Wonderful Powerful Beautiful" "세계 공항 서비스의 새로운 패러다임을 제시하는 인천공항의 품격 있는 아트워크를 느껴 보세요." "이제 당신의 여행은 예술이 됩니다. 인천국제공항." 현장 지향형의 아이디어가 돋보이는 이 공공 옥외광고는 무관해 보이는 예술(art)과 공항(airport)을 결합해 공항에서의 예술 체험이라는 혜택을 제시함으로써 인천국제공항의 가치를 높였다.

2000년대 이후부터 통신, 네트워크, 디스플레이, 콘텐츠 기술이 광고판에 접목된 디지털 옥외광고가 부상하면서 옥외광고의 개념과 영역이 확장됐다. 정보통신 기술(ICT)과 디지털 마케팅 채널을 찾던 광고주의 욕구가 옥외광고의 효과와 맞아떨어지면서 광고 시

[그림 2-5] 인천국제공항공사의 OOH 광고 '아트포트' 편(2018)

장에서 옥외광고의 영향력은 계속 확장되어 왔다.[14]

그 예로 2021년부터 시작된 정부의 〈광화시대〉 프로젝트를 보자. 문화체육관광부와 한국콘텐츠진흥원은 8종의 문화·관광 콘텐츠와 5G 실감 기술을 결합해 실감 콘텐츠를 체험할 수 있는 〈광화시대〉 프로젝트를 진행했다. 〈광화시대〉는 정부가 2019년 9월 17일에 발표한 콘텐츠 산업 3대 혁신 전략의 '선도형 실감 콘텐츠 육성'과 2020년 9월 24일에 발표한 디지털 뉴딜 문화콘텐츠 산업 전략의 내용을 계승했다. 광화문의 과거와 현재와 미래를 실감나게 구현하는 〈광화시대〉는 광화문 일대에 거대하게 조성된 국민 놀이터라고 할 수 있다([그림 2-6]과 [그림 2-7] 참조).

정부에서 발표한 실감 콘텐츠 8종의 세부적인 기획 내용은 다음과 같다. ① 위치기반형 AR 콘텐츠인 '광화경', ② 실감형 미디어파크인 '광화원', ③ 실시간 스트리밍 공연인 '광화풍류', ④ 가상현실 어트랙션인 '광화전차', ⑤ 빅데이터 기반의 참여형 공공조형 콘텐츠인 '광화수', ⑥ 위치기반 실감형 미션 투어게임인 '광화담', ⑦ 초대형 인터랙티브 사이니지인 '광화벽화', ⑧ 지능형 홀로그램의 정보 센터인 '광화인'이다. 정부는 대한민국역사박물관, 국립민속박물관, 국립현대미술관, 서울교통공사, 세종문화회관과 업무협약을 맺고 전방위 협력을 바탕으로 프로젝트를 추진했다. 〈광화시대〉 프로젝트에는 가상현실(VR), 증강현실(AR), 인공지능(AI), 홀로그램 같은 최신 기술이 적용됐다.

---

14) 유승철, 송시강, 박정선(2017). 미디어 환경에서 옥외광고의 새로운 정의와 범위에 대한 연구: 광고학과 법학적 관점의 종합. 광고연구, 112, pp. 199-237.

[그림 2-6] 〈광화시대〉 프로젝트의 포스터(2021)

[그림 2-7] 〈광화시대〉 중 광화벽화와 광화인 포스터(2021)

2) 디지털 옥외광고의 유형

디지털 옥외광고는 여러 가지 유형으로 분류할 수 있는데, 상호 작용 여부에 따라 노출형 대 체험형으로 분류한다.[15] 여러 연구를 종합하면 '노출형'과 '체험형'으로 디지털 옥외광고를 분류할 수 있지만, 해석상 약간의 문제가 있을 수 있다. 노출은 제작자나 광고주처럼 메시지를 내보내는 사람 입장의 용어다. 반면에 체험은 체험하는 사람 입장에서도 쓸 수 있지만 수용자의 입장에서도 쓸 수 있는 말이니, 제작자와 광고주의 용어(노출)와 수용자의 용어(체험)가 혼재된 상태에서의 분류 기준이다.

그에 비해 디지털 사이니지의 크리에이티브의 매체 유형을 다섯 가지로 분류한 연구에서는 새로운 접근법으로 유형 분류를 시도했다. 목표 청중의 규모에 따라 매스 타깃팅형(대중적)과 개인화형으로 분류하고, 소통 방식에 따라 일방향적 설명적(illustrative) 방식과 양방향적 시연적(demonstrative) 방식으로 분류했다. 이 기준에 따라 매스 타깃팅형의 설명적 방식, 매스 타깃팅형의 시연적 방식, 개인화형의 설명적 방식, 개인화형의 시연적 방식, 혼합이라는 다섯 가지 유형을 제시한 연구는 흥미롭다.[16] 하지만 '설명적' 또는 '시연적'이란 용어는 광고주가 소비자에게 설명하고 보여 준다는 뜻을 담고 있어서, 이 유형도 수용자의 관점에 따른 분류가 아닌 광고 주

---

15) Schaeffler, J. (2008). *Digital Signage: Software, Networks, Advertising, and Displays: A Primer for Understanding the Business*. Burlington, MA: Focal Press.

16) 유승철, 신일기(2018). 디지털 사이니지 미디어 크리에이티브: 매체 유형화와 광고 크리에이티브 전략. 광고학연구, 29(6), pp. 81–108.

체 입장에서의 분류 기준이라고 할 수 있다.

여러 선행 연구를 종합하면, 디스플레이 소재의 특성, 디지털 콘텐츠의 목적, 통신 네트워크의 적용 방식, 소비자의 콘텐츠 이용 방식, 설치 장소, 디스플레이 방식, 노출 형태 등 일곱 가지 기준에 따라 디지털 사이니지의 유형을 분류할 수 있다. 일곱 가지 기준에 따른 디지털 사이니지의 유형을 보다 구체적으로 소개하면 다음과 같다.[17]

첫째, 디스플레이 소재의 특성에 따라 LED, LCD, 프로젝션, 홀로그램 디지털 사이니지로 분류한다. 햇빛과 기온이나 습도를 잘 견디는 LED는 주로 옥외에서, LCD는 실내 환경에서 주로 활용된다. 2018년에 코엑스 밀레니엄 광장에 설치된 기둥 사이니지는 실외용 LED를 실내에 구축한 국내 최초의 사례다.

둘째, 디지털 콘텐츠의 목적에 따라서도 분류한다. 공공정보나 편의를 제공하는 공공 디지털 사이니지가 있고, 상품정보를 제공해 마케팅 활동을 지원하는 기업 디지털 사이니지도 있다. 공간의 미적 가치를 높이는 예술성 디지털 사이니지도 있고, 비상시에 긴급정보를 제공하는 알림 디지털 사이니지도 있다.

셋째, 통신 네트워크의 적용 방식에 따라서도 분류한다. 유무선 통신으로 미디어를 원격 제어해 여러 곳에 동시에 노출하는 네트워크형 디지털 사이니지나 개별 공간에서 별도로 운영되는 독립형 디지털 사이니지도 있다. 독립형 디지털 사이니지는 여러 곳이 아

---

17) 김병희(2021). 디지털 사이니지의 파노라마. 디지털 시대의 광고 마케팅 기상도. 서울: 학지사. pp. 181-196.

닌 특정 공간에 효과를 집중시킬 때 주로 활용된다.

넷째, 소비자의 콘텐츠 이용 방식에 따라 일방향, 양방향, 모바일 결합형으로도 분류한다. 옥외광고처럼 불특정 다수에게 보내는 일방향 디지털 사이니지와 소비자와 정보를 주고받는 양방향 디지털 사이니지가 있다. 스마트폰에서 주고받는 개인의 메시지를 공공장소에 표출하는 모바일 결합형 디지털 사이니지도 있다.

다섯째, 설치 장소에 따라 건물 외벽에 콘텐츠를 제공하는 외벽형과 건물 실내 벽에 스크린을 설치하는 내벽형으로 분류한다. 교통시설, 다중 집객시설, 옥외 지역이 스크린의 설치 공간이다.

여섯째, 디스플레이 방식에 따라서도 분류한다. 공공장소에 정보를 일방적으로 노출하는 플랫 패널(flat panel)형, 미디어 폴(media pole, 도로 표지판을 한곳에 모으는 디지털 시설물)처럼 쌍방향 소통이 가능한 터치 패널(touch panel)형, 그리고 대형 건물의 벽면에 영상 메시지를 전달하는 미디어 파사드(media facade)형이 있다.

일곱째, 노출 형태에 따라서도 분류한다. 역에 설치된 디지털뷰(digital view)처럼 지하철의 정보를 파악하는 단순 터치형이나 매장의 터치스크린처럼 관련 정보를 소비자들이 직접 확인하는 상호작용 터치형도 있다.

이러한 분류 중에서 공공 옥외 커뮤니케이션과 관련되는 것은 두 번째인 디지털 콘텐츠의 목적에 따른 분류 기준이다. 선행 연구에서는 설치 장소, 설치 형태, 설치 방법, 소재 같은 물리적 특성에 따라 옥외광고의 유형을 다양하게 분류했다.[18] 하지만 일곱 가지 기준을 비롯해 기존에 제시된 유형들은 수용자의 관점을 배제했다.

따라서 물리적 요소가 아닌 소비자 입장에서 광고 크리에이티브를 지각한다는 측면에서 새로운 분류 기준을 모색할 필요가 있다.

먼저, 수용자가 지각하는 광고의 '체험' 방식에 따라서도 디지털 옥외광고의 크리에이티브 유형이 달라질 수 있다. 소비자 스스로 광고를 체험하면 디지털 사이니지의 광고 효과가 높아진다는 연구 결과도 있듯이, 디지털의 특성과 깊이 관련되는 체험은 디지털 사이니지 광고 효과에 결정적인 영향을 미친다. 따라서 소비자가 지각하는 측면에 따라 '근거리와 원거리' '비체험과 체험형'으로 나누어, '근거리 비체험형' '근거리 체험형' '원거리 비체험형' '원거리 체험형'으로 분류할 수 있다. 소비자가 디지털 옥외광고 접했을 때, 해당 광고를 어떻게 지각하느냐에 따라 크리에이티브 유형을 분류할 수 있을 것이다.

다음으로, 앞에서 제시한 네 가지 유형과는 별도로 광고의 '소통' 목적에 따라서도 분류할 수 있다. 집밖의 디지털 사이니지는 이동 장소, 이동거리, 지각도에 따라 소비자 맞춤형의 광고를 할 수 있다. 단순한 광고 지각이 아닌 광고를 통한 소비자와의 상호작용, 혹은 공적 주제에 대한 국민의 상호작용을 소통 목적에 따라 분류해 볼 수 있다. 옥외광고와 소비자 간의 소통 목적에 따라 크리에이티브 내용이 달라질 수 있다. 공공 활동에 함께하자는 공적 소통의 목적에서 실행한 광고인지, 아니면 기업에서 브랜드 마케팅 차원에

---

18) Wilson, R. T., Baack, D. W., & Till, B. D. (2008). Out-Of-Home but Not Out-Of-Mind: Advertising Creativity and Recall. *Proceedings of American Academy of Advertising Conference* (Online). Lubbock: American Academy of Advertising. pp. 105–110.

서 실행하는 사적 소통의 목적에서 실행한 광고인지에 따라 광고 효과에 차이가 발생한다. 광고의 '소통' 목적은 디지털 옥외광고의 크리에이티브를 결정하는 중요한 요인이기 때문에, 소통 목적에 따른 크리에이티브의 유형을 '공적 소통형'과 '사적 소통형'으로 분류할 수 있다.

종합하면, 디지털 옥외광고의 유형을 '체험' 방식과 '소통' 목적에 따라, ① 근거리 비체험 공적 소통형, ② 근거리 비체험 사적 소통형, ③ 근거리 체험 공적 소통형, ④ 근거리 체험 사적 소통형, ⑤ 원거리 비체험 공적 소통형, ⑥ 원거리 비체험 사적 소통형이라는 여섯 가지 유형으로 분류할 수 있다.[19] 사적 소통형은 대부분 기업에서 상품 판매 메시지를 전달하기 위해 시도한다. 이 글에서는 옥외광고의 공공 커뮤니케이션 현상을 설명하는 데 치중하므로, 공적 소통형의 옥외광고 사례만 제시하기로 한다.

(1) 근거리 비체험 공적 소통형

김해시는 2019년 이후, 가야의 역사 문화를 바탕으로 구성한 조형물에 디지털 전광판을 배치해 근거리 비체험의 공적 소통 활동을 시도했다. 공적 소통 목적의 디지털 사이니지는 가야 문화의 정체성과 현대적 광고물이 조화를 이룬 독특한 형태로 만들어졌기 때문에, 과거와 미래가 공존하는 도시경관을 만들어 내기에 충분했다. 김해시는 앞으로도 디지털 사이니지를 활용해 각종 이벤트

---

19) 김병희, 김현정(2021). 디지털 옥외광고 크리에이티브 유형 분석 및 활성화 방안 연구. 서울: 한국옥외광고센터.

와 실시간 정보를 제공하면서 공공 소통 활동을 전개할 계획이다. 이처럼 김해시는 디지털 옥외광고를 바탕으로 현대와 과거가 어우러진 도시경관을 만들어 가며 시민들과의 커뮤니케이션 접점을 모색하고 있다.

이 밖에도 김해시는 행정안전부에서 공모한 디지털 옥외광고 사업과 생활SOC의 간판개선 사업에 선정되고 디지털 옥외광고 사업의 특구로 지정되면서, 뉴욕의 타임스스퀘어처럼 디지털 옥외광고물을 두루 설치할 수 있게 되었다. 이로 인해 공공 옥외광고를 활용한 정책 소통 활동이 더 활발해질 것으로 예상한다.

[그림 2-8] 김해시의 공공 디지털 사이니지

(2) 근거리 체험 공적 소통형

강원도 정선군은 2015년 이후 전통시장 활성화를 위해 정선아리랑시장 상설공연장 옆에 디지털 사이니지를 설치함으로써 근거리에서 체험할 수 있는 공적 소통 활동을 적극적으로 전개하고 있다. 공공 옥외광고를 통해 정선군 정책을 상세히 설명하는 동시에 관광객들에게 편의를 제공함으로써 공적 커뮤니케이션의 범위를 확장하고 있다. 정선아리랑시장에 설치된 디지털 사이니지는 공공 옥외광고가 대도시가 아닌 군 단위의 지역에 설치되어도 얼마든지 효과를 볼 수 있다는 좋은 사례다.

디지털 사이니지의 스크린을 한 번만 터치해도 시장 지도, 상점 현황, 대표 상품, 전화번호 같은 모든 정보를 한눈에 파악할 수 있

[그림 2-9] **정선아리랑시장에 설치된 디지털 사이니지**

도록 설계했다. 그리고 서비스가 마음에 들 경우에는 칭찬 도장, 상점 이용 후기, 건의사항도 남길 수 있어 어떤 상점이 손님들로부터 좋은 평가를 받는지도 스크린에서 확인할 수 있다. 나아가 정선레일바이크의 예약 현황이나 화암동굴 관람 안내 같은 주변 관광지에 대한 정보도 실시간으로 제공하기 때문에 근거리에서 공적 소통을 실감나게 체험할 수 있다.

(3) 원거리 비체험 공적 소통형

용산전자랜드는 6 · 25와 참전 전사자에 대한 인식 개선을 촉구하기 위해 건물 외벽에 미디어 파사드형 디지털 사이니지를 2019년에 설치했다. 이 광고는 가까운 곳에서 직접 체험할 수 없는 원거리 비체험의 공적 소통형에 해당된다. 용산전자랜드는 낙후된 건물의 외벽에 LED를 활용한 디지털 사이니지 광고를 노출함으로써 용산전자랜드의 경제적 · 사회문화적 · 관광환경적 기대 효과를 창출했다. 그리고 상업 건물의 차별화는 이해 관계자들이 자긍심을 갖는 데 영향을 미치는 동시에 설치 건물이나 지역의 이미지 개선에도 긍정적인 영향을 미쳤다.[20]

상업건물이 차별화되면 그 건물이나 지역을 방문하는 유동인구가 늘어나고, 유동인구의 증가는 상권 회복에 영향을 미치며, 결국 해당 지역의 경제가 활성화되는 선순환 구조를 형성하게 된다. 원거리 비체험의 공적 소통형 옥외광고라 할지라도 지역 발전에 대

---

20) 신일기, 심성욱, 손영곤(2019). 디지털 옥외광고물 도입을 통한 이용자 커뮤니케이션 효과: 용산 전자랜드 사례를 중심으로. 광고PR실학연구, 12(1), pp. 61-89.

[그림 2-10] **용산전자랜드의 미디어 파사드형 디지털 사이니지**

한 가치 인식을 향상시키고 공공 소통 활동에 상당한 영향을 미치기 때문에, 정부나 지자체의 여러 영역에서 소통 활동에 두루 활용될 것이다. 앞으로 디지털 옥외광고는 대면 소통으로 할 수 없는 원거리 소통 창구의 기능을 충분히 수행할 것으로 기대된다.

스마트시티와 공공 옥외광고의 미래

지금까지 소통도시로서의 스마트시티와 공공 옥외 커뮤니케이션에 대하여 살펴보았다. 스마트시티는 정부에서 주도하는 사업이지만 전국의 지방자치단체와 협력 관계를 유지해야 발전할 수 있다. 디지털 사이니지를 비롯한 공공 옥외광고도 지자체의 인허가 사항에 해당되지만 지자체의 자치 역량을 키울 수 있는 사업 분야이기도 하다. 따라서 스마트시티를 구축할 때는 산적한 도시 문제를 해결할 수 있도록 지역에 최적화된 도시 설계를 해야 한다. 그리고 도시 설계의 출발점은 다음 세대가 더 자유롭게 소통할 수 있도록 미래 소통도시로서의 역량을 키우는 데서 시작되어야 한다.

스마트시티가 5S라는 미래 비전을 바탕으로 발전해야 한다는 관점에 주목할 필요가 있다. 즉, 미래의 스마트시티는 효율성을 강화할 수 있도록 스마트한 특성을 지향해야 하고(Smart), 환경을 보호하고 빈곤을 구제하는 동시에 성장을 달성하는 지속 가능한 형태로 발전해야 하며(Sustainability), 각종 위험을 조기에 발견하고 진압할 수 있을 만큼 신속한 위기대응 기능을 발휘해야 한다(Strong risk management). 그리고 안전에 대한 확신은 시민들의 '삶의 질'을 높이는 필수요건이므로 물리적・정신적으로 안전한 도시 공간을 만들어야 하며(Safe), 도시의 경제를 책임지는 사람들이 보람차고 즐겁게 일할 수 있는 환경을 조성하고 시민의 만족도를 높이는 방향으로 발전해야 한다(Satisfactory).[21]

미래의 스마트시티는 토목이나 건설의 관점에서 접근하기보다 지능형 인프라를 바탕으로 일상생활과 생산 활동이 어우러지도록 기획해야 한다. 그리고 인간과 자연과 사물이 어우러진 상태에서 시간과 역사가 통합되는 구조로 나아가야 한다. 이를 위해서는 그

---

21) 송근혜, 박안선(2020). 미래 스마트시티 비전과 과제: 도시문제 대응을 중심으로. 전자통신동향분석, 35(6), pp. 107-118.

지역에서 살아가는 시민들과 소통하고 지역에 최적화된 도시를 설계해야 한다. 기술적 측면만 강조해서 스마트시티를 설계한다면 기술이 미치는 부정적 영향 때문에 새로운 도시 문제가 야기될 수 있다.

따라서 최근에는 사업 초기부터 완료에 이르기까지 시민들이 공공 또는 민간기업과 함께 참여해 적극적으로 의견을 개진하는 리빙랩(living lab) 방식이 주목받고 있다.[22] 리빙랩 방식은 공공(Public), 민간(Private), 시민(People), 협력(Partnership)이라는 4P 플랫폼을 공동으로 운영함으로써 함께 스마트시티를 구현하려는 시도다. 시민들을 단순히 서비스 이용자로만 대하지 않고 동반자로 대우하는 것이 리빙랩 방식의 핵심이다. 결국 도시민의 일상생활과 소통 활동을 가장 우선적으로 고려하는 방향에서 스마트시티의 첫 단추를 끼우는 것이 중요하다고 하겠다.

도시와 지역을 불문하고 현지에서 살아가는 주민들의 의견을 수렴하는 포용적 접근 방법은 스마트시티의 미래를 제대로 설계하는 첫걸음이다. 우리나라를 비롯한 여러 나라에서 스마트시티를 보편적으로 쓰고 있지만, 중국에서는 '지혜성시(智慧城市)'라는 용어를 쓰고 있다는 사실에 주목할 필요가 있다. 액면 그대로만 보면 스마트(지혜)의 도시(성시) 그대로지만, 스마트를 지혜로 해석했다는 데에 깊은 의미가 있다. 사물의 이치나 상황을 제대로 깨닫고 그것에 현명하게 대처할 방도를 생각해 내는 지혜의 도시가 스마트시티라

---

22) 이재용, 한선희(2017). 스마트시티법 재개정의 의미와 향후 과제. 한국도시지리학회지, 20(3), pp. 91-101.

는 뜻이다.

　스마트시티를 다른 말로 표현하면 '지혜의 도시'라고 할 수 있겠다. 스마트 기술과 디지털 옥외광고물로 인해 도시 공간이 스마트시티로 새롭게 재편되는 시간의 흐름은 물리적 공간에 지혜의 콘텐츠를 증강하는 과정이나 다름없다. 테크놀로지와 데코레이션이 만나 도시 공간을 건축하는 테코레이션의 세계 역시 지혜의 콘텐츠로 소통의 시공간을 확장해 나가는 끝없는 여정이라고 할 수 있다. 미래의 스마트시티, 그 기나긴 여정을 상상하며 설레는 마음을 애써 억누르지 않아도 좋을 듯하다.

03

테코레이션과
프로그래매틱 광고

QR코드를 통해 저자의 소개 영상을 시청하실 수 있습니다.

김신엽
㈜한국DS연구소 소장 및 한양대학교 광고홍보학과 겸임교수

• • •

신화(myth)란 상징적인 코드로 저장된 공동체의 바람직한 규범으로, 디지털 사이니지는 두 개의 신화를 가지고 있다. 그중 하나는 중요한 사건이 벌어졌을 때 도시 곳곳의 디지털 사이니지에서 관련된 뉴스가 송출되는 '드라마' 속 장면이고 또 다른 하나는 '홍채 인식'에 따라 개인을 구별하고 맞춤 메시지를 전달하는 영화 〈마이너리티 리포트(Minority Report, 2002)〉의 장면이다. 아마 두 장면은 독자들에게도 익숙한 장면일 듯하다. 앞선 하나는 사회 구성원에게 동시적 감각을 전달하는 디지털 사이니지의 사회적 기능을, 〈마이너리티 리포트〉는 공간과 상호작용하는 개인화의 대표적 표상으로 상징된다.

디지털 사이니지는 불특정 다수에게 일방향적인 메시지를 노출하던 형태에서 콘텐츠를 매개로 청중과의 상호작용 수준을 높이는 방향으로 발전하고 있으나, 국내 대부분의 디지털 사이니지는 고립되어 개별적인 커뮤니케이션에 그치는 한계를 가지고 있다.

그러나 만일 디지털 사이니지가 모두 연결된다면 어떨까? 첫 번째 신화처럼 콘텐츠를 공유하는 방식으로 동시적인 감각을 도시 곳곳에 확대하는 방식이다. 광고주를 비롯한 콘텐츠 공급자는 지역적인 규모의 지면을 보장받을 수 있고, 개별 매체는 직접 계약된 콘텐츠 공급자가 아니더라도 남는 지면을 효과적으로 활용할 수 있다.

다음은 목표 청중을 분석하고 관련된 맥락정보와 연결된 콘텐츠 관리 솔루션이다. 콘텐츠 관리 솔루션은 상황에 따라 광고 콘텐츠를 선별해 송출하며 목표 청중과의 관련성을 높일 수 있다. 이제 불특정 다수를 향한 우연한 노출은 공간의 특수성을 이해한 필연적인 노출로 바뀌며 고객을 찾는 수많은 광고주의 기대를 채울 수 있다. 두 번째 신화, 개인화다.

연결에 기반을 둔 상호작용과 개인화는 디지털 커뮤니케이션 기술의 핵심으로서 광고와 관련성 있는 소비자를 연결해 주는 '프로그래매틱 광고(Programmatic AD)'를 대표적으로 말할 수 있다. 프로그래매틱 광고는 광고 전반에 걸친 커뮤니케이션 기술을 의미하는 '애드테크(AD-Tech)'의 한 분야로서, 상호작용 데이터와 맥락 데이터를 연결해 사용자 경험을 최적화하는 기술이자 체계로 현재의 디지털 광고 성장을 이끌고 있다.

디지털 사이니지와 프로그래매틱 광고의 결합은 앞서 소개한 두 개의 신화를 현실로 만들어 개방되고 정적인 공간을 자신만의 역동적인 공간으로 전환한다. 디지털 사이니지는 단순히 정보와 신호를 전달하는 장치가 아닌, 높은 수준의 상호작용성과 실시간 응답성을 물리적 공간에 다시 반영함으로써 인간의 활동과 이동에 대응하여 적절히 반응할 수 있는 '**사회반응적 공간**(socially responsive environment; context aware environment)'의 기반으로[1] '테코레이션'의 생생한 현장이 된다.

---

1) 황주성, 유지연, 이동후(2006). 휴대전화의 이용으로 인한 개인의 공간인식과 행태의 변화. 한국언론정보학보, pp. 306-340에서 Witzgall & Burleson(2000) 재인용.

디지털 사이니지의 개념

0과 1의 '디지털' 그리고 알린다는 의미의 '사이니지'가 결합한 '디지털 사이니지(Digital signage)'는 다양한 정보를 효과적으로 전달하기 위해 공공장소나 상업 지역 등의 '공간'에 디지털 디스플레이를 설치한 후 네트워크를 통해 다양한 콘텐츠를 제공하는 디지털 미디어를 말한다. [2]

디지털 사이지니는 '알린다'는 측면에서 광고와 밀접히 연결되어 있으며 예로부터 존재한 공공장소의 일반적 정보 전달 신호 · 표지 체계인 사이니지(Signage)가 디지털 기술 발전과 사회적인 정보 요구 증가에 대응해 진화한 개념이다. [3]

일반적인 옥외 미디어와 비교한 차이로는 정보 표출의 동적 움직임과 가변성을 특징으로 하며 무광 유리나 플라스틱 화면 뒤에 형광등을 비추어 정보를 표출하는 라이트 박스(Light box), 점멸 형태로 표출하는 네온사인(Neon sign) 혹은 장식조명(Light architecture) 등의 전기적 매체와 구별될 수 있다. 또한 TV, 컴퓨터, 모바일 등의 디지털 디바이스(Digital device)와 비교한 차이로는 장소적 특성, 즉 '장소성'을 가진 미디어라는 점을 들 수 있다.

장소성이란 어떤 장소를 인식하는 특별한 기억의 재구성으로 우리가 해당 장소에서 체험했던 사건의 의미와 정서를 말한다. 이를

---

2) 심성욱(2013). 디지털광고물의 법적적용에 관한 연구. OOH광고학연구, 10(2), 39-72.
3) 최광훈, 이경실(2014). 디지털 사이니지의 진화 방향과 경제적 효과. 세종: 산업연구원.

테면 '서울 종로구 대학로 120 혜화역 4번 출구'와 연인을 만나고 헤어졌던 '혜화역 4번 출구'의 의미와 정서는 다를 수 있다. 디지털 사이니지는 옥외 공간에서 우연히 마주쳤던 강렬한 인상(체험)을 통해 콘텐츠 수용 의도를 높여 장소를 주목하고 기억하게 만든다.

〈표 3-1〉 **디지털 사이니지 특성**

항목	내용
기술적 측면	새롭게 개발된 디지털 기술이 가장 먼저 테스트되고 적용됨
정보 내용적 측면	특정한 공간의 목적에 맞는 정보와 내용 표출
장소적 측면	공공의 편리성과 설치 공간의 장소적 특징을 반영
사용자 접촉 방식	눈에 띄는 장소에 위치하며 손쉽게 접촉할 수 있는 미디어

출처: 심성욱, 박현(2017). 신옥외광고론. 서울: 서울경제경영. pp. 205-207을 인용하여 재구성

장소성은 주변 경관과 하나의 맥락을 만드는 주목성으로 이어져 랜드마크(landmark) 효과를 유발하며 도시경관 및 지역 명소화 등의 사업에도 활용된다. 장소성은 디지털 사이니지에 한정된 개념이라고는 할 수 없으나 최근 혁신적인 디스플레이 및 예술 및 상업 콘텐츠를 결합한 다양한 사용자 경험을 끌어내며 활용을 더욱 높이고 있다.

그중 서울 강남구 옥외광고물 자유 표시구역 사업의 하나로 2018년 3월 설치된 삼성동 SM타운 디지털 사이니지(K-POP 스퀘어)는 곡선 형태의 LED(Curved LED)로 표출하는 감각적인 콘텐츠로 청중의 시선을 사로잡으며 호평 받고 있다. 2020년 9월 중국 청두에도 유사한 형태가 설치되어 운영되고 있는데 감각적인 3D 콘텐츠 연출이 인상적이다([그림 3-1]).

서울 강남구   중국 청두

[그림 3-1] 곡선형 LED 디스플레이

출처: 좌: https://www.youtube.com/watch?v=oYCgyG2rkOM&t=50s / 우: 유튜브, https://www.youtube.com/watch?v=h8BlqU9ipII

※ 사진 속의 디지털 사이니지는 모두 삼성전자의 곡선형 LED(Curved LED)가 사용되었다.

디지털 사이니지 시장규모

TV와 PC, 모바일을 넘어 제4의 미디어(the 4th media)로 주목받고 있는 디지털 사이니지는 다양한 콘텐츠와 기술이 융합된 정보미디어로 크게, ① 하드웨어(디스플레이 패널, 서버, 셋톱박스, 센서 등 장비/부품 제조와 유지 관리), ② 네트워크(근거리 통신을 포함하는 유무선 통신, GPS 정보 등), ③ 시스템 통합(시스템 기획과 구성, 통합 및 유지 관리), ④ 소프트웨어 및 솔루션(시스템 제어, 콘텐츠 배포·재생 관리 및 효과 측정 등), ⑤ 콘텐츠(광고, 생활정보 등 콘텐츠 제작 및 유통, 판매 등)의 5개 산업이 유기적으로 연결된 융합산업을 이룬다.[4]

---

4) 이춘성, 유승철, 김신엽, 장신석, 홍다현, 임다영(2020). 국내 스마트사이니지 산업의 해외시장 진출 방안 연구. 전남: 한국방송통신전파진흥원.

글로벌 시장조사업체 스태티스타(Statista)는 2023년에는 전 세계 디지털 사이니지 시장 가치를 320억 달러에 이를 것으로 평가하며, 2016년의 196억 달러 대비 67% 성장을 전망하고 있다.[5]

이어 조사회사인 옴디아(Omdia)는 시장규모를 산업에서 필요한 수요 대수로 평가하여 2021년의 전 세계 디지털 사이니지 시장 수요를 643만 대로 밝히며, 2020년에 비해 23% 성장을 예측하였다. 비록 2020년은 '코로나19' 여파로 2019년(560만 대) 대비 10%가량 줄어든 512만 대에 그쳤지만, 2022년에는 695만 대, 2024년에는 715만 대에 이를 것으로 관측하며 '코로나19' 이전을 뛰어넘을 것으로 전망하고 있다.[6]

국내의 경우 2015년 당시 '미래창조과학부(현 과학기술정보통신부)'에서 2020년 디지털 사이니지 시장규모를 전 세계 420억 달러, 국내 6.02조로 예측한 바 있다.[7] 물론 전 세계적으로 영향을 끼치고 있는 '코로나19'와 관련된 산업 변동 요인을 반영하지 못한 수치로 현재와는 다른 양상을 보일 것으로 판단된다. 그러나 당시 예측했던 국내 시장 규모가 전 세계 시장규모의 12.7%였던 점을 고려해 보면, 2021년의 국내 시장은 '스태티스타'의 자료를 인용할 때, 2021년 320억 달러의 12.7%인 약 40.6억 달러(한화 4조 7014억 원),

---

5) Statista(2021). Value of the digital signage market worldwide in 2016 and 2023.
   https://www.statista.com/statistics/699718/digital-signage-market
6) 서미숙(2021). 디지털 사이니지 시장 커진다..."코로나 딛고 올해 23% 성장". 연합뉴스.
   https://www.yna.co.kr/view/AKR20210511013200003
7) 권동준(2017). [이슈분석] 급성장하는 상업용 디스플레이 시장, 기술경쟁 불 붙는다. 전자신문. https://m.etnews.com/20170622000227

국내 디지털 사이니지 수요 대수로는 '옴디아'의 2021년 예측치를 인용할 때, 640만 대의 12.7%인 약 81.6만 대 수준을 추정해 볼 수 있다. 그러나 이는 어디까지나 단순산술 추정치임을 강조한다.

광고는 디지털 사이니지의 주요 사업모델로서 우리가 흔히 목격하는 콘텐츠이자 사용자 접점이다. 국내의 경우 광고 용도로 운영되는 디지털 사이니지 전체 운영 시간의 20%를 정부나 지방자치단체의 공공 메시지를 표출해야 하는 것이 의무사항이다.

제작 및 설치, 광고게첨(광고부착),[8] 기타 비용 등을 포함한 미국 디지털 옥외광고 전체 시장은 2019년 47.3억 달러에서 2020년 50.4억 달러, 2023년 60.8억 달러의 지속적인 성장을 예측한다. 이 중 광고게첨을 의미하는 매체 비용(Ad Spending)은 2019년 26.9억 달러에서 2020년 27.2억 달러, 2023년 38.4억 달러의 2019년 대비 43%의 성장률을 전망하고 있다.[9]

특히 아날로그를 포함한 전체 옥외광고 매체 비용 중 디지털 옥외광고 매체 비용이 차지하는 비율은 2019년 31%에서 2023년 42%로 점차 그 비중이 높아지고 있다.[10]

---

8) 옥외광고 분야에서는 매체에 광고를 '게재'한다고 하지 않고 '게첨'이라고 표현한다.
9) Statista(2021). Digital out-of-home advertising spending in the United States from 2019 to 2023. https://www.statista.com/statistics/278042/dooh-spending-in-the-us
10) eMarketer(2020). US Digital Out-of-home Ad Spending, 2019-2023.
    https://www.emarketer.com/content/out-of-home-advertising-becoming-more-digital-driven

〈표 3-2〉 **미국 디지털 옥외광고 시장** [단위: 억 달러]

항목	2019	2020	2021	2022	2023
디지털 옥외광고 전체 시장	47.3	50.4	53.6	57.1	60.8
디지털 옥외광고 매체 비용	26.8	27.2	32.5	36.2	38.4
전체 옥외광고 매체 비용 중 디지털 옥외광고 매체 비용 비중	31.0%	33.0%	36.0%	40.0%	42.0%

출처: ① https://www.statista.com/statistics/278042/dooh-spending-in-the-us / ② https://www.emarketer.com/content/out-of-home-advertising-becoming-more-digital-driven

※ 디지털 옥외광고 전체 시장과 매체 비용은 ① Statista(2021)의 자료를, 디지털 옥외광고 매체 비용 비중은 ② eMarketer(2020)의 자료를 인용하여 재구성

국내 옥외광고 매체의 디지털 전환은 2006년 옥외전용 LCD 디스플레이가 보급되며 가속화되었으며 디지털 사이니지라는 이름이 알려지기 시작한 것도 이 무렵이다.[11] 이 시기부터 LCD 디스플레이의 가격도 낮아지고 다양한 크기의 디스플레이가 보급되면서, 여러 장소의 디지털 사이니지를 네트워크를 통해 손쉽게 운영·관리할 수 있는 솔루션이 개발되어 본격적으로 사용되기 시작하였다. 사회 전반의 디지털 환경 변화와 더불어 이 시기를 국내 디지털 사이니지 도입기라고 할 수 있다.[12]

이후 디지털 옥외광고 시장은 지속적인 성장을 거듭하며 2019년에는 9,942억 원에 이르렀으나, '코로나19'의 여파로 2020년에는 7,619억 원으로 감소한 후 2021년에는 8,353억 원으로 전년 대비 9.6%의 성장률을 예측해 볼 수 있다. 디지털 옥외광고 매체 비용은 2021년 기준 3,873억 원으로 디지털 옥외광고 전체 시장의 46%, 아

---

11) 옥외전용 LCD 출현 이전에는 주로 PDP를 활용하였다.
12) 심성욱, 박현(2017). 신옥외광고론. 서울: 서울경제경영.

날로그를 포함한 전체 옥외광고 매체 비용의 62.4%를 차지할 것으로 전망된다.

〈표 3-3〉 **국내 디지털 옥외광고 시장 규모** [단위: 백만 원]

구분	항목	2019(e)	2020(e)	2021(e)
디지털 옥외광고	소계	994,227	761,923	835,367
	매체사	412,441	314,953	387,304
	제작/설치	579,126	444,866	445,913
	기타	2,660	2,104	2,150
전체 옥외광고 매체 비용 중 디지털 옥외광고 매체 비용 비중		60.2%	60.3%	62.4%

출처: ① 한국지방재정공제회(2021). 옥외광고통계: 디지털 옥외광고 매출 현황. https://kosis.kr/statHtml/statHtml.do?orgId=429&tblId=DT_429001N_027&vw_cd=MT_ZTITLE&list_id=O_13&seqNo=&lang_mode=ko&language=kor&obj_var_id=&itm_id=&conn_path=MT_ZTITLE / ② 한국지방재정공제회(2021). 옥외광고통계: 아날로그 옥외광고 매출 현황 https://kosis.kr/statHtml/statHtml.do?orgId=429&tblId=DT_429001N_026&vw_cd=MT_ZTITLE&list_id=O_13&seqNo=&lang_mode=ko&language=kor&obj_var_id=&itm_id=&conn_path=MT_ZTITLE

※ 디지털 옥외광고 매체 비용 비중은 출처 ①과 ②의 내용을 취합하여 재구성.

스마트 기술과 디지털 사이니지의 진화

정보 전달 신호·표지 체계인 사이니지의 관점에서 아마 그 기원이 되는 것은 고대 이집트나 그리스 폴리스 등의 유적에서 발굴되는 왕의 칙령을 새겨 넣은 비석이나, 거리와 건물 등의 용도와 의미를 나타내는 표지를 말할 수 있는데 이는 가장 오래된 광고이기도 하다.

아날로그		디지털	스마트
고대 그리스 폴리스 곳곳의 길을 안내해 주거나 상점, 음식점을 알리기 위한 옥외 게시물 형태의 표식	현대문명으로 발전하며 지주, 옥상, 건물 간판, 상점 표시물 등의 옥외 기호물	디지털 디스플레이 설치와 네트워크를 통해 정보 전달이 가능한 옥외광고물 출현	IOT, AR, AI 빅데이터 등의 다양한 혁신 기술과 융합

[그림 3-2] 옥외광고의 발전

출처: 좌로부터 ① 메소포타미아, 독수리 비석 일부. https://commons.wikimedia.org/wiki/File:Stele_of_Vultures_detail_01.jpg / ② 고속도로 지주형 야립광고. 저자 촬영 / ③ 영국, 피카디리 디지털 사이니지. https://www.geograph.org.uk/photo/4977646 / ④ 중국, 드론을 활용한 QR코드. 유튜브 캡처. https://www.youtube.com/watch?v=G9K9OOAcUWQ

이 같은 사이니지가 현대에 이르러 형태적으로는 디스플레이 수단과 정보 전달 방식이 변화하고, 내용적으로는 옥외광고에서 출발하여 콘텐츠가 확장되고 있다.[13]

디지털 사이니지 초기에는 버스나 지하철, 도심지 빌딩 외벽이나 옥상에 설치되어 일방향적인 콘텐츠 노출이 중심이었으나 디지털 기술의 발달에 따라 다양한 데이터가 연결되며 시간, 장소, 목적 등의 사용자 상황에 맞는 정보와 서비스를 제공하는 형태로 발전하고 있다.

산업연구원은 디지털 사이니지 발전을 이끌어 가고 있는 기술의 방향을 〈표 3-4〉와 같이 5개 유형으로 정리하며 네트워크 기반의

---

13) 최광훈, 이경실(2014). 디지털 사이니지의 진화 방향과 경제적 효과. 세종: 산업연구원.

상호작용, 개인화 서비스가 가능한 공간 미디어로의 발전을 제시했는데, 상호작용과 개인화는 스마트(smart)로 일컬어지는 '디지털 커뮤니케이션'의 핵심 기술이다.

〈표 3-4〉 디지털 사이니지 발전을 이끌어 가는 기술 방향

분야	내용
양방향화	• 각종 센서 및 인식 기술, 다른 시스템과의 연동 등을 적용해 청중과의 상호작용(Interaction)이 강화됨으로써 새로운 서비스 유도 • 레스토랑에서 테이블에 설치된 디지털 디스플레이를 활용한 주문 등 터치 등의 각종 센싱, RFID, QR코드, 바코드 연동 등
네트워크화	• 독립적으로 운영되던 사이니지가 점차 유무선 통신을 통해 사람 ↔ 모바일 ↔ 웹 ↔ 자동차 등 여러 외부객체와 연결되고 있음 • 디지털 사이니지에서 쿠폰 선택 후 자신의 모바일로 해당 쿠폰 직접 다운로드 등 • 5G를 비롯한 WiFi, Bluetooth 등 유무선 통신 기술 등
상황인지	• 청중의 반응 · 성향 등 개인에 대한 분석뿐만 아니라 네트워크를 통해 주변 상황을 인지하고 이를 반영할 수 있게 됨 • 버스 터미널 등에서 여행 목적지의 일기예보 안내 등 • 각종 센싱, 안면 · 음성 등 생체인식, 행동인식 및 패턴 분석, 인공지능 등
개인화	• 불특정 다수에서 개인화된 정부 수집분석이 가능해짐에 따라 개인화된 맞춤 정보 제공이 가능해짐 • 쇼핑몰 사이니지에 설치된 피부 진단을 통해 고객 피부 상태를 확인한 후 관련한 추천 제품이나 메시지 전달 등
실감화	• 초고화질 영상 기술, 홀로그램, 가상 및 증강현실 등의 실감 미디어 기술에 따라 사용자 몰입감 극대화 • 아이돌 그룹의 홀로그램 콘서트 등 • 투명 · 반투명 · 신축성 · 곡면형 패널, 멀티터치 스크린, 레이저 광원 등 다양한 디스플레이 소재 및 가상(VR) · 증강현실(AR) 기술

출처: 최광훈, 이경실(2014). 디지털 사이니지의 진화 방향과 경제적 효과. 세종: 산업연구원을 수정하여 재구성

이와 관련해 산업연구원은 김성원의 연구[14]를 재구성하여 디지털 사이니지의 발전 단계를 스마트 기술 수준에 따른 4단계로 구분한 후 향후 방향을 제시하였다(〈표 3-5〉). 각 단계는 단절적이기보다는 동시적으로 존재할 수 있는 관점이며 청중과의 상호작용 폭이 확대되며 개인화 수준이 발전하는 과정으로 해석할 수 있다.

〈표 3-4〉 **디지털 사이니지 발전 단계**

구분	현재 시행 중인 디지털 사이니지	기술 개발 및 기획 진행 중인 디지털 사이니지	미래의 디지털 사이니지
기술 서비스	• 네트워크 기반 광고 서비스 • 공공 · 재난 · 알림 정보 서비스	• M2M 기반 광고 · 영업 서비스 • 개인단말과 디지털 사이니지 간, 디지털 사이니지와 디지털 사이니지 간 연동 서비스	• M2M 응용 서비스 • 공간정보 연계 H2T 서비스 • 현실과 가상공간의 접목을 통한 공간 재창조 서비스 (가상 체험)
입출력	• Push형 단방향 서비스	• Push · Pull형 양방향 연동형 서비스 • 시간 · 위치에 따른 맞춤형 서비스	• 공간정보 연계형 오감 서비스 • 3D/증강현실 실감형 서비스 • 인공지능형 홀로그램
내용	• 광고 · 정보 전달 · 문화예술	• 기업활동 추가	• 기타 다양한 내용 추가
설치	• 옥내외 고정형 디지털 사이니지	• 옥내외 고정형 디지털 사이니지 • 사이니지의 개인화 • 이동형 디지털 사이니지	• 특정 공간에서 오감 사이니지 • 가상공간 디지털 사이니지
발전 단계	정보제공 단계		
		상황인지 단계	
			추론제안 단계
			자율지능 단계

출처: 최광훈, 이경실(2014). 디지털 사이니지의 진화 방향과 경제적 효과. 세종: 산업연구원.

※ M2M은 기기 간 인터넷(Machine to Machine), H2T는 사람과 기기 간 인터넷(Human to Things)의 약자다.

  첫째, 정보제공 단계는 사용자에게 필요한 정보를 제공하는 단계로, 현재 광고 혹은 콘텐츠를 표출하는 일반적인 형태의 디지털 사이니지를 생각할 수 있다.

  삼성전자는 'QLED 8K' TV를 출시함에 따라 서울 강남구 코엑스에 있는 SM타운(K-POP 스퀘어)의 디지털 사이니지를 통해 광고를 진행하였다. 자연색과 다름없는 선명한 화질을 가장 적합한 미디어를 통해 공개한 사례로서 많은 이의 관심을 끌어 화질의 우수성을 알릴 수 있었다.

[그림 3-3] 삼성전자 QLED 8K

출처: 유튜브 캡처, https://www.youtube.com/watch?v=
EBaL6p89kxA

---

14) 김성원(2014). 디지털 사이니지 현황고 산업 발전 방향. 세종: 산업연구원.

한편, 서울 강남구 코엑스 현대백화점은 세계적인 디지털 아트와 종합 디자인을 제작하는 스튜디오, '유니버설 에브리싱(Universal everything)'의 '슈퍼컨슈머(Superconsumer)'를 건물 위 벽면에 설치한 곡선형 LED(Curved LED) 디지털 사이니지를 통해 공개하여 많은 이의 관심과 이목을 집중시켰다. 작품은 명품 소비재에 관한 다양한 해석을 디지털 팝 아트로 재현, 캐릭터 퍼레이드를 통해 생동감 넘치게 표현했다.

[그림 3-4] 현대백화점, 슈퍼컨슈머(Superconsumer)
출처: 비메오 캡처, https://vimeo.com/337375595

둘째, 상황인지 단계는 사용자의 상황을 파악하여 그에 반응한 정보를 제공하는 단계로, 단순하게는 디스플레이 터치 등의 상호작용에서 사용자 인식 및 관련 미디어 연결을 포함할 수 있다.

스웨덴의 약국 체인, '아포텍 예타트(Apotek Hjärtat)'는 기능성 샴푸(Apolosophy)를 소개하며 지하철이 들어올 때(데이터 연동) 디지털 사이니지 속 여성의 머리카락이 바람에 풍성하게 흩날리는 모습으로 사람들의 시선을 끌거나([그림 3-5]). 담배 피우는 사람이 근처에 다가오면(연기 감지) 디지털 사이니지 속 남성이 고통스럽게 기침을 하며 흡연의 유해함을 재치 있게 전달하였다([그림 3-6]).

[그림 3-5] 아포텍 예타트의 지하철 디지털 사이니지(Apolosophy)
출처: 유튜브 캡처, https://www.youtube.com/watch?v=gt_BeYyioKQ

[그림 3-6] 아포텍 예타트의 콜록이는 빌보드(The coughing billboard)
출처: 유튜브 캡처, https://www.youtube.com/watch?v=nXE36MlJcvA

하이네켄은 서울스퀘어 미디어 파사드를 통해 신규 발매한 뉴캔(New Can) 디자인이 모티브(motive)가 된 예술 작품을 선보이며 청중과의 교감을 확대할 수 있었다. 이때 활용된 증강현실

(Augmented Reality: AR) 기술은 사용자가 해당 영상 화면에 스마트 폰을 비추면 미디어 파사드의 장면 위로 하이네켄의 새로운 캔 형 태가 어우러지는 색다른 체험을 제공했다.

[그림 3-7] 하이네켄, 뉴캔 미디어 파사드(New Can media facade)
출처: 유튜브 캡처, https://www.youtube.com/watch?v=hE_tUmzqOYM&t=54s

셋째, 추론제안 단계는 상황인지 단계에서 사용자가 사전에 요 청한 반응이나 내용 외의 정보를 추천하는 것으로, 예를 들어 디지 털 사이니지에서 주문을 마친 사용자에게 관련된 추천 상품을 소 개하거나 마일리지 등록을 권유하는 것 등을 말한다. 추론제안은 현재 디지털 사용자들의 행태와 구매행위 등의 데이터를 컴퓨터가 학습하여 새로운 지식을 얻어 내는 '머신러닝(Machine Learning)'과 '딥러닝(Deep Learning)'을 통해 제안의 질을 높이며 더욱 발전하고 있다.

영국의 여성 인권 보호단체(Women's AID)는 세계 여성의 날(3월 8일)을 맞이하여 가정폭력으로 희생당한 여성들의 문제를 호소하 고 관심과 도움이 필요하다는 것을 알리기 위해 'Look at me(외면

하지 마세요)' 캠페인을 벌였다. 캠페인은 거리 위 대형 디지털 사이니지를 통해 상처 입은 여성의 모습과 'Look at me'이라는 문구가 표출되며 시작되었는데 상처 입은 여성을 바라보는 사람들의 수가 많아지면 많아질수록 여성의 상처가 서서히 사라지는 모습을 통해 우리의 관심과 참여가 폭력을 사라지게 할 수 있음을 전달하였다. 수많은 매체와 사람들의 관심을 얻으며 공감을 형성할 수 있었던 이 캠페인은 디지털 사이니지를 향하는 사람들의 안면 각도와 방향을 '주목'으로 추론하고 주목의 양에 비례하여 여성의 상처가 사라지는 또 하나의 추론을 '연결'했던 사례다.

[그림 3-8] Women's AID의 Look at me 캠페인
출처: 유튜브 캡처, https://www.youtube.com/watch?v=hE_tUmzqOYM&t=54s

넷째, 자율지능 단계는 상황을 파악하여 필요한 행위 및 조치를 기기에 전달하고 스스로 수행하는 단계다. 미국의 '릭 한센(Rick Hansen) 재단'을 찾아오는 방문객에게 관련 정보와 안내를 제공하는 디지털 포스터는 방문객의 언어나 신체적 특징을 인식하고 이를 고려하여 사용자 편의적으로 정보를 표출한다. 아랍어로 말하

는 사람이 다가오면 아랍어로 된 안내를, 어린이나 휠체어를 탄 사람이 다가오면 눈높이에 맞춰 디지털 포스터 하단에 정보를 제공하는 형태다. 이러한 접근자 편의성은 재단 내 여러 디지털 사이니지에서 자동화되어 구현된다.

[그림 3-9] 릭 한센 재단의 디지털 포스터

출처: 유튜브 캡처, https://www.youtube.com/watch?v=hE_tUmzqOYM&t=54s

　그러나 '릭 한센' 재단의 디지털 포스터는 여러 가지 상황이 결합된 복합적 패턴을 읽고 대응할 수는 있지만, 데이터 학습 관점에서 볼 때는 완전한 자율지능 단계로 보기 어렵다. 자율지능 단계는 자율주행 자동차가 딥러닝에 의해 여러 시험 운전 상황의 환경 변수와 결과를 학습해 차츰 운전 안전성을 향상해 나가듯, 디지털 사이니지 스스로 학습과 피드백을 할 수 있는 수준을 말한다. 만일, 디지털 포스터가 학습된 언어 외의 다른 언어 사용자가 접근 시 '영어'로 된 정보를 표출했을 때 사용자가 쉽게 이해할 수 있었다는 학습 결과를 토대로 영어를 표출하고, 그 결과를 다시 학습(해당 사용자 눈동자 텍스트 주시 방향이나 각도와 속도 등으로 이해 여부를 판단)

하고 반영하여 실패가 많은 경우 관리자에게 발생 빈도가 높은 언어를 녹음 등의 수단으로 보고하고 추가하게 하여 서비스를 향상할 수 있다면 고도화된 자율지능 단계의 구현이라 할 수 있다. 하지만 인식할 수 없는 언어일 때 영어를 표출하는 것으로만 설정된 경우는 상황인지나 추론제안에 가깝다.

사용자 경험 최적화와 디지털 사이니지

만일 숙취해소 음료 담당자라면, 금요일 저녁 번화가에 모인 사람들을 대상으로 표출하는 것이 효과적일까? 일반 거리에서 불특정 다수를 대상으로 표출하는 것이 효과적일까?

장기적인 브랜드 인지 형성을 위해 일반 거리에서 표출하는 것도 의미가 있겠지만 아마도 많은 독자는 금요일 저녁 번화가에서 표출하는 것이 브랜드 환기나 매출 측면에서 더욱 효과적이라는 데 동의할 것이다.

이 경우 일반적인 절차라면 여러 비교 대안 중 커뮤니케이션 목표에 따라 사람들이 모이는 곳과 장소적 특성을 고려해 효과적인 광고 지면을 선택하겠지만, 만일 이 모든 것이 자동화된다면 어떨까?

이는 대학생들이 많이 모일 때는 노트북 등의 스마트 기기나 아르바이트 중개 앱 서비스를, 직장인들이 많이 모일 때는 자동차나 캠핑 장비 등의 광고 콘텐츠를 보여 주는 것처럼 유동인구의 특성에 따라 자동으로 반응해 송출할 수 있는 시스템을 말한다. 나아가 특정 매체에 한정하지 않고 같은 조건이 갖춰질 때 여러 장소의 디지털 사이니지에서 동시다발적으로 표출될 수도 있다.

디지털 사이니지는 2000년대 초반 등장한 이래 현재까지 양적인 규모뿐만 아니라 관련 콘텐츠 및 광고 산업이 성장하며 질적 측면에서도 많은 성장을 이루었다. 그러나 이 같은 성장에도 불구하고 아직은 공급자의 필요에 따른 일방적인 정보 전달에 머물러 있으며 결과적으로 콘텐츠와 관련성을 가지지 못한 사용자들의 관심에서 멀어지는, 이른바 '디스플레이 실명(Display Blindesss)'까지 우려되는 현실이다.[15] 특히 '코로나19'의 충격으로 옥외광고 산업이 주춤한 가운데 의미 있는 반전이 필요한 시점이다.

금요일 저녁 번화가에서 표출되는 숙취해소 음료 광고가 더욱 효과적일 수 있는 이유로 사용자와의 관련성, 즉 '매체 맥락 정보성(Media context information)'을 말할 수 있다. 매체 맥락 정보성은 미디어와 미디어 이용자 사이에 있는 상황과 환경에 관한 맥락 정보들이 일치하는 정도를 말하며[16] 매체 맥락 정보성이 높을수록(관련성이 높을수록) 미디어 이용 동기와 태도 그리고 광고 태도에 긍정적인 영향을 준다. 매체 맥락 정보성의 대표적인 사례로 현재 디지털 광고의 성장을 견인하고 있는 '프로그래매틱 광고(Programmatic AD)'를 말할 수 있다.

프로그래매틱 광고란 '컴퓨터 프로그램이 자동으로 이용자의 검

---

15) 차정운(2015). 디지털 사이니지 환경에서의 행동유도성에 관한 연구: 물리적 어포던스와 맥락 정보성을 중심으로. 서강대학교대학원 석사학위 논문.

16) Schmidt, A., Beigl, M., & Gellersen, H. W. (1999). There is more to context than location. Computers & Graphics, 23(6), pp. 893-901

색경로, 검색어 등의 빅데이터를 분석해 이용자가 필요로 하는 광고를 띄워 주는 기법[17]'을 말하며 이를 가능하게 한 자동화된 광고 거래 방식을 '프로그래매틱 구매(Programmatic buying)'라고 한다. 프로그래매틱 구매는 광고 구매자와 공급자가 자동화된 광고 플랫폼(광고 거래 중개소)을 통해 연결되어 거래를 체결하는 구매방식의 하나다. 보통 수요자와 공급자 간의 '실시간 입찰(Real time bidding: RTB)' 방식으로 체결된다. 광고 수요자와 공급자는 애드 익스체인지(AD Exvhange: ADX) 및 애드 네트워크(AD Network: ADN)로 구성된 거래중개소로 연결되며, 각 매체는 공급자 플랫폼(Supply Side Platform: SSP)로 연결되어 있다. 광고 수요자는 수요자 플랫폼(Demand Side Platform: DSP)을 통해 광고를 구매하며 수요자 플랫폼은 적합한 고객 선별과 특성 이해를 위한 데이터 관리 플랫폼(Data Management Platform: DMP)과 연결되어 있다. 트레이딩 데스

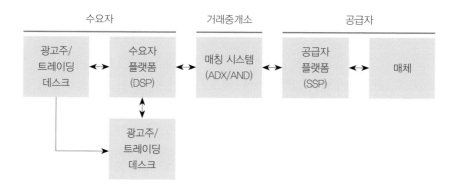

[그림 3-10] 프로그래매틱 광고 구조

17) 시사상식사전(2021.08.16). 프로그래매틱 광고.
https://terms.naver.com/entry.naver?docId=2724093&cid=43667&categoryId=43667

크는 프로그래매틱 광고 전략을 기획하고 운영을 담당하는 광고주 혹은 광고회사의 전문 조직을 말한다.

그런데 여기서 주목해야 할 점은 '지면 구매방식(Placement buying)'에서 '오디언스 구매방식(Audience buying)'으로의 전환이다. 프로그래매틱 구매는 광고 지면을 구매한다기보다, 예를 들어 20대 남성이나 포털 사이트나 쇼핑몰 등에서 우리 브랜드를 검색했던 사람, 혹은 특정 사이트에 방문했던 사람에서 특정 품목을 구매했거나 해당 품목이 장바구니에 담겨 있는 사람 등 목표하는 청중의 특성을 구매한다. 이를 오디언스 구매방식이라 하며 검색 포털 메인 화면 상단 배너 등 지면 자체를 구매했던 방식과는 차이가 있다.

오디언스 구매방식은 자사 브랜드와 관련성을 가질 것으로 추정된 청중을 목표하는(구매하는) 방식으로 특정 사이트에 방문한 누구에게나 광고를 보여 주는 것이 아니라 목표한 청중, 즉 매체 맥락 정보성에 일치한 청중을 대상으로 광고를 제시한다.

여러 사람이 지금 이 순간 동시에 같은 웹사이트에 접속한다 해도 지금까지의 검색 기록이나 인터넷 사용 행태, 최근 3개월 구매 내역 등에 따라 각자 보이는 광고가 다를 수 있다. 프로그래매틱 광

〈표 3-6〉 **지면 구매와 오디언스 구매**

지면 구매(Placement Buying)	오디언스 구매(Audience Buying)
• 매체/지면(Slot)을 선정하여 구매한다. • 디지털 환경의 경우 해당 지면 방문자에 한정하여 성 · 연령 · 지역별 타깃팅 및 노출 시간 선정 등이 가능하다.	• 광고 청중 데이터를 분석해 구매 가능성이 높은 특정 타깃층을 구매한다. • 선정된 타깃에게 표출되는 광고는 특정 매체에 한정하지 않는다.

출처: 김신엽(2021). 애드테크놀로지의 발견과 확장. 디지털 변화 속 광고PR산업. 서울: 학지사. p. 47.

고 기획자는 사용자의 특성 데이터를 수집하고 분석하여 광고와 관련성 높은 목표 청중을 연결한다.

프로그래매틱 광고의 매체 맥락 정보성은 공간의 장소적 특성과 청중의 맥락을 일치시키며 사용자 경험을 향상해 줄 방안으로 디지털 사이니지의 옥외광고 테코레이션을 위한 새로운 가능성이 될 수 있다.

또한 프로그래매틱 광고는 데이터 분석에 기초해 디지털 사이니지를 상황인지 및 추론제안과 자율지능 단계로 이동시킬 수 있는 '동력(Driver)'이 될 수 있는데, 공간의 장소적 특성에 기초한 데이터 입수 가능성이 중요하다.

디지털 사이니지의 프로그래매틱 광고 구현을 위한 필요 요인은 두 가지다. 하나는 얼마나 많은 사람이 디지털 사이니지를 볼 수 있는지에 관한 '기회 요인'이며, 다른 하나는 그들 중 해당 디지털 사이니지에 반응한(인지를 포함해서) 사람들의 수와 행태에 관한 '효과 요인'이다.

첫째, 기회 요인은 디지털 사이니지의 잠재 청중으로서 가시거리 권내의 유동인구 수와 특성을 규명하는 것에 해당한다. 전통적으로 유동인구 측정은 구간을 설정하여 통행하는 사람들의 수를 일일이 세던 '헤드 카운팅(Head counting)' 기법에서 해당 거리의 신용카드 사용빈도로 추정하거나 통행자의 적외선 센싱 및 카메라 촬영, 통화 발신량 추적과 스마트 기기의 Wi-FI 신호를 감지하여 유동인구 수와 특성을 추정하는 기법, 그리고 모바일을 활용한 위치정보 추적 기법 등으로 발전하고 있다(〈표 3-7〉).

상존인구 밀도	2020년						
	7월	8월	9월	10월	11월	12월	1월
선택상권	14,403	12,958	12,326	12,988	12,824	11,150	11,509
행정동	7,369	6,803	6,246	6,658	7,168	5,768	6,029
자치구	16,081	15,323	15,309	15,415	15,719	14,691	14,716
서울시	12,458	12,353	12,407	12,285	12,321	12,339	12,372

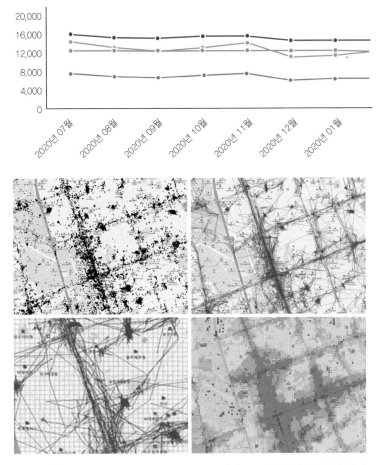

[그림 3-11] 서울시 우리마을가게 상권서비스 보고서(상)와 모바일 위치 추적 분석 화면 예시(하)

출처: https://golmok.seoul.go.kr의 보고서 중 일부 화면 캡처
※ (상) 내점포 분석 메뉴에서 주소와 분석 반경 설정 후 추출할 수 있다. (하) 개별 위치를 시간에 따라 선으로 연결한 후 영역별 집중도를 히트맵(Heat map)으로 표현, 특허 취득 2015.

그러나 프로그래매틱 광고 도입을 위해서는 관련성을 높이기 위한 장치로 인구통계 정보 외 관심사 및 라이프 스타일 등을 포함한 좀 더 상세한 특성 분류가 필요하며 조사와 분석 시점 그리고 비식별 정보 처리로 인한 시간 지연을 단축하여 실시간(Real-time)성을 확보해야 한다.

유동인구 특성분석에서 주목할 만한 서비스로, 국내 애드테크 전문회사인 ㈜TDI Ads는 유동인구 분석을 위해 180여 개 앱서비스와 제휴, 약 500만 명의 모바일 패널을 통한 위치 추적과 특성을 확인할 수 있는 옥외광고 성과 측정 솔루션 'JADooh(자두)'를 출시하였다. 'JADooh'는 성별 및 연령, 보유 차량, 앱 설치 및 사용현황 분석과 취미, 위치 데이터를 결합한 특성정보를 바탕으로 커뮤니케이션 목표에 적합한 위치의 옥외광고 매체를 제안한다.[18]

실시간성은 목표 청중 반응에 상시 대응하게 한다. 목표하는 30대 남성이 지금 이 순간 A 지역보다 B 지역에 몰려 있다면 A 지역은 표출을 중단하고 B 지역 디지털 사이니지의 표출량을 늘려 약속한 노출량(Impression)을 달성할 수 있다. 이와 같이 특정 디지털 사이니지에 한정하지 않고 복수의 디지털 사이니지에 걸쳐 광고나 콘텐츠 노출을 공유하는 방식을 '프로그래밍 광고(Programming AD)'라고 한다. 프로그래밍 광고는 프로그래매틱 광고의 이전 단계로 디지털 사이니지가 네트워크로 연결되어 여러 지면을 공유할 수 있는 상품 기획이 선결되어야 한다.

---

18) TDI Ads(2021). 데이터 마케팅 통합 소개서 및 자두 소개서.

〈표 3-7〉 **유동인구 측정 방식**

항목	내용
유동인구 실측	• 헤드 카운팅(Head Counting) 기법 • 국가기관 혹은 지역자치 단체, 기타 기업과 단체에서 필요에 따라 통행인 숫자세기로 실측 • 주요 구간별 측정하여 전체 면적 대비 유동인구 추정
신용카드 사용빈도 집계	• 특정 지역별 카드 사용 횟수와 기타 주변 환경 고려하여 추정 • 성별·연령별 분류 가능하며 10대 이하 인구 특성 반영 미흡
통신사 통화량 데이터 집계	• 통신사 통화 착·발신 내역 집계와 기타 주변 환경 고려하여 추정 • 개별 위치가 아닌 기지국 단위/착발신 정보이기에 정확한 위치 추정이 어려울 수 있음
구간 실측	• 카메라 촬영: 실내매장 방문객 파악에 주로 활용되며 카메라 영상 내 방문객 수 세기 • 단, 국내의 경우 카메라 설치와 데이터(촬영 내용) 사용 허가 필요하며 외국의 경우 현지 관련 법령, 조례 사항 등에 따라 허가 필요
	• 적외선 센싱: 적외선 발생 탐지를 통해 유동인구 파악(수 혹은 집중도)
Wi-Fi 신호 집계	• 일정 지역 내 Wi-Fi 신호를 수집할 수 있는 장치를 설치한 후 수집된 Wi-Fi 신호 수에 따라 유동인구 수 추정 • Wi-Fi 신호를 꺼 놓거나 IOS 탑재 제품의 경우 측정이 어렵기에 통신사별 IOS 기기 사용자 수 및 기타 수치를 보정하여 추정 • 성별·연령별 특징은 통신사별 가입 인구 정보를 활용하여 추정
앱 사용자 위치정보 추적	• 위치정보 추적과 활용에 동의한 사용자의 스마트 단말기 위치정보 추적(GPS 정보 및 Wi-Fi 신호 탐지) • 단말기에 직접 위치 추적 앱을 탑재하거나 관련 모바일 앱 서비스와 제휴하여 위치정보 수집(약관 등에 의해 앱 사용자 동의 필요)
안면인식 분석	• AI 기술에 의해 카메라로 촬영된 해당 지역 통과 유동인구의 안면 분석 후 유동인구 수 파악 • 자동화, 실시간성을 특징으로 하며 AI 학습 역량에 따라 유동인구 수에서 성연령 등의 특성 추정으로 확대 가능 • 국내의 경우 개인정보 보호법에 저촉되어 관련 장비 설치와 데이터 사용 허가 필요(외국의 경우 현지 관련 법령, 조례 사항 등에 따라 허가 필요)

출처: 김신엽(2018). 디지털 옥외광고 효과측정방안. 한국OOH광고학회 특별 세미나 발제집. pp. 47-74에서 내용 추가하여 재구성

둘째, 효과 요인은 특정 디지털 사이니지가 목표하는 잠재 청중 중 반응한 사람의 수와 특성을 규명하는 것으로, 해당 내용은 지표로 전환되어 수요자와 공급자의 거래를 위한 '구매 단위'가 된다. 예를 들어, 표출되는 광고를 목격한 사람들의 수나 디지털 사이니지에서 목표하는 상호작용 수에 관한 내용이 될 수 있다.

디지털 사이니지 효과 측정은 전통적인 옥외광고 효과 측정을 기반으로 발전해 왔으며 크게 매체 영향력 평가와 청중반응 측정의 두 영역으로 진행되고 있다.

매체 영향력 평가는 집행 대안이 될 수 있는 다수의 디지털 사이니지를 대상으로 청중 반응이 가장 높을 것으로 예측되는 디지털 사이니지를 선별하기 위한 목적으로 활용된다. 설치 목적에 따라 평가항목은 달라질 수 있지만 보통 지역 상권 유형, 유동인구가 체류해서 디지털 사이니지를 목격할 수 있는 공간의 수(버스정류장 등), 교통 근접성, 광고 혼잡도, 교통량과 유동인구, 디지털 사이니지의 크기와 가시거리, 광고 주목 확률 등[19]의 항목을 설정하고 평가에 따른 등급을 산출한다.

청중의 반응에 대한 측정은 디지털 사이니지의 사용자 경험을 측정하는 방식으로 일반적으로 정량적 지표로 산출된다. 구체적으로는 디지털 사이니지 인지 효과 측정과 청중의 상호작용(터치 혹은 클릭 횟수, 특정 정보 열람 수, 주문·신청 수 등) 횟수 등의 행동반응 측정으로 나뉜다.

---

19) 변혜민, 심성욱(2021). 디지털 사이니지 매체태도가 설치 기대효과와 장소성 형성에 미치는 영향연구: 안전, 빛공해 문제의 조절효과. 광고연구, 129, pp. 127-160.

인지 효과 측정은 가시거리 내 청중을 대상으로 인지 여부 및 태도 등을 질문하는 시인성 조사에서 현재는 피험자의 시선 주목 행태를 관찰하는 아이트래킹(Eye-tracking) 측정으로 발전하고 있다. 시선의 움직임은 선택적이고 능동적인 지각을 의미하기에 청중의 주관적 영역을 객관적으로 측정하는 방안으로[20] 디지털 사이니지의 상호작용 이전 인지 · 주목 효과를 파악할 수 있는 주요 방법이 되고 있다. 아이트래킹 측정은 수많은 잠재 청중 중 실제로 디지털 사이니지에 주목한 청중의 수를 객관적으로 규명함에 따라 매체에서 표출되는 횟수로 CPM(Cost per mile, 1,000회 노출 당 비용)을 측정하던 방식에서 실제로 주목한 사람들의 수로 CPM을 측정하는 방식을 도입하고 있다.[21]

[그림 3-12] 아이트래킹 측정 화면

※ (좌) 야간 운전 상황과 (우) 주간 보행 상황이며 화면 안의 동그라미는 피험자의 시선(홍채)가 고정된 순간이다.

---

20) 박정선, 정현주(2014). 아이트래커를 활용한 야립광고 수용자 효고 측정 연구. 광고학 연구, 25(6), pp. 135-168.

21) 이형민, 김신엽, 천용석(2019). OOH(Out-of-Home) 광고 매체 유효접촉인구의 과학적 측정 : WiFi 감지 기술과 수용자 시선 행태 측정(Eye-tracking) 기술의 복합 적용 사례 연구. 언론과학연구, 19(2), pp. 70-111.

그러나 현재의 인지 효과 측정은 행동반응 측정에 선행하는 디지털 사이니지의 중요한 효과 지표지만 실시간성을 확보하기 어려운 한계를 지닌다.

디지털 사이니지의 효과 측정은 수많은 잠재 청중(View) 중, 정말로 본 사람들과 반응한 사람들을 밝혀내는 개념(True View)으로 프로그래밍화된 디지털 사이니지의 실시간 거래 지표로서 기능해야 한다. 즉, 네트워크로 연결되어 디지털 사이니지 간 자유로운 노출 시간 편성이 가능해진다면(프로그래밍 광고), 목표하는 인지 및 행동반응이 실시간으로 측정되어야 그에 따른 지표를 구매하고 거래할 수 있다(프로그래매틱 광고).

이를 위해 인지 효과를 측정하기 위한 새로운 대안으로 'AI(Artificial Intelligent, 인공지능)에 의한 안면인식 측정 시스템'이 부상하고 있다. '안면인식 측정 시스템(Facial recognition system)'은 카메라를 통해 청중의 얼굴을 인식하여 특성을 규명하는 방식으로, 하드웨어와 카메라 기술 발달로 디지털 이미지를 자동으로 식별하

[그림 3-13] 중국의 안면인식 결제 화면(예시)

출처: YTN news(2017). 지갑 없는 사회' 도래… 얼굴로 결제한다. 화면 캡처. https://www.youtube.com/watch?v=Uo3i4-SKSBQ

는 컴퓨터 응용 프로그램의 유형으로 '코로나19'로 인해 현재 건물
이나 장소 출입 시 통행자 온도 측정하는 광경을 흔히 볼 수 있다.
중국의 경우 안면인식 분야에서 가장 앞서가며 세계최초로 소비자
얼굴을 인식하여 결제할 수 있는 시스템을 선보였다.

하지만 안면인식 방안은 국내의 경우 「개인정보 보호법」의 규제
(초상권 침해 및 개인 식별)에 따라 일부 공익적 목적 외에 엄격히 금
지되어 있으며, 별도의 허가가 필요한 사항으로 외국의 경우에도
일부 국가(혹은 일부 주나 자치단체)에 한정되어 있다. 데이터 3법은
「개인정보 보호법 개정안」, 「정보통신망법 개정안」, 「신용정보보
호법 개정안」을 통해 중복규제를 줄이고 기업과 개인이 정보를 활
용할 수 있는 폭을 넓히기 위해 발의되었으나 아직은 세부적인 사
항에서 좀 더 사회적 합의가 필요한 시점이며, GDPR(개인정보 보호
법)과 COPPA(어린이 사생활 보호법), CCPA(소비자 프라이버시 보호
법) 및 구글의 크롬 브라우저 쿠키 제거 방침, 애플의 앱 추적 투명
성 정책 등 거세지는 개인정보 보호 강화 정책은 기업 일방의 데이
터 수집에 경종을 울린다.

그러나 국내 디지털 사이니지 기술회사인 ㈜사운드그래프는 현
재 안면인식 측정을 통해 유동인구 수와 디지털 사이니지 주목 효
과를 실시간으로 측정하고 개인정보 침해를 최소화하고 비식별화
하는 방안으로 2021년 9월 '디지털 사이니지 규제 샌드박스' 승인을
얻어 수도권을 대상으로 본격적인 사업을 펼쳐 나가고 있다. 규제
샌드박스란 새로운 제품이나 기술, 서비스가 출시될 때 일정 기간
기존 규제를 면제, 유예시켜 주는 제도다.[22]

측정 방식은 카메라를 통해 얼굴을 인식하되, 이미지나 동영상으로 저장하지 않고 단말 내에서 스트리밍 화면으로부터 실시간으로 얼굴을 인식하여 얼굴 각도, 입 모양, 눈 크기 등을 수치화한 후 클라우드로 전송, 해당 수치화된 데이터를 실시간으로 확인할 수 있는 대시보드를 생성한다. 해당 기술은 얼굴 이미지 저장 없이 수치화된 데이터만 추출하며(얼굴 형태 복원 불가), 엣지 컴퓨팅 방식(서버나 클라우드로 이미지나 동영상을 보내지 않고 측정 단말기에서 데이터를 분석)으로 검출된 얼굴을 저장하지 않는 것을 핵심으로 한다. 분석한 지표는 디지털 사이니지를 목격할 수 있는 잠재 청중(유동인구)과 실제 주목한 청중을 구별한다.

안면인식 측정 방식은 유동인구 측정과 청중 주목 효과 측정을 동시에 가능하게 하는 방안으로, 디지털 사이니지 프로그래매틱 광고 구현을 가능하게 하는 애드테크의 핵심 요소로 인정받고 있

〈표 3-8〉 디지털 사이니지 규제 샌드박스 실증특례 승인된 안면인식 측정 방식

카메라	얼굴인식	얼굴분석	클라우드 전송	실시간 대시보드
• 셋톱박스와 연결된 웹 카메라 • 1초 주기 얼굴 인식	• 1회에 10개까지 서로 다른 얼굴 인식 • 마스크 및 안경 착용자 인식 가능	• 실시간 화면에서 검출된 얼굴별 ID 부여 • 눈의 크기, 얼굴 각도(좌/우, 상/하, 입 모양 등	• 이미지가 아닌 측정된 수치값 전송	• 실시간 측정 결과 집계 및 지표 산출 • 송출 시간과 매핑하여 광고구좌별 파악 가능

출처: ㈜사운드그래프(2021), 디지털 사이니지 규제 샌드박스 실증특례 신청 제안서 중 요약하여 정리

---

22) 시사상식사전. 박문각. https://terms.naver.com/entry.naver?docId=4294278&cid=43667 &categoryId=43667

으며, 실증 특례에 따른 분석 확대와 고도화가 진행됨에 따라 성별·연령별 특성 추출의 정확도와 감정 파악이 가능한 수준으로 발전될 전망이다.

테코레이션 공간 미디어로서 디지털 사이니지

청중의 상황을 읽고 그에 맞는 광고 및 관련 콘텐츠를 연결해 주는 디지털 사이니지의 프로그래매틱 광고 구현은 사람들의 활동과 움직임을 파악하고 행동을 해석하여 맥락에 따른 적절한 대응을 통해 디지털 사이니지에서의 체험(가상)을 현실처럼 지각하며 몰입하는 실재감(Presence)을 전해 준다. 이처럼 디지털 사이니지가 주도하는 혼합현실(Mixed Reality)은 사용자 반응을 현실 공간에서 재생하며 디지털과 물리적 공간의 연결을 끌어내며 사용자를 새로운 공간으로 이동시킨다. 새로운 공간은 현실세계에 가상을 결합한 **증강현실**(Augmented Reality)과 함께 가상세계에 현실이 개입되는 **증강가상**(Augmented Virtual)으로 다름 아닌 '메타버스'의 공간이다. 그리고 '테코레이션'이 만드는 디지털 사이니지의 미래다.

테코레이션 공간에서 입수할 수 있는 데이터는 고객정보와 위치정보 그리고 각 정보 특성에 따라 관련 제휴 기업과 서비스 등으로부터 수집된 결합정보(2nd & 3rd 파티)로 구성될 수 있다(〈표 3-9〉와 〈표 3-10〉).

〈표 3-9〉 스마트시티에서 수집·활용 가능한 고객정보 데이터 예시

구분	세그먼트	수집정보
고객정보	기본정보	성별·연령·국적·직업·소득·학력·종교 등
	라이프 스테이지	결혼 여부·가구 구성(자녀유무·1인 가구·학생·중년·노년 등)
위치정보	주거·근무	실거주 지역·주거 유형·근무 지역·출퇴근 거리 및 방법 등
	활동사항	활동 시간대·활동지역·신호시설·이동거리 및 이동수단 등
제휴사 결합정보	쇼핑채널	온라인·오프라인 금액 및 구성비·품목 등
	인터넷 정보	검색 키워드·조회 페이지(뉴스 등)
	관심·취향·취미	관심사·자기계발·라이프 스타일 유형·취미 등
	자동차·주유	차량(차종·연식)·주유량(주기·지역·시점 등)·내비게이션 목적지 등
	디지털·가전소비	스마트 기기 유형·데이터 사용량, 가전기기 품목 등
	금융정보	거래정보·신용등급·연체 여부·소득 금액·소득 유형·기타 소유 비율 등

출처: 박현, 김신엽(2021). 도시의 스마트화와 DOOH 커뮤니케이션 기술의 발달, 한국광고PR실학회 2021년 춘계학술제 스마트시티 환경에서의 DOOH 발전 방향 논문집, pp. 37-38.

〈표 3-10〉 스마트시티에서 수집·활용 가능한 위치정보 데이터 예시

구분	세그먼트	수집정보
기본정보	기본정보	요일·시간·날씨·미세먼지 정보 등
	교통정보	BRT(간선급행버스체계)·셔틀 운행 정보 등 교통취약 지역·CCTV 정보 등
공공정보	긴급상황	위급·긴급상황·미아 발생·코로나 지침 등
상업정보	시장정보	카드소비·업종별/세부항목별 소비행태 분석 등 음식점·상점 등의 대기시간·재고·판매 정보 등
제휴사 결합정보	통신사	지도(Pin of interest information: POI) 정보·교통정보 등 가입자 행동패턴·라이프 스타일 DB·유동인구 DB 등
	카드사	가맹점 매출·구매자 DB 등
	부동산	부동산 매물·시세, 상가·아파트 정보 등
	통계청	인구센서스 및 경제·사회관련 통계 등
	중소기업청 소상공인시장 진흥공단	중소업소 정보·전화번호 DB 등

출처: 박현, 김신엽(2021). 도시의 스마트화와 DOOH 커뮤니케이션 기술의 발달, 한국광고PR실학회 2021년 춘계학술제 스마트시티 환경에서의 DOOH 발전 방향 논문집, pp. 37-38.

도시 전체의 데이터가 연결되고 융합되는 테코레이션 공간의 디지털 사이니지는 빅데이터 분석과 프로그래매틱 광고 솔루션을 통해 성과(Performance)를 예측하고 피드백하기 위해 다음의 5단계 실행 전략을 가진다.

첫 번째 단계는 컨슈머 데이터 플랫폼(Consumer Data Platform)의 구축이다. 컨슈머 데이터 플랫폼은 자사 고객을 획득하고 유지할 목적으로 보유한 기업 데이터로서 기업이 보유한 고객 정보와 위치 정보, 구매 행태 및 커뮤니케이션 반응 결과 등과 기타 3rd 파티를 포함해 제휴사에서 제공한 데이터를 고객 기준으로 재구성한 결합 데이터로 구성되어 있다. 컨슈머 데이터의 고객정보는 마케팅의 직접적인 목표가 되거나 외부의 잠재 고객 중 가망 고객을 추출하기 위한 비교 데이터로 활용된다.

두 번째 단계(Data Analytics & Profiling)와 세 번째 단계(Intelligence Matching System)는 커뮤니케이션 목표가 될 수 있는 목표 고객 혹은 사용자를 선정하고 그들에게 적합한 목표 지역과 디지털 사이니지 유형을 선별한 후 반응을 예측해 보는 것이다. 고객 특수성, 위치, 행태 및 기타 관련된 결합정보를 통해 유의미한 미디어 반응과 패턴을 예측한 후 연계할 수 있는 기타 미디어를 포함해 최적의 대안을 설계한다.

여기까지가 전략 설정이라면 네 번째 단계(Real-time Target Marketing)는 집행 미디어별 효과를 실시간으로 파악하며 탄력적으로 대응한다. 효과가 없는 곳은 노출을 줄이고 대안이 될 수 있는 미디어로 교체하거나 커뮤니케이션 소재의 변경 등 접근 방안을 다시 생각해 보는 것이다. 이를 애자일(Agile) 기법이라 하며 고객 접점 최적화 혹은 미디어 최적화에 해당한다.

다섯 번째 단계(Campaign Analysis), 직접적인 미디어 반응을 장바구니 담기 및 구매, 모바일 검색 증가 등 고객 행동 반응과 연결해 분석하고 유의미한 행동 변화를 감지한 후, 해당 패턴을 영향 변수와 결과 변수로 구조화하여 피드백한다. 고객 반응을 브랜드 전략에 반영하는 과정으로, 이때의 결과는 컨슈머 데이터 플랫폼의 기존 데이터와 결합하여 새로운 데이터와 지식으로 저장한다.

이처럼 테코레이션 공간의 디지털 사이니지는 사람들의 활동과 움직임을 파악하고 해석하며 맥락적 의미를 생성하여 시간적 관련성 및 사회적 관련성을 지닌 그 순간의 정보로 변환한다. 정보는 주변 상황과 상호작용 수준에 따라 매 순간 달라지는 동태적 시나리오

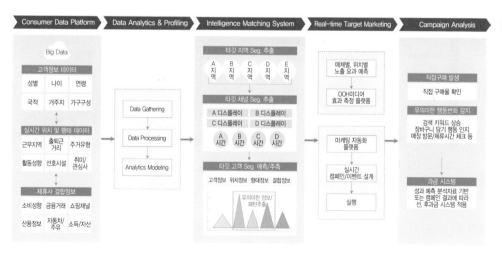

[그림 3-14] 디지털 사이니지 커뮤니케이션 전략

출처: 박현, 김신엽(2021). 도시의 스마트화와 DOOH 커뮤니케이션 기술의 발달, 한국광고PR실학회 2021년 춘계학술제 스마트시티 환경에서의 DOOH 발전 방향 논문집, pp. 37-38.

를 제시하며 사람들을 해당 공간의 적극적인 사용자로 전환시킨
다. 블레슨과 위츠겔(Burleson & Witzgall)은 이를 **사회적 기술**(Social
Technologies)로 정의하며 핵심을 데이터의 통합, 정보의 통합으로
짚었다. [23]

㈜모토브는 서울과 인천, 대전에서 택시 차량 지붕 위에 설치된
택시표시등을 디지털 사이니지 광고 매체로 변경하여 서울, 인천,
대전에서 시범사업을 운영하고 있는 미디어테크 기업으로서 택시
표시등에 설치한 센서를 통해 운행 지역별 빛의 밝기(조도)와 근처
유동인구의 모바일 Wi-Fi 신호를 수집, 해당 데이터를 인천시청,
인천경찰청이 보유한 데이터(경찰 신고, 가로등 및 CCTV 위치 데이
터 등)와 결합해 'AI 범죄발생 시공간 예측 시스템' 구축을 완료하였
다. [24] 예측 결과는 취약 지역에 대한 점검 요소로서 우리를 다시 한

[그림 3-15] 데이터 기반 야간 골목길 안전 시스템
출처: ㈜모토브 제공

23) Burleson, W., & Witzgall, B. (2002). Dynamic Physical Architecture, InterSymp 2002, 14th.
24) 유재훈(2021). 〈What's up Start up〉 모토브. 인천경찰청과 '야간골목 안전시스템' 구축. 헤럴드경제. http://news.heraldcorp.com/view.php?ud=20210615001089

번 개입시키는 동태적인 시나리오를 완성시킨다. 테코레이션 공간 디지털 사이니지의 '사회적 기술' 사례다. 사회적 기술은 결국 개인 정보 보호와 데이터 활용에 관한 논의로 이어진다.

디지털 사이니지 사용자로부터 취득된 정보와 관련된 맥락정보 는 개인을 추정할 수 없는 비식별 데이터에 한정해야 하며 비식별 데이터 판단 기준, 취득 범위와 장소, 관리 운영에 이르는 법률과 제도 역시 개선될 필요가 있다.

활용을 위해서는 비식별 데이터를 연결해 의미 있는 정보로 전 환할 수 있는 분석 역량이 무엇보다 중요하다. 노트북을 검색한 사 람이 노트북에 관심이 있을 것이라는 가정은 여전히 유효하지만 누가 노트북을 검색했는지 추정하는 것은 더욱 어려워지고 있다. 더군다나 노트북을 검색한 사람에게 노트북을 제시하는 '탐지-자 극' 전략은 예전만큼의 효과를 올리기 어려운 실정이다. 소비자의 의사결정은 단순하지 않아 여러 맥락을 복합적으로 이해할 때 관 련성을 높일 수 있는데, 디지털 사이니지의 공간은 그곳을 찾는 소 비자의 특정 동기와 깊은 관련이 있다.

백화점에서는 고객 안내와 메시지를 표출하는 자율주행 미디어 로봇이 등장하고 드론을 활용한 옥외의 퍼포먼스 역시 낯설지 않 은 지금, 앞으로의 옥외광고 테코레이션은 먼저 커뮤니케이션 플 랫폼으로서 상황 데이터, 고객정보 등과 연동되는 프로그래밍 광 고 기법이 일반화되고 공간의 화제성과 강렬한 인상을 통해 체험 공유와 검색을 유도하는 것이 일상화될 것이다. 이는 관련 데이터 와 디지털 사이니지, 디지털 사이니지와 디지털 사이니지 간 연결이 필요하며, 이것이야말로 동시적 감각의 폭을 확대하는 첫 번째 신화의 재현이다.

첫 번째 신화 속의 사용자는 현실을 기반으로 디지털 사이니지로 표출되는 가상을 체험한다. 이는 증강현실로서 사용자는 현실에 가상이 혼합되는 일체화된 경험(혼합현실)을 통해 옥외광고 테코레이션에 참여한다.

그리고 다음은 두 번째 신화인 〈마이너리티 리포트〉의 재현으로, 안면인식 등과 같은 효과 측정 방법 향상 및 관련 논의가 진전됨에 따라 실시간으로 성과를 거래하는 프로그래매틱 광고 체계의 등장을 기대해 볼 수 있다. 디지털 사이니지의 프로그래매틱 광고 체계는 비단 광고에 한정하지 않고 우리의 물리적 공간을 스마트하게 재구성할 수 있는 구조적 기반으로 공간과 사람, 메시지가 상호작용할 수 있게 한다.

두 번째 신화 속의 사용자는 여행 목적지의 날씨를 알려 주는 고속버스 터미널의 디지털 사이니지를 보고 우산을 미리 구입하거나 1층 백화점의 디지털 사이니지에서 인상 깊었던 브랜드를 5층 디지털 사이니지에서 다시 목격하며 매장 방문을 결심한다. 1층과 5층을 연결한 매개는 사용자의 백화점 모바일 앱으로, 모바일 앱의 개인특성정보는 디지털 사이니지에 설치된 비콘(Beacon)[25]과 연결되어 있다. 디지털 사이니지에서 표출되는 정보를 인식, 우산을 사

---

25) 비콘(Beacon): 블루투스 4.0 기반의 근거리 무선통신 장치, 최대 70m 이내의 장치와 교신할 수 있다.

거나 매장 방문을 하는 것은 디지털 사이니지가 제공하는 가상현실에 현실의 사용자가 개입하는 증강가상이다. 사용자는 가상에 현실이 혼합되는 일체화된 경험(혼합현실)을 통해 옥외광고 테코레이션에 참여한다.

디지털 사이니지 콘텐츠 관리 솔루션, 데이터 그리고 디지털 사이니지 간 네트워크 연결, 디지털 사이니지에 적합한 콘텐츠 디자인, 디지털 광고로 검증된 프로그래매틱 광고 사상과 체계, 관련 기술과 경험……. 이는 프로그래매틱 광고 테코레이션을 위해 지금 우리가 가지고 있는 가능성이다. 법과 제도를 포함해 몇 가지 개선이 필요한 점도 분명히 있고 아직은 효과 지표의 표준화 방안이 남아있으나 어쩌면 이 모든 것은 생각보다 빨리 올 수 있으리라 예측해 본다.

마지막으로 유발 하라리(Yuval Noah Harari)의 『호모데우스』에 실린 인상적인 문장을 독자 여러분과 함께 공유하며 이 장을 마치고자 한다.

"사실 미래는 이미 도착해 있다."

04

스마트시티 테코레이션: 컴퓨팅과 데이터 그리고 옥외광고

QR코드를 통해 저자의 소개 영상을 시청하실 수 있습니다.

윤호영
이화여자대학교 커뮤니케이션·미디어학부 교수

• • •

이 장에서는 스마트시티와 연결되는 옥외광고를 컴퓨팅과 데이터 관점에서 살펴보고, 옥외광고가 스마트시티의 어떤 특징과 결합하면서 디지털 트랜스 포메이션 혁신을 이룰 수 있는지를 살펴보기로 한다. 이 글에서는 혁신의 가능성을 크게 엣지 컴퓨팅(Edge Computing) 결합형 광고, AR 광고 그리고 이동형 광고 세 가지로 구분하여 서술하였다. 이들에 관한 서술을 마친 후 향후 관련 문제와 과제 등을 정리하였다.

스마트시티, 인프라-데이터, 옥외광고

도시 전체의 인프라가 사물 인터넷으로 연결되고, 이들 간의 연결과 조화를 통해 최적화된 도시 운용이 이루어지는 이른바 지능형 도시를 스마트시티라고 한다. 스마트시티가 발전된 형태가 되기 위해서는 데이터를 수집하는 센서 시스템, 데이터 전송 시스템, 그리고 데이터 저장 및 처리 시스템이 유기적으로 연결되고, 각기 상태가 자동화된 형태로 실시간 모니터링되고 관리되어야 한다. 그런 점에서 스마트시티는 기본적으로 정보를 수집하고 전송하는 물리적 인프라가 있어야 하며, 정보를 처리하여 이를 실제 서비스에 적용하는 통제 관리 시스템 그리고 서비스를 수행하는 실행 시스템이 있어야 한다.

이를 기반으로 보면, 스마트시티가 적용되는 분야 중에서 옥외

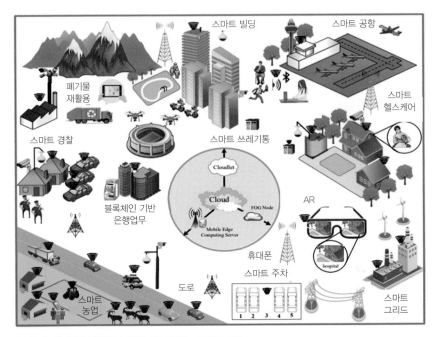

[그림 4-1] 엣지 컴퓨팅에 이해 가능해지는 스마트시티

출처: Khan, L. U., Yqoob, I., Tran, N. H., Kazmi, S. M., Dang, T. N., & Hong, C. S. (2020). Edge-computing-enabled smart cities: A comprehensive survey. *I EEE Internet of Things Journal*, 7(10), pp. 10200-10232.

광고와 연관 지어 생각할 수 있는 지점은 크게 세 가지다.

첫 번째 지점은 옥외광고가 실행될 수 있는 물리적 영역이 스마트시티로 인해 변화하거나 확장되는가와 연관된다. 예를 들어, 이전에 단순한 공공 쓰레기통이었던 공공 쓰레기통이 지능형 쓰레기통으로 교체되어 꽉 찬 상태로 방치되는 경우가 없어지고 언제 비워야 하는지에 대한 정보를 전송하게 되는 데이터 통신 시스템을 갖출 수 있다.[1] 이 경우 해당 쓰레기통이 와이파이 중계기의 역할

---

1) Techcrunch (2020). Bin-e | Disrupt Berlin 2019 https://youtu.be/g6S1IwdF08Y

을 하는 등 다른 통신 서비스를 중계하는 물리적 기능을 할 수 있는데, 이러한 물리적 통신 기기의 확산이나 이른바 스마트형 기기의 확대가 옥외광고의 확대 또는 혁신과 연관되는지의 여부를 생각해야 한다.

두 번째 지점은 데이터 전송 시스템의 확대나 혁신이 옥외광고의 기술적 혁신과 연결될 수 있는가의 여부다. 중앙 통제 시스템에 의해서 관리되지 않던 옥외광고가 상호 간 끊임없이 교류하고 전송하는 데이터를 기반으로 기존의 서비스 관리를 한 단계 끌어올리거나, 현재는 불가능한 혹은 기존에 없었던 새로운 서비스를 만들 수 있는가의 문제로 접근하는 것이다. 이 부분에서 있어서 기존 서비스에 대한 관리 문제는 확실히 향상될 것이라 예상할 수 있다. 예를 들어, 옥외광고 기기 간 상호 연결성이 높아지고, 각 기기들에 대한 제어 시스템이 발전하게 되면, 현재 우리가 가끔 일상에서 마주하는 옥외광고물의 블루 스크린을 바로 인지하여 즉각적인 조치가 이루어질 수 있다. 현재의 광고주는 광고가 잘 이루어지고 있으리라 생각한 그 시점에, 사실상 광고 기기에 오류가 났더라도 실시간으로 광고 장소에 나가지 않은 이상 이를 제대로 파악할 방법이 없지만, 연결성이 증가하면 이러한 부분이 해결될 수 있는 것이다.

데이터 전송 시스템으로 인한 모니터링 시스템이 어떻게 옥외광고의 디지털 변환과 연계될 수 있는지는 보다 구체적으로 생각해볼 필요가 있다. 이때, 어떤 데이터가 전송될 수 있으며 어떻게 스마트시티가 수집하는 데이터와 연동되는지의 여부가 중요하다.

[그림 4-2] **옥외광고판의 블루스크린: 지하철 역 및 코엑스**

출처: https://www.bodnara.co.kr/bbs/article.html?num=100069, https://www.dogdrip. net/userdog/220252916

이와 관련하여, 세 번째 지점은 새로운 실행 시스템을 개발하여 이전에 없었던 창의적인 광고 혹은 혁신적인 새로움이 나타날 수 있는가의 여부다. 여기에는 데이터 전송뿐만 아니라 데이터 처리를 기반으로 한 새로운 광고 창작 및 기존의 광고 시나리오의 다양성도 포함된다. 예를 들어, 인공지능을 이용해서 사람들이 가장 좋아할 만한 광고를 만드는 것도 새로운 광고 창작이다. 다만 이러한 창작이 스마트시티가 제공하는 인프라나 데이터 처리 및 실행 시스템과 연계된 상태로 가능한가의 여부와 관련된다.

이 세 가지의 관점에서 스마트시티와 옥외광고를 생각한다면, 옥외광고와 스마트시티가 만나는 가장 중요한 영역은 모빌리티 분야다. 사람들의 움직임과 연계된 서비스, 사람들이 모이는 장소 등 어떻게 사람들에게 대규모로 가장 많은 노출을 이루어 내고, 특정 수용자를 광고 대상으로 하면서도 광고를 주변에서 구경하거나 살

피는 사람에게마저 어떠한 영향을 미칠 수 있는지를 고민하는 것
이다.

그리고 그 사례로 데이터 전송과 데이터 처리의 혁신이 결합하
여 기존의 광고를 한층 업그레이드할 수 있는 엣지 컴퓨팅으로부
터 출발하기로 한다.

스마트시티와 엣지 컴퓨팅

센서 기반의 사물 인터넷(Internet of Things: IoT)을 통해 도시 인
프라의 운용 효율을 극대화하는 스마트시티를 활성화하기 위한 조
건으로 최근 엣지 컴퓨팅(Edge Computing)이 각광을 받고 있다. 스
마트시티는 도시 내 인프라를 초고속, 초저지연, 초연결의 5G와
같은 통신망으로 연결하여 각종 도시 인프라를 실시간으로 모니
터링 및 제어한다. 그런데 이러한 실시간 모니터링과 제어를 위해
만들어지는 센서 기반 데이터의 양은 모니터링 및 제어하고자 하
는 인프라와 서비스가 증가할수록 이에 부응하여 기하급수적으
로 증가한다는 문제점이 있다. 따라서 막대하게 생산되는 데이터
를 처리하기 위해 데이터를 실시간으로 전송하고, 클라우드에서
처리된 데이터를 다시 수집된 곳으로 다시 보내서 인프라를 제어
하는 일련의 과정에서는 무엇보다 통신 환경이 중요시된다. 전송
속도를 좌지우지하는 5G와 같은 통신 환경이 가장 중요하다. 하
지만 통신 환경이 좋아진다고 하더라도, 실시간으로 처리해야 할

데이터가 막대해지고 또한 실제 해당 데이터 간의 국지적인 조율 (coordination)이 상당 부분 필요한 경우(예를 들어 도시 내 공공 쓰레기통이 꽉 차 있다면 해당 정보들을 모아서 실제 수거 트럭이 움직이는 최적의 타이밍 및 경로를 설정해야 한다.) 실제 데이터가 수집되는 환경으로부터 멀리 떨어져 있는 클라우드 컴퓨팅은 실시간 대응과 정보 처리의 두 가지 모두를 처리해야 하는 부담이 가중된다. 또한 데이터가 전송되는 거리가 길어진다는 것은 데이터 보안과 관련된 위험성도 증가된다는 것을 의미하며, 장애가 발생했을 때 해당 장애를 찾아내는 시간이라든가 문제 대응에서의 부담 역시 가중된다.

이러한 단점에 대응하기 위하여, 데이터가 발생하는 해당 물리적인 위치 기기의 가까운 근처에서 실제 필요한 데이터 처리 연산을 수행하는 엣지 컴퓨팅 개념이 발전하게 되었다. 엣지(Edge, 가장자리)라는 말에서 알 수 있듯이, 말단에서 실제 컴퓨팅을 수행한다고 하여 엣지 컴퓨팅이라 불린다. 예를 들어, 스마트폰을 내비게이션으로 활용하기 위해 앱을 열었는데, 가장 최적의 경로를 클라우드 컴퓨터에서 계산한 다음 스마트폰으로 단순히 처리된 결과만 보내 주느냐 아니면 최적의 경로를 스마트폰이 직접 경로를 계산해서 그 결과를 보여 주는가의 차이다. 전자는 클라우드 컴퓨팅에 의해 연산이 이루어진 것이고 후자는 엣지 컴퓨팅 연산이 이루어진 것이다. 만약 데이터 연산 용량이 스마트폰으로 처리하기 어려운 수준이 아니어서 스마트폰에서 데이터가 처리되었다면, 데이터를 클라우드로 보낼 이유가 없으므로 보안이 더 뛰어날 수밖에 없다.

또한 이러한 시스템은 각자가 가진 스마트폰의 연산 능력에 의

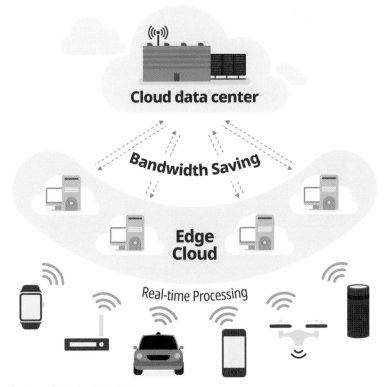

[그림 4-3] 엣지 컴퓨팅 개념도

출처: 한국정보통신기술협회, http://terms.tta.or.kr/dictionary/dictionaryView.do?word_
seq=165974-5

존하기 때문에, 중앙 클라우드 컴퓨팅 연산 자원을 다른 자원에 활
용할 수도 있다. 즉, 물리적인 거리가 가까운 상태에서 연산을 실행
하면 앞서 말한 클라우드 컴퓨팅이 가질 수 있는 단점을 극복할 수
있다. 데이터 전송 거리가 짧아지므로, 통신 효율성과 보안 편이성
이 증가하고 또한 장애 대응도 쉽게 이루어질 수 있다.

　한 가지 주의할 사항은 엣지 컴퓨팅은 클라우드 컴퓨팅을 대체
하는 것이 아니라 상호 보완하는 관계라는 점이다. 소위 분업 체계

가 만들어지는 것이라 생각하면 된다. 분업 및 분산 체계의 장점은 데이터 전송을 위한 인터넷 대역폭에 대한 부하를 줄이는 등도 있지만 무엇보다 지속적으로 소규모의 연산 자원을 지속적으로 추가할 수 있다는 점에 있다. 부가적인 연산이 필요할 경우 적은 비용으로 연산이 필요한 곳에 소규모 연산 자원을 계속 붙이면 되기 때문에, 수요에 따라 전체 규모를 유연하게 대응할 수 있다. 예를 들어, 길을 찾는 수요가 증가하면 클라우드 전체를 업그레이드하거나 연산 능력을 향상시키기 위해 막대한 비용을 들이거나 혹은 시간적으로 지연되는 방법이 아니라 증가된 수요가 발생한 각자의 스마트폰에서 계산하면 된다. 즉, 연산과 관련된 효율성뿐만 아니라 유연성 역시 증가하게 되어 비용도 절감할 수 있다.

엣지 컴퓨팅으로 한층 업그레이드되는 스마트시티의 실시간 고정형 옥외 감지 광고

디지털화된 옥외광고의 하나로 일반화되고 있는 감지기반 광고는 광고의 대상이 되는 사람을 실시간으로 인식하여 해당 광고 수용자에 맞는 맞춤형 광고를 집행하는 방식이다. 맞춤형으로 진행하기 때문에 광고의 효과가 극대화되는 것을 기대한다. 지금까지 실시간 인식형 맞춤 광고는 대부분 해당 옥외광고를 지나는 광고 수용자를 광고판 앞의 카메라로 인식하여 말을 걸듯이 진행되었다. 예를 들어, 2016년 미국 자동차 회사 제너럴 모터스(GMC)는 쇼핑몰에 키오스크(Kiosk)를 설치하여 지나가는 사람을 인식해 각각의 상황에 맞는 화면을 보여 주는 실시간 사람 감지형 광고 형태를 보였다([그림 4-4]의 가). 11번가의 2020년 설 연휴 동안의 캠페인도 마찬가지다. 올림픽도로 내 디지털 하이웨이 빌보드를 이용한 택배기사 감사 캠페인은 지나가는 택배 차량을 인식하여 시간대별로 상이한 메시지를 보내었는데, 그 과정에서 택배 차량을 인식하게 된다([그림 4-4]의 나). 이와 비슷한 방식의 광고는 이미 2015년에 호주에서도 실시된 기술로 포르쉐 차량이 지나가면 포르쉐 차량 운전자에게 메시지를 던지는 방식이 동원되었다([그림 4-4]의 다).

[그림 4-4] 센서기반 감응형 옥외광고

출처: (가) https://youtu.be/Kj7Dm_i-OoM, (나) https://youtu.be/B0A0BnoqoXw, (다) https://youtu.be/N3Mgb-56DIY

앞서 예를 든 감응형 광고는 대개 감지인식 → 상황판단 → 내용 송출의 3단계 과정을 따른다. 맞춤형 광고로서 실제 해당 광고판을 지나가는 광고 수용자를 카메라가 인식하고 그에 따라 사전 준비된 광고물 중에서 해당하는 한 가지를 보여 주는 것이다. 이와 같은 광고를 위해서는 기본적으로 광고 타켓으로 누구를 설정할 것인지, 어떤 광고 맥락이 될 것인지, 어떤 내용을 광고할 것인지에 대한 타겟-맥락-내용의 세 가지에 대한 사전 시나리오를 가져야 한다. 앞선 예의 경우, 제너럴 모터스의 키오스크는 쇼핑몰 공간을 다니는 남성과 여성, 아이와 같이 있는지 여부 등이 주요 광고 대상자를 선별해 내는 기준이었고, 11번가 같은 경우는 택배기사라고 하는 정확한 대상을 가진 시나리오와 아침과 오후 등 명확한 시간대에 따른 메시지 내용을 사전에 준비하고 있었다.

해당 방식에 사용되는 컴퓨터 연산은 광고 보드 앞에 있는 사람이 누구인지 또는 현재 지나가는 차량이 어떤 것인지 인식하는 데 집중되어 있고, 실제 보여 주는 광고의 내용은 사전에 이미 준비된 것의 반복이다. 이와 같은 방식의 단점은 감지 및 인식해야 할 대상자가 많아지고 그에 따라 보여 주어야 할 광고의 내용이 다양해질수록 준비해야 할 내용이 많아진다는 것이다. 그리고 이러한 경우를 사전에 모두 준비해야 한다는 것이다.

하지만 스마트시티가 확산되면서 연산을 할 수 있는 엣지 컴퓨팅 인프라가 구축되면 지금보다 훨씬 더 다양한 광고를 실시간으로 그리고 사전에 많은 준비 없이 제공할 수 있다. 클라우드 컴퓨팅과 연계된 엣지 컴퓨팅은 연산을 더욱 빠르게 진행하여, 인식이 이루어지는 물체에 대해 보다 자세한 정보를 인식하여 상황을 판단할 수 있다. 또한, 상황에 맞는 광고 자체를 즉석에서 만들어 내는 정도의 기술로 발전할 수도 있다. 예를 들어, 지나가는 차량의 차종과 색깔 등을 인식하는 수준을 넘어 차량 위 루프렉이 설치되어 있는지, 운전자가 남성인지 여성인지, 교통 체증 때문에 현재 운전자의 표정 상태가 불쾌한 상태인지 등을 매우 고도화된 형태로 인식할 수 있다.

그다음, 광고 대상자의 현재 상태와 광고하고자 하는 제품에 따라 매우 다양한 시나리오를 즉석에서 만들 수 있다. 기본 데이터는 클라우드로 전송하고 또한 기계학습모델도 클라우드로부터 상황에 따라 사전에 전송받지만, 해당 상황에 맞는 컴퓨팅을 통해 정교화하는 것은 엣지 컴퓨팅을 통해 그 자리에서 실시간으로 이루어질 수 있다. 이렇게 될 경우, 이른바 현장 감응형 스마트 빌보드(Billboard) 옥외광고가 제시할 수 있는 광고의 개수는 수백, 수천 개가 만들어질 수 있으며, 그에 따라 대응할 수 있는 시나리오의 폭이 매우 넓어지게 된다. 예를 들어, 앞선 택배 광고나 쇼핑몰의 경우 해당 시나리오에 맞는 대상자가 등장하지 않으면 빌보드나 키오스크는 특별한 활동을 할 수 없다. 따라서 택배기사가 나타나지 않는 상황에서 정해진 다른 고정된 광고만을 지속해서 내보내는 비효율성이 생기거나, 포르쉐 차량이 지나가기만을 하염없이 기다려야 한다. 하지만 인공지능 기계학습과 만난 엣지 컴퓨팅은 쉼 없이 새로운 광고대상자를 물색하고 광고를 내보낼 수 있다. 그리고 이러한 특성 때문에 여러 광고주의 매우 다양한 요구를 수용할 수도 있고, 이른바 프로그래매틱 광고 집행의 효율성을 극대화할 수 있다. 프로그래매틱 광고란 광고주가 광고를 사람이 아닌 소프트웨어를 통해 구매하는 것을 말한다. 현재 특정 지역을 지나는 운전자가 어떤 사람인지 파악이 가능하면 실시간으로 해당 정보를 올리고, 광고주는 그 정보를 기반으로 광고 대상자를 선정하여 효과적인 마케팅 집행을 실시간으로 할 수 있다. 이렇게 될 경우 옥외광고 집행의 효율성이 극대화된다.

또한 광고 이후의 사용자가 보여 주는 반응(광고 앞에서의 사용자 몰입감, 감정 등)을 다시 인식하여 이를 클라우드 서버로 실시간 전송함으로써 만들어진 광고 모형에 대한 평가 역시 즉석에서 진행될 수 있으며, 새롭게 만들어지는 광고의 내용, 광고에 대한 소비자

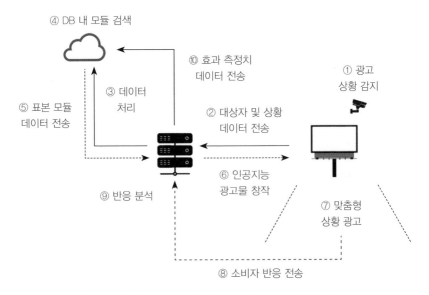

[그림 4-5] 엣지 컴퓨팅 기반 실시간 감지 광고 시스템 데이터 흐름

의 반응 그리고 광고 효과까지 데이터로 실시간 처리하고 데이터 베이스화할 수 있는 장점도 가질 수 있다.

엣지 컴퓨팅, 클라우드 컴퓨팅 그리고 인공지능이 결합한 감지 기반 옥외광고가 아니라면, 감지에 기반한 광고가 결국 한정된 광고 대상에게 동일한 메시지를 반복적으로 던지게 되어 지나가는 대상자를 파악한다는 것 외에 특별한 것이 없는 광고가 된다. 미래 광고가 맞춤형이 되기 위해서는 모든 상황에 대한 정보와 이를 처리할 수 있는 컴퓨팅 파워, 그리고 상황에 적절한 광고에 대한 평가가 가능하면서 발전해야 하는데, 이러한 것들이 한순간에 이루어지기 위한 인프라로서 스마트시티가 존재한다. 물론, 이러한 발전을 위한 데이터가 한순간에 만들어질 수 없으므로 차근차근 데이터를 축적하면서 발전시켜야 한다. 그리고 그 과정에 엣지 컴퓨팅이 스마트시티 기반 사물 인터넷의 인프라를 활용하면서 디지털 기반 맞춤형 옥외광고를 발전시키는 인프라가 된다.

엣지 컴퓨팅과 결합을 통해 더 강력해지는 AR 광고

데이터 전송 시스템의 확대나 혁신이 옥외광고의 기술적 혁신과 만날 수 있는 부분으로 AR(Augmented Reality) 광고를 들 수 있다. 특히 AR 광고는 엣지 컴퓨팅을 만나면 더욱 쓰임새가 많아진다.

AR은 증강현실(Augmented Reality)라는 말의 줄임말로서, 사물과 문자, 그래픽, 오디오 및 다양한 가상물 형태의 정보를 현실세계의 실재와 실시간으로 통합하여 보여 주는 것을 말한다.[2] 현실의 모습에다가 스마트폰과 같은 디스플레이를 통해서 정보나 그래픽을 덧씌워져 사람들에게 보여 주는 기술인데, 현재 가장 쉽게 볼 수 있는 것으로 차량의 앞 유리창에 차량의 속도, 방향 등을 보여 주는 HUD(Head Up Display)가 있다. AR은 현실세계의 정보를 결합하여 제시한다는 점에서 단순한 시뮬레이션과 구분되며, 사용자에게 현실의 세계에 대한 새로운 인식을 주면서 다양한 정보를 제공할 수 있다.

무엇보다 현재 AR의 활용 가능성이 높은 이유는 VR과 달리 특정한 기능을 가진 기기를 반드시 가지고 있어야 할 필요가 없기 때문

[그림 4-6] 내셔날 지오그래픽의 AR 경험의 예
출처: https://youtu.be/xhYoRSXbQLs

---

2) Gartner Glossary, https://www.gartner.com/en/information-technology/glossary/augmented-reality-ar

이다.[3] 예를 들어, 스마트폰과 같은 디스플레이를 현실에 존재하는 사물에 비추면 그 전에 보이지 않던 화면의 그림이 나타나게 된다. AR이 엣지 컴퓨팅과 만나게 되면 누구나 구현할 수 있고, 모두가 광고의 주체가 될 수 있는 세상을 이끌 수 있다.

[그림 4-7]은 카페를 나온 사람이 AR 콘텐츠를 활용하여 맘에 드

[그림 4-7] 소셜 AR의 예

출처: https://youtu.be/s8M23IyeZFg RealNote 앱 광고

---

3) Unity. https://unity3d.com/what-is-xr-glossary

는 카페라는 화면을 만들고, 이를 SNS와 같은 공간에 공유하는 방식을 보여 주고 있다. 흔히 '소셜 AR' 이라 불리는 이와 같은 광고 방식을 활용하고 지리정보를 포함한 AR 콘텐츠가 공유되면 수많은 자영업자에 의한 광고가 활성화되어 간판을 통한 기존의 광고 형식을 대체할 수도 있다.

그런데 AR과 같은 기술을 통해 화면에 복잡다단한 그래픽을 보여 주고, 현실세계와 AR 그래픽이 시차에 어긋남 없이 동시에 화면이 움직이는 실시간 동기화(Synchronization)가 나타나기 위해서는 데이터를 처리하는 기기의 성능이 뛰어나야 하고 데이터 전송 속도 역시 매우 빠른 동시에 안정적이어야 한다. 따라서 대규모의 AR을 실행하기 위해서는 데이터 전송과 처리와 관련된 컴퓨팅이 물리적 환경 주변에서 일어나야 하는데 이를 엣지 컴퓨팅이 담당하는 것이다.

현재까지는 데이터 전송 속도 등의 문제에 대한 이유를 포함하여 실시간 AR에 대한 실험이 상당 부분 통신사에 의해 이루어졌다. 통신사는 대규모의 실시간 AR을 통해, 5G와 같은 안정적이고 초고속에 초저지연의 망을 활용하여 대규모의 데이터를 전송하고 이를 실시간으로 구현하는 기술력을 보여 줄 수 있다.

2019년 3월 SK 텔레콤이 당시 SK 와이번스 홈구장에서 5G와 AR을 이용해 용이 구장 전체를 활용하여 날아다니는 장면을 구현하였다. 약 2분간 용이 전체 구장 위를 날아다니고 야구장 곳곳을 누비면서 실제 사람들이 있는 공간 속에 등장하였는데, 이와 같이 데이터를 넓은 공간에 실시간으로 보여 주기 위한 통신환경은 일상

[그림 4-8] SK텔레콤의 5G와 AR을 이용하여 구현한 야구장의 용

출처: https://youtu.be/T5O3vijPGUw

적으로 활용할 수 있는 환경 이상이라 말할 수 있다.

데이터 처리의 동기화가 제대로 이루어지지 않으면, 데이터 전송 지연이 발생하고, 제때 필요한 정보를 제공하지 못하거나 현실과의 결합이 엉망이 되는 것은 물론, 심지어 사람들이 화면을 보면서 어지러움을 느끼는 현상이 발생할 수도 있다. 따라서 휴대폰 사용자가 비추는 화면이 클라우드 컴퓨팅 센터까지 가는 것이 아니라, 근처에 있는 기기에 의해 엣지 컴퓨팅이 수행되어 데이터 전송과 처리를 맡게 되는 경우 휴대폰 기종에 상대적으로 구애되지 않으며 안정적인 광고를 보여 줄 수 있다. 또한, 앞서 말한 엣지 컴퓨팅의 특징인 상대적인 보안 확보는 AR와 같은 서비스를 제공하는데 있어서 필수적인 요소이기 때문에 앞으로 AR 기반 광고에 있어서 엣지 컴퓨팅의 역할이 증대될 가능성이 크다.

앞서 야구장의 예에서 보듯 스마트시티 기반의 인프라가 충분히 갖추어진다면 도시 어느 곳이든 AR 기반 광고가 이루어질 수 있다. 즉, 옥외광고가 고정형이 되는 것이 아니라 오늘은 마포대교, 내일은 서강대교 등 쉽게 이동 가능한 광고 모듈 프레임워크가 되는 것이다. AR 방식 광고의 장점은 스크린이 설치된 곳이 아니라, 사실상 현실세계 전부가 광고의 무대가 될 수 있다는 장점을 가진다. 마치 포켓몬GO를 전 세계에서 플레이할 수 있는 것과 동일하다. 광고는 아니지만 이미 포켓몬GO를 활용한 아이템으로 사람들의 방문이 급격히 증가하여 매출이 늘어난 경우는 이미 수년전에 보고된 바 있다.[4] 누구나 언제 어디서나 만들 수 있는 옥외광고로서 AR 광고가 발전한다면 길거리 음식점 광고도, 한강공원의 푸드트럭

광고도 한강공원 입구에서 매우 쉽게 접할 수 있다.

지리정보를 활용하고 마케팅 효과를 극대화시키기 위한 방법으로 AR 그 자체도 데이터를 수집하기 위한 훌륭한 옥외광고 방식이 될 수 있다. 2019년 칸 광고제에서 상을 받은 버거킹 광고가 그 좋은 예가 된다. 버거킹 브라질은 다른 경쟁사 광고판에 스마트폰을 비추면 광고판에 불길이 솟고, 곧 버거킹 광고로 바뀌는 AR 광고 캠페인을 실시했다. 그리고 불에 타는 화면을 매장으로 가져오면 와퍼 한 개를 무료로 나누어 주는 행사를 진행했는데, 버거킹 햄버

[그림 4-9] AR를 이용한 버거킹 광고 "Burn that Ads"
출처: https://youtu.be/lhXW8_7CaHM

---

4) Sidahmed, M. (2016). Pokémon Go: Restaurants and bars cash in on Pokéstop locations. The Guardian. https://www.theguardian.com/technology/2016/jul/14/pokemon-go-sponsored-locations-restaurants-business

거가 그릴에 구워진다는 점을 강조하기 위한 것이었다.

[그림 4-9]에서 보듯 경쟁사 광고가 있는 어느 곳이나 휴대폰 화면을 비추면 화염에 휩싸이는 화면을 보여 준다. 물론, 휴대폰 디스플레이상에서 진행되기 때문에, 실제 건물의 광고가 바뀌는 것은 아니다. 하지만 사람들은 경쟁사의 광고가 불타는 것을 즐거워했으며, 그 뒤 쿠폰을 받아 버거킹에 방문했다. 이러한 방식의 AR을 이용한 광고는 마치 게임을 하는 듯한 느낌을 주면서 사람들에게 특정한 임무를 수행하게 하고 그 과정에서 광고가 전달하는 메시지를 사용자들의 몰입을 통해서 달성하는 방식을 취한다. 따라서 사용자가 처음부터 적극적으로 참여하는 것을 기반으로 한다는 점에서 사용자의 적극성을 유도하기 때문에 사용자 참여성이 증가하는 효과가 있다.

비단 AR 방식 광고의 장점이 사용자 참여에만 국한되는 것은 아니다. 예를 들어, 앞서 언급한 캠페인에서 발생하는 데이터는 광고주 입장에서는 소중한 자산이 된다. AR상에서 가장 많이 불탄 장소의 경쟁사 광고의 위치 데이터와 AR상에서 광고를 불태운 다음 사람들이 어느 지점을 방문하여 받은 쿠폰을 활용하는지에 대한 데이터가 남는다. 이러한 데이터는 경쟁사 광고 장소 중에 가장 눈에 잘 띄는 광고에 대한 정보가 되며, 가장 많이 참여한 지역과 지점에 대한 정보를 마케팅 분석에 활용할 수 있다. 광고를 통해 얻는 성과가 단순히 자신의 상품에 대한 것이 아니라, 경쟁사의 광고 효과에 대한 정보를 동시에 얻는 것에도 있는 셈이다.

장소에 관계없이 이루어지는 이동형 광고

기존의 광고가 이루어지지 못했던 지역에서 수행할 수 있는 옥외광고로 드론 광고를 언급하지 않을 수 없다. 군집 드론 광고는 수많은 드론을 날리고 서로 조화를 이루도록 하기 위한 브로드캐스팅 기술 등 엣지 컴퓨팅이 아닌 드론 조종에 특화된 기술이 필요하다. 우리나라에서도 평창 올림픽 개막식으로 알려진 군집 드론 쇼는 이벤트 성격의 행사에서 주로 선보이면서 기술력의 과시로 시작되었는데, 점차 일상적인 광고 형태로 진화하고 있다. 특히 야간 광고 형태로 기존의 옥외광고가 이루어지기 어려웠던 지역(예를 들어 강변이나 올림픽 경기장 위 하늘)에서 광고를 집행하면서 사람들의 주위를 환기시키고 있다.

[그림 4-10]은 중국 상하이에서 2021년 4월 새로운 비디오 게임 런칭을 알리기 위한 목적으로 드론 광고를 진행하면서 실제 휴대폰으로 스캔 가능한 QR 코드를 드론 1,500개로 만든 사진이다. 해당 QR 코드는 실제 휴대폰으로 스캔할 경우 비디오 게임 웹사이트로 연결되어 방문할 수 있도록 되어 있어서, 단순 이벤트로 하늘에 떠 있는 로고를 보거나 글자를 보는 것이 아니라 실제 웹사이트 방문을 유도한다. 단순한 이벤트 행사로 브랜드 이미지 행사가 아닌 실제 옥외광고로 진행된 것으로 이와 같이 주변 건물이 없는 하늘에서 이루어지는 광고는 강변과 같은 장소에서 실행될 경우 도시 내 광범위한 지역에 있는 사람들 모두에게 현장감 있게 전달할 수

[그림 4–10] 군집 드론으로 QR 코드를 하늘에 띄운 광고

출처: https://youtu.be/G9K9OOAcUWQ

있다. 이는 기존 옥외광고가 특정 지역에만 국한되어 해당 지역을 방문하는 사람에게만 전달되는 한계를 뛰어넘는다.

사람들의 이동 데이터에 기반하여 이루어지는 광고로서 도시 전역 곳곳에서 이루어질 수 있는 공유 차량 광고가 있다. 전통적인 이동 수단의 광고로 버스나 택시 등의 차량 랩핑 광고가 있는데, 공유

차량 광고는 항상적으로 이루어지는 것이 아니라 운전자가 광고
시행 여부를 계약관계에 의해 선택할 수 있고 또한 프로그래매틱
광고 구매방식으로 구매자가 특정한 시간대에 특정한 구역을 운행
하는 우버 자동차를 선택하여 광고할 수 있다.[5]

우버(Uber)는 2020년 2월 아돔니(Adomni)와 함께 미국 도시에서
디지털 옥외광고를 실시하였으며 1년 뒤에 뉴욕을 추가하는 등 해
당 사업을 확장하고 있다. 우버가 기존의 택시 광고와 다른 점은 우
버가 출발하고 도착하는 운행 지역을 알 수 있다는 점은 물론이고,
우버를 운행하는 차량이 신청할 경우 바로 광고 차량으로 변신할

Geo-target ad content

Use geofencing to deliver content with specific messaging to
your ideal audience for maximum response.

Ad content day-parting

Select optimal content to play at specific times of the day

[그림 4-11] 우버 OOH 광고 문구
출처: https://www.uberooh.com

5) Mindshare (2020). POV: Uber and Lyft OOH advertising. https://www.mindshareworld.
com/news/pov-uber-lyft-ooh-advertising/

수 있다는 점이다. 택시 위주로 호출 서비스가 발달한 우리나라와 달리, 개인이 우버를 운행하는 미국과 같은 국가는 사실상 누구나가 광고판을 자신의 차량에 신청을 해서 달 수 있기 때문에 말 그대로 어디서나 광고를 할 수 있는 장점을 가진다.

우버가 가지고 있는 데이터의 예를 들면, 우버는 도시 내 운행 데이터에 기반하여 특정 요일과 특정 시간대에 특정 지점에서 특정 지점으로 이동할 때 걸리는 시간, 도로의 평균 차량 속도 등의 데이터를 가지고 있다. 또한 신규 이동 수단으로 자전거 서비스도 시행하면서 자전거에 대한 데이터 역시 보유하고 있다. 우버는 이러한 데이터에 기반하여 특정 지역 전체를 범위로 하는 광고를 특정 시간대에 정확히 집행할 수 있는 것을 장점으로 홍보하고 있는데, 광고 수익금을 운전자와 나누는 방식으로 운전자 임금 인상과 같은 갈등 요소에도 대비하고자 하고 있다.

그런데 이와 같은 서비스는 택시 지붕에 설치하거나 혹은 버스 등 교통 수단에 디지털 시니어지 방식으로 광고하는 것과 궤를 같이 한다. 국내에서도 2019년에 규제 샌드박스 실증 사례로 디지털 버스 광고를 선정하고 시행하고 있으며 규제 완화를 통해 택시 지붕에 디지털 광고를 시행하고 있는데, 사물 인터넷 센서로 지역 정보를 수집해서 맞춤형 광고를 실시한다고 알려져 있다.[6] 예를 들어, 학교 앞을 지날 때 학원 광고를 집행하는 식이다. 현재 규제 샌

---

6) KDI 경제정보센터(2020). 택시, 광고 싣고 달린다. https://eiec.kdi.re.kr/publish/naraView.do?fcode=00002000040000100012&cidx=13037&sel_year=2020&sel_month=10&pp=20&pg=1

드박스 사업으로 시행되고 있는 버스 광고는 중앙 통제 센터에서 광고의 내용을 제어한다.

스마트시티 내 빅데이터와 결합하는 옥외광고의 사회적 책임 및 효과

스마트시티 내 옥외광고는 단순히 광고를 넘어 사회적 책임까지 수행할 수 있으며, 그 과정에서 운영비용을 공공기관과 같이 분담할 가능성도 있다. 예를 들어, 프랑스에서는 최근 두려움 없는 밤(fearless night)이라는 캠페인을 진행하였다. 이 캠페인은 파리 외곽의 가장 어두운 거리를 저녁 9시에서 아침 7시까지 거리의 옥외광고 키오스크의 조도를 20% 높혀서 상대적으로 안전하게 거리를 다닐 수 있도록 한다는 취지였다. 도시 범죄를 예방하는 과정에서 흔히 빛의 밝기 때문에 비판 받던 옥외광고를 창의적으로 활용한 것인데, 도시 범죄 빅데이터와 결합하면 이보다 더욱 강력한 형태의 범죄 예방 수단이 될 수 있다.

최근에는 특정한 경제적 효과를 내기 위하여 도시 내 상권과 디지털 옥외광고를 결합하기도 하는데, 전통시장 주변 상권을 활성화하는 데 옥외광고물을 활용하는 식이다. 지난 2019년 12월 말에 행정안전부는 이와 같은 목적으로 빅데이터 기반 디지털 옥외광고 시범사업 10개소를 선정하여 해당 지역을 방문하는 사람들의 카드 사용 내역 및 통신 내역 등의 비식별 정보를 기반으로 맞춤형 광고

[그림 4-12] 프랑스 외곽 Fearless Night 캠페인
출처: https://youtu.be/FQPwkTLrSfo

를 진행하는 사업을 추진한 바 있다.

앞서 언급한 바 있는 버스 디지털 광고 역시 중앙 통제 시스템으로 광고를 관리하면서, 미세 먼지나 재난 같은 상황에서 사람들에게 유용한 정보를 알릴 수 있는 시스템으로 활용된다. 실제 산업부에 따르면 "정부 재난 긴급정보를 실시간으로 알리고 도시 공간 분위기를 개선하는 공익 효과" 역시 기대한 바 있다.[7]

스마트시티, 컴퓨팅과 데이터 관련 옥외광고의 제반 문제

지금까지 스마트시티와 연계된 컴퓨팅 및 데이터와 관련된 기술 기반 옥외광고를 살펴보았다. 해당 광고의 방법에서 가장 중요한 사항을 언급하자면 바로 '데이터'라고 할 수 있다. 사람들이 이동하는 데이터, 특정 장소에서 사람이나 차량을 감지하는 데이터, 서비스 위치 정도, 광고 효과 측정을 위한 표정을 비롯한 사람의 프로파일과 정보 등 모든 것이 데이터와 관련이 있다. 그런데 흥미롭게도 모든 데이터가 바로 광고를 집행하는 데 필요한 제1순위 정보라는 점에서 데이터 소유권을 생각지 않을 수 없다.

---

7) 성수영(2019). '동영상 광고'가 달린다 … 버스에 디지털 광고 허용.
   https://www.hankyung.com/economy/article/2019021183271

1) 데이터 소유권과 정보 불균형

스마트시티가 활성화될 경우, 공공이 제공하는 서비스 이외의 데이터는 대부분 해당 지능형 서비스를 제공하는 플랫폼 회사가 소유하게 될 것으로 예상된다. 예를 들어, 특정 지역에서 사람들이 특정 시간대에 몰리거나 다른 지역으로부터 이동하여 들어온다는 것과 관련된 정보는 교통 카드 회사나 신용 카드 회사, 차량 공유 서비스 또는 택시 호출 서비스를 제공하는 회사, 내비게이션 앱을 운용하는 회사 등 모두 개별 기업이 제각각 각기 자신의 서비스 영역에서 데이터를 가지게 된다. 따라서 스마트시티에서 광고를 집행하기 위한 광고 효과 분석 자체가 어려운 점이 있다. 자료가 통합되지 않은 것은 물론이요, 플랫폼 회사가 아닌 이상 자신이 원하는 데이터에 접근하기도 쉽지 않은 상황이 된다. 전통적으로 옥외광고 효과 측정이 어려운 것으로 알려져 있고, 디지털화된 지능형 서비스를 통해 이러한 어려움을 극복할 수 있을 것으로 기대하지만 데이터 소유권에 따른 정보 불균형성은 스마트시티가 활성화되는 미래에서도 여전히 문제가 될 수 있다.

2) 컴퓨팅을 통한 새로운 광고 개발 가능성

이 장에서 가장 먼저 예를 들었던 엣지 컴퓨팅에서 볼 수 있듯이, 상황을 감지하고 새로운 광고를 맞춤형으로 실시간 창작하는 과정에는 상당한 컴퓨팅 파워가 필요하다. 기존의 방식으로 디지털 광고를 집행한다면 사실상 카메라를 통한 인식 부분을 현 광고에 결합시킨다 뿐이지 새로운 기술력으로서의 차이는 없다. 마치 우리가 딥러닝이 널리 확산되기 전부터 주차장에 들어오는 차량 번호를 인식할 수 있었던 것처럼, 카메라를 이용하여 특정한 각도에서 보이는 차량의 형태를 인식하는 것도 역시 전체 인공지능 기술을 놓고 보면 그리 큰 기술력을 요하는 것이 아니다. 상황에 따른 새로운 광고를 창작하고 이를 기반으로 자료를 축적하는 과정이 옥외광고 관련 기술의 향상을 의미하는 것이지, 광고 콘셉트(예를 들어, 감지하고 광고를 내보내는 것) 자체는 새로운 기술이 아니다. 디지털화된 옥외광고의 기술력이 올라갈 수 있는 창작을 위한 투자와 자료의 축적, 이러한 과정을 필요로 하는 광고의 R&D가 얼마나 진행될 수 있을지에 대한 의문이 있을 수 있다.

3) 디지털 옥외광고의 진입 장벽

이 장에서 다룬 많은 옥외광고 관련 사례를 보면, 거의 대부분 대규모의 자원 또는 기술력이 필요한 내용이다. AR에서 자영업자에게 적용될 수 있는 사례를 살펴보기는 했으나 대부분 상당한 투자가 필요한 영역이다. 엣지 컴퓨팅, 5G 커넥티드 연결, 군집 드론 등 광고 컨텐츠를 생산하고 집행하는 비용은 일개 소기업이 집행할 수 있는 수준을 뛰어넘는다. 전통적으로 옥외광고물의 대부분은 대기업과 같은 기업이 운용하는 장치였다. 최근에는 성장 가능성이 풍부한 스타트업의 광고가 늘면서 이들의 인지도가 올라가고 있으나, 스마트시티와 관련된 광고 시장을 생각해 보면 현재의 광고 시장이 확장되면서 전체적인 성장 파이가 올라가는 것이 아니라, 맥락이 많아지면서 경쟁이 심화되고 그러한 경쟁의 여파로 옥외광고 시장의 성장이 지체되는 것은 아닌지 고민할 필요가 있다.

4) 새로운 도전: 자율주행 자동차

자율주행 자동차가 현재와 같은 형태의 옥외광고와 가지는 관계가 긍정적일지 부정적일지에 대한 논쟁이 아직은 진행 중이다. 새로운 모빌리티 내 광고가 옥외광고와 연계되면서 융합적 효과를 가진다는 주장과 자율주행 내 미디어는 이동 과정 중에 마주하게 되는 현존 형태의 수많은 옥외광고를 건너뛰게 만들고, 차량 내부 미디어에 집중하게 만듦으로써 기존 옥외광고 생태계 전체를 파괴할 것이라는 견해가 대립하고 있다. 전반적으로 볼 때 차량 내 디스플레이 크기가 커지면서 자율주행차 내 미디어 소비가 증가할 것이라는 견해에는 대체로 일치하는 견해를 보이지만, 자율주행차 내 미디어 소비가 과연 현존 형태의 외부 디스플레이와 연결이 될 것인가에서는 견해가 나뉜다.

스마트시티 시대의 옥외광고 발전 전략

지금까지 살펴본 스마트시티와 관련된 옥외광고의 사항들을 통해 앞으로의 과제를 생각해 보면 대략 다음과 같이 요약할 수 있다.

첫째, 연결성 및 실시간성의 증가로 인한 맞춤형, 상황 인지형 광고의 핵심은 데이터 전송 및 데이터 처리 과정에 달려 있다는 것이다. 엣지 컴퓨팅 기반 상황인지 광고, 집단 드론, 우버 광고 등 모든 기술력을 만들어 내는 핵심 키워드는 '자동화'이고 이러한 자동화의 이면에는 인공지능과 알고리즘이 있다. 특히 광고 내용에 대한 합성뿐만 아니라 평가 및 추천과 관련된 상황인지 부분에서도 인공지능의 역할은 앞으로 증대될 것이다. 대개 지금까지의 논의는 앞으로 스마트시티가 발전할 때 어떤 형식의 옥외광고가 발전할 것이고, 이러한 발전의 경로는 어떨 것인가를 탐색하는 것이었다. 하지만 이러한 경로를 채우는 과정으로서의 인공지능과 알고리즘에 대한 생각을 이제부터 더욱 열심히 수행하면서 논의를 진전시킬 필요가 있다. 스마트시티에서 5G와 함께 맞춤형 광고를 더욱 발전시키는 인프라로서 기능할 프로그래매틱 광고도 해당 시간대, 해당 장소에서 특정한 광고 수용자를 기반으로, 광고를 집행할 누군가를 정확히 선별해서 광고 스팟을 추천하는 것은 매출과 크게 관련된다. 실제 광고 창작, 광고 시간을 구매하는 것도, 광고 대상을 받는 수용자에게도, 모든 과정에서 인공지능 알고리즘의 역할을 증대될 것이다.

둘째, 광고 보존 및 효과 평가에서 기존과 다른 전략이 요구된다. 지금까지 옥외광고는 대개 장기간 특정한 장소에 오랫동안 점유되는 방식을 취하였다. 하지만 디지털화된 방식으로 광고가 집행되고, 개인 맞춤형 방식의 광고가 주된 광고 형식으로 나타나게

[그림 4-13] 넷플릭스 GIF 캠페인(2014)

출처: https://youtu.be/gBy2Tz_pmKA, https://youtu.be/W76Sc6lmOvA

되면 광고의 생명 주기는 지금보다 더욱더 짧아질 것이다. 이 경우, 만들어진 광고를 사람들이 찾아본다거나 혹은 실제 게시되는 것을 뛰어넘어 인터넷상에서 가시성을 지속적으로 확보할 수 있는 전략이 필요하다. 다시 말해, 아무리 좋은 광고라도 사람들이 지속적으로 찾아볼 수 있지 않으면 의미가 없다. 그리고 보지 못한 사람에게도 회자되려면 기본적으로 해당 광고에 접근한 가능한 형태로 항상적으로 광고가 웹에 존재해야 한다. 마찬가지로 광고가 집행되는 당시에 노출되는 효과에 집중하기보다는 지속적으로 웹에서 확산되는 효과 역시 광고 평가에 반영하는 방식이 필요하다. 더군다나 최근의 광고 트렌드는 되도록 짧은 광고를 만드는 것이다. 심지어 6초 내에 모든 것을 전달하고자 하는 경향도 발견된다.[8] 이러한 점을 생각해 볼 때 디지털 기반 옥외광고의 성격은 지금과 크게 달라질 것으로 예상할 수 있다.

셋째, 다양한 데이터를 결합하는 새로운 시도가 필요하다. 넷플릭스(Netflix)는 디지털 옥외광고를 집행하기 위해 2년간의 디지털 대화를 자연어 처리 분석 방법을 통해 분석하였다. 이른바 토픽 모델링이라 불리는 텍스트 마이닝 기법을 통해 인사이트를 찾고자 하였고, 기계학습을 통해 사람들이 넷플릭스에 대해 갖는 생각을 분석하였다. 이를 통해 사람들이 넷플릭스에 대해 생각하는 바를 읽어 내었으며 옥외 애니매이션형 GIF 디지털 광고를 통해 매우 특

---

8) 임현재(2018). 10초에 승부건 동영상, 6초짜리 광고. 유튜브 마케팅 핵심 '초반에 눈이 커지게' https://dbr.donga.com/article/view/1202/article_no/8814

정한 장소에 특정한 시간대에 광고를 배치하였고, 그 결과는 매우 성공적이었다. 이와 같은 태도는 스마트시티 시대를 맞는 디지털 옥외광고 창작에서도 반드시 필요한 것이다.

05

메타버스 스마트시티 그리고
디지털 빌보드:
기대와 우려 그리고 발전 방향

QR코드를 통해 저자의 소개 영상을 시청하실 수 있습니다.

유승철
이화여자대학교 커뮤니케이션 · 미디어학부 교수

• ● ●

스마트시티를 연결하는 초고속 디지털 커뮤니케이션이 촘촘해지는 가운데 주목받고 있는 매체가 고속도로 도로변 야립(野立)광고 그리고 벽면 대형광고가 디지털화된 '디지털 빌보드'다. 기존 아날로그 빌보드가 빠르게 디지털로 전환되면서 늘어 가고 있는 디지털 빌보드는 향후 대도시의 주요 도로 곳곳에서 만날 수 있는 초대형 정보 채널이자 스마트시티의 신경망으로 자리 잡을 것으로 기대된다. 하지만 이런 기대 가운데서도 '옥외광고의 꽃'이라고 불리는 디지털 빌보드에 대한 의미와 활용 전략에 대한 논의는 여전히 시작 단계에 그치고 있는 것이 현실이다. 이 장에서는 증강정보 공간으로 변모하고 있는 스마트시티에서 핵심적인 커뮤니케이션 도구로 기능할 디지털 빌보드의 가치뿐 아니라 예상되는 문제점까지 국내외의 다양한 사례와 함께 논의하려고 한다.

디지털 빌보드란 무엇인가: 메타버스 스마트시티의 신경망

카스텔스(Castells)는 도시를 집합적 소비(collective consumption)의 단위라고 주장했다.[1] 세계적으로 소비사회(consumer society)가

---

1) Castells, M. (1983). Crisis, planning, and the quality of life: managing the new historical relationships between space and society. *Environment and Planning D: Society and space, 1*(1), pp. 3-21.

보편화됨에 따라 도시 공간은 일종의 소비재로서 실체화되고 도시는 상업 기능을 구현하는 일종의 초대형 커뮤니케이션 채널로 기능하기 시작했다. 자본주의 탄생 이전의 기원전에도 빌보드는 이미 '공공 커뮤니케이션 목적'으로 활용되었을 정도로 유래가 깊지만, 상업 사회가 본격적으로 번성하고 지역의 도시화가 진행됨에 따라 자연스럽게 상업 커뮤니케이션의 핵심 미디어로 자리잡았다. 도시화에 따른 소통의 요구를 반영하기 위해 자연스럽게 매체가 늘어났다고 이해할 수 있는데, 때로는 빌보드의 과다하게 설치되면서 지역사회의 불만을 초래하기도 했다. 1900년대 초의 한 풍자만화를 보면 운전자들이 자연 풍광을 보기 위해 빌보드를 넘어서 봐야 한

[그림 5-1] 1917년 아서 T. 매릭(Arthur T. Merrick)이 『타임스(Times)』에 게재한 빌보드 관련 풍자만화

출처: https://www.smithsonianmag.com/history/billboard-advertising-in-the-city-of-blade-runner-76581404

다고 비꼬고 있다.

빌보드를 이해하기 위해서는 현대적 광고의 핵심지인 미국의 교통문화, 특히 '자동차 교통문화'를 이해하는 것이 선행되어야 한다. 미국은 대표적인 '고속도로 중심 국가'다. 미국에는 1900년대 초 자동차가 늘어 가고 고속도로를 통한 물류 운송이 활성화됨에 따라 빌보드 광고의 수용자는 보행자에서 차량 운전자/동승자로 바뀌었으며 빌보드 전성시대를 맞이하게 된다. 1800년대 무렵 대륙을 횡단하는 유일한 교통수단이었던 역마차 도로에서 시작한 미국 고속도로는 1900년대에 접어들어 자동차의 보급과 함께 미국 전역으로 확장된다. 역사적으로 1940년에 건설된 펜실베니아 턴파이크(Turnpike) 도로는 연장 275km의 왕복분리 4차선으로 현대적 수준으로 규격화된 고속도로이며 턴파이크 도로 이후 비교적 현대적 고속도로망이 대도시를 중심으로 늘어 갔다. 고속도로의 확대에 따라 자연스럽게 도로변 빌보드 시장도 성장해 온 것이다. 한국의 경우는 1970년대 경부고속도로가 개통되고 416km에 이르는 상하행선에 고속도로변 빌보드 광고물을 세울 수 있었다. 1969년에서 1979년까지 총 13년 동안 세워진 국내 고속도로변 빌보드의 수량이 713개였으며, 1970년대 후반에 폭증하여 여론의 비판을 받으면서 그 수량이 감소했다. 1980년대 접어들고 지하철 광고시장이 성장하면서 빌보드 광고의 성장도 주춤하게 되었다.[2]

현재까지도 상업/공익 목적으로 활발하게 활용되고 있는 빌보

---

2) 한국의 본격적 옥외광고시대 개막은 언제일까? https://m.blog.naver.com/madtimes/221725994726

드는 도로교통과 떼어놓을 수 없다. 특정 지역의 시각 문화(visual culture)와 물질주의 문화(material culture)를 대변하고 소비자와 상호작용하며 우리의 환경 체험(environmental experience)에 지대한 영향을 주는 빌보드[3]는 때로는 환경 보호론자들에게 손가락질을 받기도 하고 또 도시에 활력소로서 긍정적으로 평가받기도 했다. 긍정/부정에 대한 평가는 뒤로 하고 빌보드는 특정 지역을 방문한 관광객들에게 새로운 문화적 에너지로 느껴지기도 하고 또 여행의 소소한 즐거움이 되기도 한다. 반면에 낡고 관리가 안 되는 빌보드는 도시의 문제점을 보여 주는 셈이다.

디지털 빌보드(digital billboard)는 전통적 빌보드와는 다르게 빌보드 화면에 얹어 놓는 종이나 비닐에 인쇄된 출력물 광고를 사용하는 대신 고화질의 디지털 디스플레이를 활용한다. 광고주가 원격지에서 유무선 네트워크를 통해 변화(일반적으로 6~8초마다)하는 정지영상 콘텐츠를 전송할 수 있다. 디지털 빌보드의 규격(size)은 국가마다 다소 차이가 있지만, 미국의 경우 전통적 빌보드와 동일한 크기 기준인 세로 14피트(4.26m), 가로 48피트(14.63m) 규격을 활용한다. 국내도 디지털 빌보드는 전통 빌보드와 같은 가로 18m, 세로 8m의 규격을 적용하고 있다. 디지털 빌보드는 LED(Light Emitting Diode) 등 디지털 재현 기술을 활용해 밝고 화려한 메시지를 광고할 수 있다는 장점이 있다. 일반적으로 주변 환경의 빛의 양을 측정하는 빛 센서

3) Baker, L. E. (2007). Public sites versus public sights: The progressive response to outdoor advertising and the commercialization of public space. *American Quarterly*, 59(4), pp. 1187-1213.

(light sensor)를 적용해 밝기가 자동으로 조절되거나 원격지에서 시간/상황에 따라 조절할 수 있다. 예컨대, 주간에 해가 밝을 때는 운전자의 광고 메시지 가독성을 높이기 위해 광량을 높이고, 밤에는 주변 밝기를 자동으로 감지해 조도를 자동으로 낮출 수 있다.

　일반적으로 한국을 포함한 대부분 국가에서는 디지털 빌보드가 교통사고를 유발할 수 있다는 우려를 불식시키자는 맥락에서 광고화면이 상하로 움직이거나, 빛이 번쩍이거나, 빠른 동영상 기능을 구현하지 않는다. 물론 매체사는 광고주 요청에 따라 하루에 실시간으로 여러 번 콘텐츠를 변화시킬 수는 있다. 결국 신속한 소재 교체와 한 광고물에 다수 소재를 운용할 수 있다는 매력 때문에 디지

[그림 5-2] 미국 FBI가 진행하고 있는 디지털 빌보드를 통한 범죄자 지명수배 광고
출처: https://twitter.com/fbimilwaukee/status/958003744402280448

털 빌보드는 옥외 미디어를 실시간 전략 커뮤니케이션 도구로 한 단계 끌어올렸다고 볼 수 있다.

디지털 빌보드는 광고 채널이자 도시 공공정보 커뮤니케이션에 효과적이다. 실제로 미국을 포함한 해외의 여러 국가에서는 날씨 정보, 뉴스, 범죄자 지명수배, 재난정보 등의 유용한 공공정보를 전달하기 위해 디지털 빌보드를 적극적으로 사용하고 있다. 실종자의 사진이나 긴급정보가 전국에 설치된 수많은 디지털 빌보드에 동시에 게재되면서 빌보드가 로컬 미디어가 아닌 국가적 단위의 광역 미디어로 활용될 수 있다. 미국 FBI(https://www.fbi.gov)는 전미 디지털 빌보드 네트워크를 통해 지명수배 광고를 진행하고 있는데, 2013년 4월에는 마약 밀매범이자 폭력사범인 오스카 로메로(Oscar Romero)를 디지털 빌보드를 활용해서 검거하는 등 이미 다수의 흉악범을 검거하는 성과를 올리기도 했다. 초대형 빌보드에 본인 얼굴이 등장했을 때 범죄자가 느낄 공포는 상당할 것이다. 더불어 최근 들어서 급증하고 있는 대형 테러리즘의 경우, 긴급한 정보 전달이 조기 진압에 결정적인 역할을 하기 때문에 디지털 빌보드는 효과적인 매체라고 할 수 있다.

디지털 빌보드의 성장 그리고 기대

디지털 빌보드의 역할이 두드러지는 것은 대형 하드웨어 규모가 가져오는 인접 산업에 영향력(예: LED소재 산업, 구조물 제작 및 콘텐

츠 관련 산업 등)뿐 아니라 배가된 광고 효과로 다수의 광고주를 유
치, 종국에는 광고 산업의 볼륨을 키울 것으로 기대된다. 또 광고
수익은 빌보드를 지속 가능하게 하는 비용으로 선순환한다. 하지
만 도시 미관 손상, 운전자 주의 간섭에 따른 교통사고 유발, 대량
의 전력 소모로 인한 공해유발 등 부정적인 요소도 많아 주민과 시
민단체의 반발이 거세다. 한편, 현재 상업성이 높은 대도시에 과도
하게 밀집된 전통 빌보드를 소수의 디지털 빌보드가 대체할 경우
도시경관에 긍정적일 수 있다는 의견도 팽배하다. 이와 같은 반발
과 논란에도 불구하고 공공적 필요와 자본의 자가증식 논리에 따
라 대형 옥외광고물의 디지털화는 대도시를 중심으로 줄기차게 진
행되고 있다.

실례로 미국옥외광고협회(Outdoor Advertising Association of

[그림 5-3] **고속도로에 줄지어 설치된 전통 빌보드들**
모두 지역 정치인을 광고주로 한 빌보드로 운전자는 10개가 넘는 빌보드를 차례로 접하면서
광고대상에 대한 누적된 인상을 받게 된다.

America: OAAA)에 의하면, 2016년 기준 미국 내 6,400기 규모인 디지털 빌보드 수량은 2020년에는 9,600기 수준으로 증가했다고 한다. 미국 전체 빌보드의 수량이 34만 기임을 고려하면 단 2.8%에 불과하지만 디지털 빌보드가 뉴욕이나 LA, 시카고와 같은 대도시에만 집중해 있으며 34만 기 가운데 대형 매체는 그 수량이 적다는 점을 고려할 때 주요 지점의 빌보드는 이미 다수가 디지털화가 되었다고 간주할 수 있다. 디지털 빌보드가 인쇄된 간판보다는 덜 일반적이지만, 자가용을 운전하거나 승차한 사람 중 44%가 지난 한 달 동안 디지털 빌보드를 본 적이 있고, 거의 3분의 1(32%)이 지난 한 주 동안 디지털 빌보드를 본 적이 있다고 한다.[4]

국내의 경우 현재 디지털 빌보드가 태동하는 단계에 있지만 (2021년 7월 기준 총 4기 규모) 국내 정보통신 기술의 세계적 우수성과 서울과 부산, 그리고 세종시를 필두로한 스마트시티의 고속성장 그리고 국내 광고시장의 규모를 고려할 때 오래지 않아 디지털 빌보드가 도시 옥외광고를 대표하는 미디어로 자리할 것이다. 이러한 디지털 빌보드의 고속성장은 옥외광고 중 가장 비싼 대형 매체를 디지털화기에 향후 미디어 시장에 적지 않은 지각변동을 가져올 것이다.

2013년 도시 차원에서 전면적으로 디지털 빌보드 운영을 허가한 미국 시카고(Chicago)의 사례는 미국 디지털 빌보드 역사에서 중요한 시사점을 준다. 당시 시카고 시장(2011~2019)인 람 임마

---

4) Arbitron Out-of-Home Advertising Study, 2013

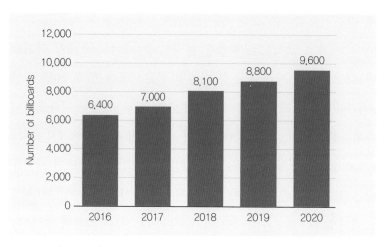

[그림 5-4] 2016~2020년 동안 미국의 디지털 빌보드 수량 변화

출처: https://twitter.com/fbimilwaukee/status/958003744402280448

뉴엘(Rahm Emanuel)에 의해 강력하게 추진되어 온 디지털 빌보드 관련 법안은 2012년 12월 시의회 의결에서 43표 대 6표로 통과되어[5] 향후 시카고 디지털 빌보드의 20년 계약권을 글로벌 매체 사인 데코의 합자 법인사인 Interstate-JCDecaux LLC(http://www.jcdecauxna.com)에 넘겨주게 되었다. 시카고는 이 빌보드 계약으로 인해 매년 1,500만 달러(약 179억 300만원)의 추가 수익을 얻을 것으로 기대하고 있다.[6]

LA가 시민들의 격렬한 반대로 디지털 빌보드 법안을 철회한 것

---

5) 시카고 시의회 결정 자료 원문. https://www.chicago.gov에서 찾아볼 수 있음. https://www.chicago.gov/content/dam/city/depts/fin/supp_info/Municipal%20Marketing/Chicago_Digitatal_Network_City_Council_12_12_12.pdf

6) Mayor Emanuel's digital billboard deal: a roadside distraction? https://www.chicagoreader.com/chicago/digital-billboards-signs-expressways-rahm-alderman-fioretti/Content?oid=10525399

에 대조적으로 시카고는 디지털 빌보드의 새로운 메카로 태어났다. 시카고 고속도로에 점등 예정인 총 32기의 초대형 디지털 빌보드와 총 60기의 중소형 디지털 빌보드들은 향후 20년 동안 2억 7,000만 달러의 수익(매년 약 1,350만 달러 규모)을 시카고시에 가져다줄 것으로 예상하는데, 현재 시카고 도시 전체에 있는 전체 1,300기의 대형 빌보드들이 매년 시에 고작 1백만 달러의 세금을 내는 것을 고려해 볼 때 시 입장에서는 천문학적인 수익(일반 빌보드 대비 약 13.5배의 수익 수준)인 셈이다. 데코사에 의하면, 이 20년 계약은 향후 회사에 총 7억 달러의 광고 수익을 가져다줄 것으로 기대되고 있다. 결국 매체사는 시에 낼 2억 7천만 달러를 제외하고도 상당한 광고 수익(약 4억 3천만 달러)을 남길 수 있는 셈이다. 현재 시카고의 디지털 빌보드 규제안이 세부적으로 공개되지는 않았지만, 언론에 밝혀진 바에 의하면 설치된 디지털 빌보드들의 부품은 9년의 수명 주기에 따라 최신형으로 교체되어야 하며, 음주운전을 조장할 수 있는 주류 제품에 대한 광고는 전체광고의 20% 내로 제한할 것을 규제하고 있다.

강력하게 추진된 시카고의 디지털 빌보드 법안은 시민사회로부터 거센 비판을 받았다. 이미 통과된 법안을 돌이킬 수는 없는 상황으로 향후 효과적인 유지 및 관리에 무게를 둘 것으로 보인다. 논란을 정리해 보면, ① 경쟁입찰이 아닌 데코사의 수의계약으로 급하게 진행됨, ② 중소 매체사들을 제외한 초대형 매체사와 단독 계약으로 시장의 형평성에 위배됨, ③ 특정 회사와 20년 장기 계약의 문제점, ④ 디지털 빌보드 건설 지역 주변에 거주하는 시카고 남부 주민들의 삶의 질 저하에 관련한 문제점, ⑤ 아름다운 도시 스카이라인으로 유명한 시카고의 경관 저해 및 관광 가치 하락의 다섯 가지로 요약될 수 있다. 시카고의 디지털 빌보드가 어떤 행로를 걷게 될지는 아직 알 수 없지만 총 20년 동안 시카고의 고속도로는 세계적인 디지털 빌보드 밀집지로 탈바꿈할 것이라 예상된다. 또 새로 건설될 디지털 빌보드 연관 산업에 매우 긍정적인 영향을 전망할 수 있다. 한편으로는 각종 시각공해와 안전 문제 등 근심들이 부각될 것도 우려된다. 향후 유사 법안을 검토하게 될 다른 도시들은 중견 기업들이 함께하는 투명한 제안경쟁 입찰제를 통해 균등한 시장기회를 지키는 동시에 10년 이내의 타당한 계약기간으로 도시행정의

[그림 5-5] **시카고 주거 지역에 근접한 디지털 빌보드에서 주류 광고를 송출하고 있다**
https://www.chicagotribune.com/news/ct-xpm-2013-10-04-ct-met-kamin-billboards-1004-20131004-story.html

유연성을 확보하고 도시미관 및 시민생활에 대한 다각적인 고려를 해야 할 것이다.

장기적 경제침체와 코로나19로 고생하고 있는 요즘 세계경제를 고려할 때 지역경제 활성화와 추가적인 세금 확보에 도움이 되는 디지털 빌보드를 반대하기는 매우 힘들 것이다. 시카고의 디지털 빌보드 허가는 이미 디지털 빌보드 논란이 일단락된 뉴욕과 LA를 제외한 미국 내외 대도시들에 적지 않은 영향을 줄 것으로 예상된다. 특히 LA 디지털 빌보드 철회 사례로 인해 지난 수년간 위축해 왔던 도시 지자체들이 시카고시의 결정에 힘입어 유사 법안을 통과시킬 가능성까지 커지고 있다(참고: 2014년 LA City Ethics Commission 리포트). 실제로 현재 계류 중인 LA의 디지털 빌보드 법안 통과를 위해 디지털 빌보드 매체사들은 2014년 상반기에만 백만 달러 이상의 금액을 정치 로비에 사용했다고 한다.

디지털 빌보드가 기존의 전광판류의 대형 옥외 동영상들과 차별화되는 점은 인터넷 기반의 '네트워크 미디어(network media)'라는 강점이다. 구체적으로 초고속 인터넷 등 정보통신의 발전에 힘입어 다수의 빌보드 패널을 단위 네트워크로 묶어 목표한 시간/장소에 광고 메시지를 표출할 수 있고, 때로는 청중과 능동적으로 상호작용할 수 있는 일종에 맞춤형 옥외 방송매체로 진화하고 있다. 최근 도로 통행량의 실시간 데이터베이스화는 디지털 빌보드 광고 효과 분석 및 과학화에 일조하고 있는데, 교통량 정체 가능성의 예측을 위해 도입되기 시작한 비디오 데이터 마이닝(video data mining, 수많은 영상 자료를 판독 유용한 정보를 추출/분석하는 일) 기술은 차량의 통행속도, 통행 차종 판독이 가능하며 이제 도로 곳곳에 설치된 CCTV와 빌보드에 설치된 비디오 센서를 통해 매 순간 통행량 자료 확보가 가능해질 것으로 기대된다. 향후 이러한 교통 데이터베이스가 디지털 빌보드에 적용되면서 여타 디지털 미디어에 주로 활용되는 광고 효과/광고 효율 지표들(예: Reach, Frequency, GRP, CPRP 등)을 옥외광고에도 활용할 수 있어, 디지털 빌보드가 통합 마케팅 캠페인의 주요 도구이자 공공 커뮤니케이션 도구로서 중추적 역할을 할 것이다.

네트워크로 복수의 빌보드가 통제/운영될 미래에는 매체사가 다수의 광고 구좌(ad account)를 점유 판매하고 구매를 성사하는 과정까지 전 과정을 자동화하는 **프로그래매틱 구매**(programmatic buying) 또는 **실시간 구매**(Real Time Buying: RTB) 사업모델이 정착될 것이며, 판매방식도 1년 또는 6개월 이상의 장기 계약을 통한 월 광고비 지급이 아닌 보다 유연한 방법들도 선보일 것이다. 예컨대, K-POP 아이돌의 생일 축하 광고를 집행하려는 팬들도 온라인 구매 애플리케이션을 통해 쉽게 광고를 구매할 수 있다. 또한 광고주는 디지털 빌보드의 특성, 도로의 통행 차량의 수량과 이동 속도에 따라 노출 인원을 추정하고 노출량에 따라 차등하게 광고비를 지급하는 것도 가능해질 것이다.

디지털 빌보드와 창의적 표현

광고는 '과학이자 예술'이다. 이 명제는 디지털 빌보드에도 동일하게 적용된다. 목표 소비자에게 메시지를 강제로 반복 노출하면서 가는 곳마다 따라다니는 광고는 진정한 의미에서 과학적 광고가 아니다. 차가운 데이터만 강조한 광고는 대중의 외면을 받기 쉽다. 반면 예술적 광고는 효과가 없게 느껴지지만, 실제 사람들이 찾아보는 광고는 단연 소비자에게 필요한 것 그리고 상식을 깨는 창의적인 것들이다.

최근 빌보드의 '디지털 전환(digital transformation)'이 가속화되면서 창의적인 혁신 사례들이 등장하고 있다. 예컨대, 2019년 여름 구글(Google)은 소비자들이 'Make the Most of Summer'라는 이름으로 데이터 중심의 디지털 빌보드 캠페인을 했다. 이 캠페인은 구글 검색엔진의 우수한 서비스를 광고하기 위해 시작되었으며, 날씨와 다른 환경 조건에 대응하여 실시간으로 빌보드에 표출되는 메시지를 바꿈으로써 소비자들의 호응을 얻었다. 모바일 기기와 디지털 빌보드를 연동하려는 시도 역시 공적 및 상업적 영역에서 늘어 가고 있다. 실례로 미국 NHS(National Health Service)의 경우 2016년 헌혈 캠페인을 스마트폰과 연동한 AR(Augmented Reality: 증강현실)을 활용해 진행했고 큰 호평을 얻었다.

디지털 빌보드가 단순한 광고에서 벗어나 문화를 만들고 시민들에게 영감을 주는 도구로 사용한 사례도 찾아볼 수 있다. 미국 오레

[그림 5-6] 구글이 집행한 데이터 기반 빌보드 캠페인

출처: https://oohtoday.com/googles-dooh-campaign-make-the-most-of-summer

[그림 5-7] NHS가 집행한 헌혈 촉구를 위한 빌보드 캠페인

https://www.trajectory4brands.com/blog/how-to-leverage-wearables-to-promote-health-care-services

곤(Oregon)주의 톨레도(Toledo)에서는 The Arts Commission and Toledo Detroit Outdoor Media(TDOM)라는 디지털 빌보드 활용 미술 프로젝트를 진행하고 있다. 무명 예술가들이 본인의 작품을 디지털 빌보드를 통해 전시하는 프로젝트로 언론의 호평을 받았다.[7] 이러한 시도는 작가들에게는 소통의 채널을 제공하는 동시에 시민들에게 삶의 여유를 전하는 공익 프로젝트로 가치가 높다. 디지털 빌보드를 도시인의 지친 마음을 치유하는 도구(healing tool)로 활용한 예술 커뮤니케이션 사례도 주목할 만하다. 광고판에 의해 차단된 자연의 풍경을 대체하기 위해 자연 이미지를 영상작업을 통해 시뮬레이션한 점이 독특하다. 주간에는 특정 위치에 일련의 이미지가 디스플레이에 표시되며 누락된 배경을 바꾸고 마법의 창을 만든다. 차량이 해당 위치를 통과함에 따라 동적인 효과가 발생한다. 또 저녁 시간에는 고해상도의 달 이미지가 표시되어서 도시인들이 일상에서 보기 힘든 달과 별을 디지털 빌보드를 통해 볼 수 있다.[8]

짧은 디지털 빌보드 역사에도 불구하고, 국내에서도 디지털 빌보드에 기술과 창의력을 접합하여 호응을 얻은 사례가 속속 등장하고 있다. 2020년 가을 올림픽대로에 집행된 인공지능 활용 디지털 빌보드 캠페인이 그 대표적인 사례다. 이는 차량 판독용 고성능 디지털 비전과 딥러닝(deep learning) 기술을 활용해 택배 차량을

---

7) Signs and wonders https://toledocitypaper.com/tcp-art-culture/signs-and-wonders/

8) brian kane digitally restores nature in place of interstate advertising https://www.designboom.com/art/brian-kane-healing-tool-billboard-nature-07-23-2015/

[그림 5-8] 브라이언 케인 작가가 기획한 자연 풍광 디지털 빌보드
출처: Brian Kane, Healing Tool, 2015)

자동으로 인식하고 차량 운전자에게 메시지를 보내는 캠페인이다. 추석 당시 집행된 캠페인으로 폭주하는 택배 물량 배송에 고생하는 택배원들에게 감사의 문구를 디지털 빌보드를 통해 송출한 것이다. 단순히 판매 촉진 중심의 광고라기보다 따뜻한 마음을 전해 주는 내용을 통해 기업에 대한 호의도를 한층 높였다는 평가를 받는 캠페인이다.

[그림 5-9] 국내 최초의 인공지능을 접목한 디지털 빌보드 캠페인

출처: 한국옥외광고센터 제공

창의적인 빌보드 광고에서 반드시 언급되는 광고인이 있다. 더
글라스 리(Douglas Leigh, 1907~1999)는 미국 빌보드의 역사에
서 빼놓을 수 없는 광고 천재로 디지털 빌보드의 선구자이며 타임

[그림 5-10] 더글라스 리가 제작한 카멜의 연기 뿜는 빌보드

출처: https://en.wikipedia.org/wiki/File:Reclamebord_met_echte_rook_voor_
sigarettenmerk_Camel_op_Times_Square,_Bestanddeelnr_191-0803.jpg

[그림 5-11] 더글라스 리가 제작한 광고물을 회화로 표현한 작품

출처: https://newyorkthegoldenage.tumblr.com/post/183227752909/the-man-who-invented-times-square

스스퀘어의 일등공신이다. 미국 플로리다 대학교를 중퇴한 더글라스 리는 달력광고를 시작으로 광고업에 입문하여 그 이후로 줄곧 옥외광고를 기획하고 디자인했다. 그의 천재성은 뉴욕 47번가 7번 에비뉴에 15피트 크기의 연기가 나오는 커피잔 조형물을 설치하여 A&P사의 커피 브랜드 광고에 활용한 것을 시작으로, 1944년 12월 12일에는 세계 옥외광고의 역사에서 최고 작품으로 손꼽히는 작품인 카멜(Camel)사의 담배 연기를 뿜는 빌보드(Smoking Ring Billboard)'가 점등되었다. 엠파이어스테이츠 빌딩이나 열기구를 광고 매체로 활용하는 등 전통적 옥외광고의 틀을 깨고 당시 첨단 전기 기술과 이벤트 프로모션을 광고에 접목했다는 데 의미

가 있다.

타임스스퀘어 브로드웨이 메인스트리트에서 담배 연기를 뿜어내는 더글라스 리의 빌보드를 본 사람들은 모두 걸음을 멈추고 경이적인 장면에 즐거워했고 이 빌보드는 1966년까지 뉴욕의 랜드마크로 꾸준히 사랑받았다. 더글라스 리의 상상력은 끝이 없었고 일기예보를 하는 코카콜라의 조형 사인물(weather forecast sign)을 비롯한 수많은 초대형 3D 조형물 빌보드와 대형 동작형(moving) 옥외 조형물을 창조했다. 자신을 '아이디어 맨 또는 콘셉트 메이커(idea man, concept maker)'라고 이야기했던 더글라스 리는 거리의 나무들, 거품방울, 인공 눈과 인공 안개, 심지어 살아 있는 기린까지도 광고 매체로 활용했으며 늘 창의적이고 혁신적 시도를 멈추지 않았다.

한국의 디지털 디스플레이 기술적 수준은 이미 세계적이며 매체 종류의 다양성 또한 크다. 하지만 표현의 방법, 다시 말해 광고 콘텐츠의 창의성 측면에서는 더 많은 도전이 필요하다. 옥외광고를 단순히 물건을 파는 '판매원(sales person)'으로 간주하기보다는 도시민을 대상으로 하는 다양한 소통을 돕고 도시에 활력과 즐거움을 주는 '엔터테이너(entertainer)'로서의 역할을 고민해야 할 것이다. 2021년 오비 어워즈(OBIE awards) 플래티넘 수상작으로 구글(Google)이 집행한 캠페인은 광고를 문화와 연계한 좋은 사례다. 사람들이 가장 많이 검색하는 질문을 영상 콘텐츠화해서 도심의 대형 디지털 빌보드에 집행했는데, 구글의 검색 서비스의 능력을 광고하는 동시에 '소비자의 호기심과 궁금증'을 해소해 주는 콘

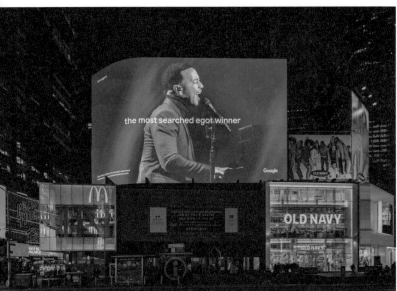

[그림 1-12] 구글의 2021년 디지털 빌보드 활용 검색엔진 광고 캠페인

출처: https://www.obieawards.com

텐츠를 제공했다는 면에서 칭찬할 만하다. 광고지만 보는 사람이 환영할 만한 광고다. 디지털 빌보드가 상업적 도구로서의 마케팅적 가치를 넘어서 시민들에게 사랑받기 위해서는 앞서 소개한 타임스스퀘어 광고의 혁신가인 '더글라스 리'의 혁신적 아이디어(innovative idea) 그리고 도시문화에 대한 감수성이 무엇보다 필요하다.

디지털 빌보드와 관련한 우려

디지털 빌보드가 지역사회로부터 비난 받는 주요 이유는 살기 좋은 도시환경을 파괴하고, 지나친 광량으로 야간에 시각적 부담을 주며, 무분별하고 자극적인 소재 방영을 통해 어린이들에게 악영향을 준다는 이유다. [9] 물론, 각 국가별로 디지털 빌보드에 대한 설치 규제, 광량 또는 소재에 대한 규제가 존재하지만, 디지털 빌보드를 기존의 전통적인 옥외광고를 규제하던 규범에 따라 일괄적으

---

9) 미국경관단체. http://www.scenic.org

로 규제하기에는 무리가 있다. 실제로, 한국과 같이 중앙정부 중심으로 전담 기관(한국옥외광고센터)을 두고 엄격하게 운영되는 국가는 드물다. 반면, 미국과 같은 국가는 연방법에 앞서 주(州)법이 우선되므로 광고 미디어의 운영에서 일관성을 가지기 어렵다는 문제점이 있다. [10], [11]

디지털 빌보드 광고 소재에 대한 규제 문제는 흔히 거론되는 문제지만 아직까지는 큰 사회적 물의를 일으킨 사례들이 발생하지는 않았다. 하지만 이 책의 첫 장에서 사례로 제시한 것처럼, 종종 디지털 빌보드에 음란 영상이 해커에 의해 무단 방영되는 사건이 발생하기도 했다. 이런 사례들은 디지털 빌보드 소재 관리 문제에서 그 심각성을 보여 준다. 물론 이러한 사례가 광고 소재 자체로 인한 문제는 아니지만, 디지털 빌보드가 악용될 가능성을 단적으로 보여 주는 것이다. 실제 국내 주요 언론 웹사이트에 음란 웹툰 광고가 무성함에도 법적 제재가 어려운 것은 실시간 모니터링이 어렵기 때문인데,[12] 같은 이유로 디지털 빌보드 역시 악의적으로 편성한 소재를 공적 기관이 감독하기란 불가능에 가깝다.

다음으로 광량에 대한 문제는 광고 소재나 설치 위치에 대한 논란만큼 크지는 않지만, 야간 활동량이 늘어난 현대 도시생활의 특성을 고려하면 지속적으로 이와 같은 문제가 불거질 것으로 생각된

---

10) 디지털 빌보드 관련 법제에 참조할 수 있는 미국 법제는 고속도로 경관법(The Highway Beautification Act of 1965 -23 USC 131이다.
11) 미국 법령검색. http://www.llsdc.org/sourcebook/state-leg.htm 사이트를 을 통해서 옥외광고 관련 미국 법령 자료를 얻을 수 있다.
12) 한국신문윤리협회. http://www.ikpec.or.kr

다. 『뉴욕타임스』는 미국 버지니아공대 교통연구팀(Virginia Tech Transportation Institute)의 연구를 인용하면서 디지털 빌보드는 주변 환경과 비교하면 10배 이상 밝고 전통 빌보드보다 3배 이상 밝다고 보도했다.[13] 해외에서는 디지털 빌보드 광량을 규정하고 있는데, 미국의 경우 일반적으로 주위의 밝기 수준에서 0.3 푸트캔들(약 3.23칸델라)을 넘어서는 안 된다고 권고하고 있다. 반면, 호주의 경우에는 주간 및 야간 최대치를 따로 규정하고 있다. 실례로 호주 브리즈번시의 사례에서는 노출 조도(luminance level)를 주간에는 최대 6000cd/㎡, 일출 및 일몰 시 최대 600cd/㎡, 야간에는 최대 300cd/㎡로 제한하고 있다.

또 다른 디지털 빌보드에 대한 결정적 우려는 운전자에게 시각적인 혼선을 유발해 교통사고 가능성을 높일 수 있다는 교통안전에 대한 우려다. 이미 세계 각국에서 정부 지원 또는 민간단체 지원으로 관련 연구가 다수 행해진 바 있지만, 현재까지도 뚜렷한 결론에 이르지는 못하고 있는 현실이다. 연구 결과가 일관적이지 못한 이유는 연구 지원 단체의 이권에 따라서 결과에 대한 해석이 자의적이며 운전자의 정보 처리가 우리 생각 이상으로 상황에 따라 복잡다양하기 때문일 것이다. 또한, 빌보드가 설치된 환경의 맥락(예: 고속도로, 도심, 시골길 등)에 따라서 도로 인접 자극에 대한 운전자의 반응 양상이 다른 이유도 고려할 수 있다.

한 아이트래킹(eye-tracking) 연구에 의하면 운전자의 주의를 끌

---

13) Richtel, M. (2010). Digital Billboards, Diversion Drivers Can't Escape. *New York Times*.

고, 교통정보 처리를 위한 인지적 자원(cognitive resource)을 빼앗아
가는 이유로 전통적 빌보드에 비교해 사고 위험을 더 높이고 있다
고 주장했다.[14] 또 2005년 텍사스 교통안전국(Texas Transportation
Institute)의 요청으로 진행된 한 연구에 의하면 동영상 빌보드는 운
전자의 시선을 과도하게 끌고 광고 메시지 독해에 더 많은 시간을
소요하게 되어 사고 위험성을 높인다고 지적했다.[15]

교통사고 위험 관련해서 논란이 되는 것이 디지털 빌보드의 역
동적 콘텐츠다. 이런 우려 때문에 디지털 빌보드에서 하나의 메
시지가 다른 메시지로 변경되는 데 걸리는 시간(transition time)을
1초에서 4초 사이로 제한하고 있고, 뉴질랜드의 경우 2초로 제한한
다. 또 호주는 1초로 제한하고 있다. 한편, 광고 메시지의 지속시간
(dwell time)이 짧으면 새로운 메시지로 자주 변환되기 때문에 운전
자에게 인지적 부담을 줄 수 있다. 따라서 미국에서는 개별 광고 메
시지의 지속시간을 4~10초 사이로 권고하고 있으며 다른 국가들
은 일반적으로 8초를 권장하고 있다. 국내는 한 화면의 지속시간
은 최소 9초 이상, 다른 화면으로의 전환시간은 최대 1초 이내를 원
칙으로 하고 있다.[16] 현재는 가장 주요한 문제로 지적되고 있지만,
디지털 빌보드로 인한 운전 부주의 문제는 자율주행차량과 도로와

14) Topolšek, D., Areh, I., & Cvahte, T. (2016). Examination of driver detection of roadside Traffic signs and advertisements using eye tracking. *Transportation research part F: Traffic Psychology and Behaviour*, 43, pp. 212–224.
15) Ullman, G. L., Brydia, R. E., Ruback, L., Arrington, D. R., & Voigt, T. (2016). *Installation of dynamic travel time signs and efforts to obtain and test a graphical route information panel* (GRIP) sign in Austin (No. FHWA/TX-15/5-9049-03-7). Texas A&M Transportation Institute.

차량 간 커뮤니케이션이 보편화되면 자연스럽게 사라질 것으로 기대하고 있다.

마지막으로 상기 문제 외에도 디지털 빌보드의 환경오염 유발을 거론할 수 있다. 구체적으로 1기의 디지털 빌보드는 매년 397,486kWh의 전기를 소비하는데, 이는 49개의 전통적인 빌보드가 소비하는 전기량과 같으며, 연간 약 109톤의 이산화탄소를 배출할 수 있는 전기량, 차량 18대가 생산하는 이산화탄소량과 같다.[17]

디지털 빌보드의 효과적인 관리와 활용을 기대하며

디지털 빌보드가 가장 발달한 미국의 사례를 살펴보면 국내와 비교했을 때 빌보드의 규격/표현에 대해서 비교적 규제가 적으며 상당수가 주(state) 단위의 자율규제 또는 협회(OAAA: 미국옥외광고협회[18])를 통한 규제에 따라 관리되고 있다. 이미 1900년에 이미 포스터 협회(Bill Poster's Association)을 통해 빌보드 표준 규격(42*28인치)이 제정되었으며 도로 환경법은 1960년대 이전에 이미 간접적으로 빌보드의 설치/운영을 제한하고 있었다. 1965년에 법으로서 효력을 인정받은 「도로 환경법(Highway Beautification Act)」은 상

---

16) 서울특별시 옥외광고물 등의 관리와 옥외광고산업 진흥에 관한 조례 [시행 2021. 7. 20.] [서울특별시조례 제8102호
17) U.S. GREEN BUILDING COUNCIL https://www.scenic.org/wp-content/uploads/2021/03/Digital-Billboards-Power-Consumption.pdf
18) https://oaaa.org

업 지역과 주거 지역을 구분해서 빌보드를 법적으로 규제하기 시작했고 전국단위 효력을 가지게 되었는데, 최초로 '규격/라이팅/설치 간격'에 대한 권고사항을 만들었다. 또 광고물에 대한 규제뿐 아니라 각 주의 지자체가 빌보드를 강제 철거하는 것을 금지하여 주정부로부터 광고회사들의 권익을 보호하는 역할도 담당하고 있다. 현재 미국 전역 도로에서 빌보드를 만날 수 있으나 4개 주는 환경 보호를 이유로 빌보드 설치를 금지하고 있다[버몬트(Vermont), 알래스카(Alaska), 하와이(Hawaii), 그리고 메인(Maine)주].

디지털 빌보드는 메타버스 스마트시티의 큰 축이 될 것으로 기대되는 동시에 과도기적인 논란도 크다. 국내는 여전히 관련 법제 이슈로 고속도로 야립의 디지털화가 지연되고 있지만, 국내 역시 디지털화가 진전됨에 따라 앞서 언급한 디지털 빌보드 관련 우려에 있어서 예외가 될 수는 없다. 따라서 우려를 불식시키고 부작용을 최소화하기 위해 사전 준비가 필요하다. 예컨대, 미국옥외광고협회는 자발적으로 디지털 빌보드에 표출되는 소재의 변환 속도(transition time)를 느리게 하고 회원사들에 역동적인 동영상 소재 활용을 지양하라고 권장하고 있다. 뿐만 아니라, 디지털 빌보드 매체사는 미디어 설치된 지역사회의 응급상황에 대한 정보(예: 날씨, 범죄, 재난 등)를 자발적으로 무상 표출함으로써 지역사회에 이바지하고 있다. 국내 역시 신규 설치된 디지털 빌보드에 날씨 변화를 포함한 공공정보 실시간 송출을 통해 시민에게 혜택을 제공하고 있다.

국내는 도심 전광판의 경우 각 행정자치구의 조례를 통해 공공목적 표출, 즉 공익적인 내용을 25~30%까지 방송하도록 법적으로

[그림 5-13] 서울 강변북로에 설치된 디지털 빌보드에서 송출 중인 공공정보
출처: 한국옥외광고센터 제공

규제하는 공익성을 강조한 미디어 관리모델을 이미 지양하고 있다. 이와 같은 법례들은 원격으로 실시간 소재를 송출/모니터할 수 있는 디지털 빌보드에 맞춰 수정/보완이 필요하다. 국내 광고정책 입안자들은 정책 입안에 앞서 이와 같은 해외의 사례와 국내의 독특한 실정을 충분히 검토하는 것이 필수적이다.

디지털 빌보드는 광고 산업의 새로운 기대 영역인 동시에 소통을 통해 스마트시티를 소통하는 도시로 만드는 큰 동력이 될 것으로 기대된다. 국내에 디지털 빌보드의 확산에 앞서 정부 및 관련 학계는 디지털 빌보드에 대한 타당한 규제와 설치/운영 기준을 입안하는 동시에 발생 가능한 문제들을 사전에 진단하고 대비책을 마련해야 할 것이다. 더불어 디지털 빌보드가 상업적인 동시에 공공적 목적으로도 적극적으로 활용되고 시민들의 사랑을 받을 수 있도록 정부는 민간과 상생할 방안을 고심해야 할 것이다.

앞서 강조한 것처럼 디지털 빌보드에는 다양한 장점이 있다. 반면에 디지털 빌보드의 빠른 성장 이면에 다양한 문제점도 대두되었다. 다음 〈표 5-1〉에는 디지털 빌보드가 도시에 주는 장점과 단점을 요약해 정리해 보았다. 단점 부분은 미국의 대표적 경관보호 시민단체인 시닉 아메리카(Scenic America)의 보도자료[19]를 토대로 디지털 빌보드에서 운영 시 흔한 문제점들을 정리했음을 밝힌다.

〈표 5-1〉 디지털 빌보드 도입과 관련한 장단점 분석

구분	내용
장점	1. 다수의 상업 및 비상업 콘텐츠가 하나의 빌보드에 표출될 수 있다. – 매체사 입장에서 다수 광고주 유치를 통한 추가 수익 창출 2. 원격통제를 통해 화면교체가 용이하며 콘텐츠 교체에 따른 근로자 안전 우려가 없다. – 기존 빌보드의 경우 추락사 등 다양한 사고가 발생할 수 있음 3. 원격통제를 통해 화면교체 시 발생하는 도로 교통 체증을 최소화한다. 4. 디지털 빌보드는 광고뿐 아니라 법 집행, 공공안전을 위한 긴급 메시지 전달에 활용될 수 있다. – 예) 어린이가 실종되었을 때 작동되는 미국의 Amber Alert 프로그램 – 예) 미국 FBI의 전국단위 지명수배 광고 5. 사고, 도로공사 혹은 특별 행사의 상황일 때, 운전자에게 교통 방해와 우회도로를 알리기 위해 도로교통공사에 의해 사용될 수 있다. 6. 전통적인 빌보드에 쓰였던 종이와 비닐을 없애, 전통적 방식으로 교체했을 때 사용되는 유독한 화학물질과 재료, 연료를 줄일 수 있다.

---

19) http://www.scenic.org

장점	7. 현재 디지털 빌보드는 과거 디지털 빌보드/전광판과 비교하면 전력 절반을 사용한다.
	   – 향후 기술의 발전에 따라 요구 전력량이 줄고 화면 두께도 줄어들 것이다.
	8. 오래된 전통 빌보드를 교체를 통해 도시환경을 개선한다.
	   – 첨단 디지털 빌보드는 스마트시티에 활력소로 작용할 수 있다.
	9. 현존하는 전통 빌보드의 총 갯수를 감소시킬 수 있다.
	   – 현존 빌보드의 양을 줄이고 대신에 고급화를 모색할 수 있다.
	   – 예: 기존 빌보드 3기를 없애고 1기를 디지털로 교체(미국 일부 지역의 설치조건)
	10. 첨단기술을 통해 주위 밝기에 따라 빛의 정도가 자동으로 조절된다.
	   – 운전자 시선 분산에 따른 교통사고에 대한 우려를 최소화할 수 있다.
	11. 국가와 지자체의 통제에 따라 과다한 애니메이션 사용을 막을 수 있다.
	   – 단, 미국의 경우 지자체에 따라 상이한 기준을 제시하고 있다.

단점	1. 고화질 LED 활용으로 명료성이 높고 메시지와 이미지가 자주 바뀌는 빌보드의 경우 운전자의 중요 교통정보 인식을 저해할 수 있다. 2. 운전자에게 운전에 집중을 방해하고 부주의(distraction and inattention)를 유발할 수 있다. 3. 높은 광량으로 설치 인접지의 주거환경에 부정적인 영향을 초래할 수 있다. 4. 기술이 발전하고 있지만, 여전히 전기량 소모가 크며 화학적 문제와는 다른 형태의 환경오염을 유발할 수 있다. 5. 어린이/청소년들에게 주류/담배/도박 광고와 같은 유해 영상 콘텐츠 노출될 수 있다. 6. 실시간 광고 집행으로 외부 공적 기관이 광고 콘텐츠에 대한 검수 및 징벌이 힘들다.

디지털 빌보드 미래 연구과제 및 정책과제

이 장에서는 디지털 빌보드의 개념과 메타버스 스마트시티에서 디지털 빌보드가 지니는 가치 및 시장성에 대한 전반을 다루었고 관련해서 국내 디지털 빌보드 사업과 정책에 주는 시사점을 정리해 보았다. 향후 디지털 빌보드 관련 연구가 절실하며 그 내용은 크게, ① 콘텐츠 수용자(audience)로서 도시민에 관한 연구, ② 디지털 빌보드를 사용하는 미디어 바이어(media buyer) 또는 광고주(advertiser)에 관한 연구, ③ 디지털 빌보드와 교통사고(traffic accident) 관련 연계성 및 안전성 강화에 관한 연구, ④ 디지털 빌보드의 커뮤니케이션 효과연구, ⑤ 도시문화를 만드는 디지털 빌보드 크리에이티브(creative)에 대한 연구, ⑥ 디지털 빌보드 정책과 법제연구의 총 여섯 가지 방향에서 추진되어야 한다.

이 연구과제 가운데서 크리에이티브에 대한 연구는 특히 등한시되어 왔다. 빌보드는 광고의 시발점으로 모든 미디어의 기본이 되어 왔다. 디지털 빌보드가 도로의 전통적 빌보드를 대체해 가는 요즘에도 전통적 빌보드는 여전히 도시의 풍경을 조성하는 도구로서 큰 역할을 담당하고 있다. 빌보드는 오랜 역사를 통해 발전되어 왔고 각 지역의 고유한 문화적 사회적 가치를 반영하고 있어, 특정 지역의 빌보드를 연구해 보는 것은 해당 지역의 도시문화와 시장 환경을 이해하는 데 도움을 줄 뿐 아니라 향후 광고를 기획/제작하는 데 좋은 참고가 될 수 있다. 미국은 과거의 빌보드 광고 크리에이티브를 역사의 한 부분으로서 보존하고 있어 학계/업계에 좋은 교훈을 전해 주고 있다. 특히 듀크 대학교의 옥외광고 자료실인 **로드**(Resource of Outdoor Advertising Descriptions: ROAD)[20]는 1920년대

---

20) https://repository.duke.edu/dc/outdooradvertising

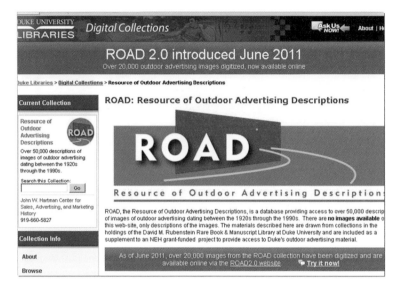

[그림 5-14] 듀크 대학교의 옥외광고 자료실

출처: ROAD: Resource of Outdoor Advertising Descriptions

부터 1990년대에 걸쳐 총 3만 점에 육박하는 빌보드 광고안을 디지털 파일로 보존하여 도시문화 및 광고 연구자에게 유용한 정보를 제공하고 있다. 아쉽게도 국내 옥외광고의 경우에는 디지털 자료실이 없어 광고 산업을 발전시키고 문화적 표현을 기록하지 못하고 있다는 아쉬움이 남는다. 향후에는 국내에서도 옥외광고 크리에이티브 연구를 통해 국내 광고 산업이 질적으로 발전할 수 있기를 기대한다.

한국에 디지털 빌보드가 도입되고 확산되는 것은 광고 산업과 빌보드 연관 산업뿐 아니라 침체된 지역경제 및 관광 산업을 활성화하는 데도 이바지할 것이다. 하지만 정치적 또는 경제적 여건에 의해 급작스럽게 디지털 빌보드가 도입된다면 미국을 포함한 선진국

[그림 5-15] LA 새크라멘토 주요 도로에 설치된 다수의 디지털 빌보드

출처: https://www.latimes.com/politics/la-pol-ca-more-digital-billboards-proposed-20180617-story.html

들이 경험한 것 이상의 호된 진통을 겪을 것이 자명하다. 한국에 디지털 빌보드가 적극적으로 도입되기에 앞서 한국이라는 독특한 사회문화적 맥락(social and cultural context)에 적합한, 소위 한국형 디지털 빌보드 지침을 마련할 뿐 아니라 디지털 빌보드 관련 문제점 시뮬레이션을 통해 앞서 언급한 디지털 빌보드 설치 및 운영에서 발생할 수 있는 다양한 문제점에 능동적으로 대비해야 한다. 해외의 경우 고속도로 대형광고물을 통제하는 종합적 기관이 부재하며, 이로 인해 과도한 상업화 및 경관 파손이 이어지고 있다. 예컨대, LA 새크라멘토(Sacramento) 주요 구간에는 디지털 빌보드가 연이어 설치되어 교통안전 및 시민 생활에 부정적 영향을 주고 있다.[21]

한국에는 디지털을 포함한 전체 옥외광고물에 대한 책임 기관으로 한국옥외광고센터[22]가 존재하며 국가적 단위에서 디지털 빌보드

의 운영 및 통제를 할 수 있다는 독특성이 있다. 예컨대, 현재 한국 옥외광고센터가 전문위원의 검토를 통해 디지털 빌보드에 송출될 소재에 대한 검증(audit)을 진행하고 있다. 이와 같은 '옥외광고물 관리 시스템[23]'을 통해 음성적이거나 지나치게 자극적인 소재가 공공

[그림 5-16] 한국옥외광고센터가 운영하고 있는 옥외광고물 관리 시스템

출처: http://adtm.ooh.or.kr

21) Digital billboards have nearly tripled along California freeways—and state officials are proposing more https://www.latimes.com/politics/la-pol-ca-more-digital-billboards-proposed-20180617-story.html
22) https://www.ooh.or.kr

에 노출될 문제점을 미리 예방하고 있다. 한국옥외광고센터는 현재의 기금조성용 옥외광고 사업의 행정주체로서의 역할을 넘어서 스마트시티 옥외 커뮤니케이션을 총괄하는 '옥외광고 진흥기구'로서 역할이 확대될 것으로 기대된다. 이를 통해 산업의 양적·절적 향상을 도모하여 장기적으로 우리나라 도시경관과 커뮤니케이션 산업 전반의 수준을 높일 수 있어야 할 것이다.

디지털 빌보드를 안정적으로 도입하기 위한 정책적 과제를 살펴보면 다음과 같다.

첫째, 디지털 옥외광고 관련한 표준화 사업이 선행되어야 한다. 표준화 과정에서 디지털 빌보드를 포함한 신규 디지털 광고 전반에 도입하고, 지속해서 광고 관련 하드웨어, 콘텐츠, 광고 시청량 지표 등의 표준을 만드는 **광고/미디어 표준화 사업**을 추진해야 한다. 표준화 과정에서는 산·학·관·연의 협업 조율을 통해 타당성 있는 표준을 개발하는 것이 필수적이다. 이런 과정에서 한국옥외광고센터나 **한국스마트사이니지포럼**[24]을 비롯한 관련 기관이나 협회가 조율자의 역할을 하는 것도 중요하다.

둘째, 광고물 제작과 운영에 있어서 통합된 업무 및 행정지침을 제공해야 할 것이다. 디지털 빌보드를 이미 도입한 해외의 경우 다양한 디지털 광고물이 단시간에 난립하면서 해킹, 사생활 침해, 안전사고를 포함한 각종 문제로 이미 시행착오를 보여 주었다. 타 국가의 시행착오를 통해 한국옥외광고센터는 안정적인 사업을 운영

---

23) http://adtm.ooh.or.kr
24) http://ssforum.or.kr

할 수 있는 행정주체가 되어야 할 것이다. 다음으로, 디지털 빌보드 안전도 진단 사업이 진행되어야 한다. 디지털 빌보드 도입에 있어서 해외의 경우와 같이 광고물이 물리적인 장애나 위험을 일으키지 않도록 규정하여, 광고물이 운전자나 보행자 또는 자전거 이용자의 움직임에 방해되지 않도록 하는 부분이 선행되어야 한다. 이를 위해서 대부분 국가는 옥외광고와 전자식 가변 메시지 광고물(CEVMS: Commercial Electronic Variable Message Sign)의 안전에 관한 연구 결과에 관심을 두고 있다. 대부분 국가는 전자식 게시물이 교통과 공공안전에 미치는 잠재적 영향에 관한 연구의 중요성에 대하여 크게 공감을 하고 있으며 이를 위한 민·관·학 차원의 연구와 이를 통한 기준 수립이 이루어지고 있다. 디지털 빌보드의 안전도를 높이기 위해서는 상당 부분 다양한 학제적 연구를 통한 기준 수립과 기존 빌보드 사업자의 사례연구를 통해서 안전 인증에 대한 기반을 마련해야 한다. 나아가서 기술의 안전도는 단순히 구조물의 내구성에 대한 것뿐 아니라 광량에 따른 시민의 민원 가능성, 광량 및 콘텐츠 운영에 따른 운전자의 인지적 부담 등의 광범위한 안전 이슈를 포괄하기 때문에 인증에 대한 재해석이 요구된다. 한국정보통신기술협회(TTA)[25]가 이미 다양한 디지털 사이니지 관련 기술인증을 담당하고 있지만, 인증의 범위와 인증기관의 역할을 넓히고 인증 내용을 보다 정교화할 필요가 있다.

셋째, 광고 효과 측정과 시청량 검증을 제안한다. 향후 한국옥외

---

25) https://www.tta.or.kr

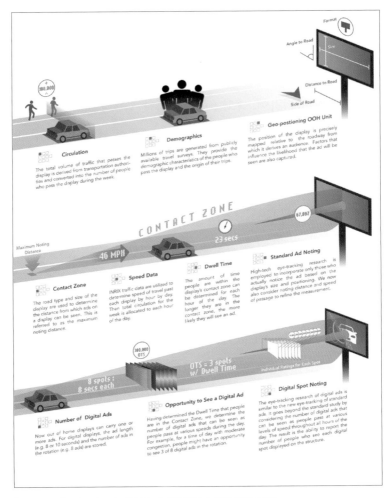

[그림 5-17] **지오패스의 전통 및 디지털 빌보드 측정 방법 도해**

출처: https://geopath.org/geekout

광고센터가 '디지털 옥외광고미디어랩'으로서 임무를 수행하고 이

를 전체 옥외광고 산업으로 확장하기 위해서는 이를 위한 가장 기

초적인 주요 고속도로 및 고속화도로의 교통량과 운전자/보행자

행태조사, 옥외 시청자 측정 정보 시스템과 효과 측정 지표에 대한

고도화 및 표준화가 필요하다. 마치 방송 미디어의 시청률이나 디지털 미디어의 노출량 척도와 같이 옥외광고에서 통행량은 미디어 시장에서 화폐(currency)의 기능을 담당하기 때문이다. 1933년 설립된 미국의 TAB(Traffic Audit Bureau for Media Measurement Inc)은 현재 지오패스(Geopath)라는 이름으로 운영되고 있으며 미국 내 대형 광고물에 대한 시청률 검증(audience audit)을 담당하고 있다. [26] TAB는 미국에서 방송 및 디지털 미디어의 수용자 데이터를 검증하는 기관인 MRC(Media Rating Council)[27]와 유사한 기능을 담당한다고 이해할 수 있다.

메타버스 스마트시티의 신경망으로서 디지털 빌보드의 미래

전통적 형태의 빌보드가 디지털 전환하는 것은 돌이킬 수 없는 흐름이다. 고도의 정보공간인 스마트시티가 시민들에게 효과적으로 소통하는 데 있어서 도시의 신경망으로 기능하는 디지털 빌보드의 역할이 상당할 것으로 기대된다. 우리가 감염병 사태를 통해 겪어 온 것처럼 '촌각을 다투는 공공정보'의 신속한 전달을 위해서는 모바일 메시지를 통한 개별적 전달에는 한계가 크다. 구체적으로 모바일 메시지를 통한 공공정보는 개인에게 인지적 부담을 줌

---

26) https://geopath.org
27) http://mediaratingcouncil.org

[그림 5-18] 미국 뉴멕시코에서 집행된 '사회적 거리두기 촉구'를 위한 디지털 빌보드 캠페인

출처: https://www.kob.com/albuquerque-news/nonprofit-unveils-billboards-to-encourage-social-distancing/5694278

으로써 성가심을 유발한다는 점이 문제점으로 지적되기도 했다. 반면, 수용자 관점에서 각종 요긴한 정보를 큰 노력 없이 편안하게 받아들일 수 있다는 점에서 디지털 빌보드는 매우 효과적이다. 하지만 이 장에서 언급한 것처럼 큰 가능성 뒤에는 문제가 될 수 있는 잠재적 위험이 숨어 있음을 간과해서는 안 된다. 앞서 살펴본 디지털 빌보드 도입에서 발생한 해외의 시행착오들을 검토하고 또 우리 사회문화적 환경과 시장구조에 관한 연구를 통해 국내 스마트시티에 디지털 빌보드가 성공적으로 안착할 수 있기를 고대한다.

06

테코레이션 실현을 위한
디지털 사이니지 그리고
메타버스와의 접목

QR코드를 통해 저자의 소개 영상을 시청하실 수 있습니다.

이남경
한국전자통신연구원 미디어지능화연구실장

• • •

스마트시티를 데코레이션(decoration)하기 위해서는 정보(콘텐츠), 정보의 수집 및 전달, 정보의 표현을 위한 기술 등이 필요하다. 이 장에서는 스마트시티를 실현(테코레이션)하기 위한 한 방법인 디지털 사이니지의 기술적 측면에 대해 다루려고 한다.

정보 전달의 디지털화

1990년대 후반부터 보급된 초고속 통신망은 정보의 디지털화, 전달의 디지털화를 촉발하는 계기가 되었다. 전통적·일반적으로 도시의 얼굴 역할을 해 오던 정보 전달 신호·표지 체계인 사이니지가 IT 기술 발전과 사회적인 정보 요구 증가에 대응해 디지털화되어 디지털 사이니지[1]로 진화했으며, 이는 일상의 소통 플랫폼으로 도시의 이미지를 형성하는 테코레이션의 큰 역할을 담당하게 되었다.

2000년대 이전의 테코레이션은 건축물, 조형물, 구조물, 조경 등에 의존하는 경향이 컸으며 사이니지는 정보 전달보다는 사실 전달을 위한 수단이었다. 상점의 간판, 길가에 무분별하게 붙어 있던 현수막, 전봇대에 붙어 있던 각종 광고 등은 상업적 수단으로 이용되었으며 상업적 목적 달성에 치중한 나머지 도시의 미관은 뒷전

---

1) 디스플레이 장치를 통해 광고 및 정보를 제공하는 서비스를 총칭하며, 공공장소와 상업공간에 설치되어 네트워크를 통해 정보, 오락, 광고 등의 미디어 서비스를 제공하는 콘텐츠, 플랫폼, 네트워크가 결합된 융복합 정보매체(디스플레이)를 의미한다.

[그림 6-1] 사이니지의 디지털화

(좌: 1951년 인천 상점광고, 우: 2015년 런던 피카딜리 광장 옥외광고)

출처: (좌) https://m.blog.naver.com/PostList.naver?blogId=keun5604 / (우) 삼성전자

으로 물러났다. 하지만 ICT 기술의 발전에 따라 정보가 디지털화 되고 이에 힘입어 사이니지도 스마트화를 지향하며, 수단으로서의 사이니지에서 우리 삶과 도시의 지향점을 대변하는 스마트 사이니 지로 변화했다. 즉, 디지털 사이니지는 제한된 환경에서 정보의 가 시화(Visualization)가 1차적인 목표였으며, 초고속 정보통신망을 비 롯한 정보통신 기술, 영상압축 및 전송 기술, 디스플레이 기술, 센 서를 통한 사물 인터넷 기술, 빅데이터 기술 등의 발전 그리고 이들 과의 융합을 통한 효율적인 정보 전달 및 공유, 주변 환경과의 조화 를 살필 수 있게 되었다.

초기 디지털 사이니지는 아날로그 광고판을 디지털 디스플레이 장치로 바꿈으로써 LCD 모니터로 변환된 전광판 형태로 단순히 영 상정보(광고, 정보 제공, 뮤직비디오, 뉴스, 안내 영상 등)을 송출하는 단방향 영상기기였다. 여기에서 좀 더 발전한 양방향 디지털 사이 니지는 네트워크 기반의 중앙 관리 및 사용자 입력장치(예: 터치스크린 등)을 이용하여 매체와 소비자 간 양방향 소통이 가능한 방식으로 키오스크를 활용해 인터넷으로 실시간 정보를 제공한다. 양방향 디지털 사이니지에서 좀 더 발전한 상황인지형 디지털 사이니지는 센서 기술, 통신 서비스, 모바일, 클라우드 같은 다양한 핵심 기술이 융합되어 적극적인 소통과 공유가 이루어지는 융합형 미디어 서비스다. 상황인지 및 인터랙티브 인터페이스 기술은 소비자에게 맞춤형 광고 콘텐츠를 제공할 수 있게 해 주었다.[2]

앞서 살펴본 바와 같이 정보의 디지털화와 정보의 공유, 활용을 위한 인터페이스 기술의 발전에 따라 목적에 맞는 융합형 미디어 서비스, 디지털 사이니지를 선택할 수 있게 되었다.

정보 전달의 목적

디지털 사이니지는 이미 우리 생활 속에 깊숙이 자리를 잡고 있다. 공익 목적의 디지털 사이니지는 공공정보, 교통정보, 환경정보(대기오염 상태, 미세먼지 등), 비상긴급정보 등을 제공한다. 예를 들어, 대중교통을 이용하는 동안 우리는 비록 인지하지 못하더라도 이미 상당히 많은 공공정보를 접하고 있다.

상업용 디지털 사이니지는 다양한 상품정보를 제공하여 마케팅 활동을 지원한다. 커피숍이나 음식점에 들어서면 디스플레이에서

---

2) 이안나(2020. 09. 18.). 슬기로운 소비생활. 65인치 사이니지, 이거 TV인가요?, 디지털데일리.

[그림 6-2] 공공 디지털 사이니지

출처: (좌) https://www.bodnara.co.kr/bbs/article.html?num=144844, (우) https://news.v.daum.net/v/20210203153656150?s=print_news

메뉴를 확인하고 키오스크로 주문을 한다. 차를 타고 드라이브스루(Drive Through)에 들어서면 디지털 화면을 보고 메뉴를 고른다.

디지털 사이니지는 소비자의 콘텐츠 이용 방식에 따라 단방향, 양방향, 모바일 결합형으로도 구분할 수 있다. 단방향 디지털 사이니지는 옥외광고처럼 불특정 다수에게 정보를 송출하는 반면, 양방향 디지털 사이니지는 소비자와 정보를 주고받으며 상호작용한다. 이 외로는 모바일 결합형 디지털 사이니지와 같은 경우 스마트폰에서 주고받는 개인의 메시지를 공공장소에 표출한다.

이와 같이 디지털 기술을 활용해 영상과 정보를 네트워크를 통해 디스플레이 기기, 스크린, 프로젝션, 사물 스크린 등에 표시하고 관제하는 미디어 융합 플랫폼인 디지털 사이니지는 도심거리, 대중교통, 음식점, 백화점, 영화관 등 우리의 일상에서 어렵지 않게 만날 수 있으며, 효과적인 정보 전달과 다양한 환경에서 사용할 수

[그림 6-3] 상업용 디지털 사이니지(디지털 메뉴보드)
출처: 삼성전자

있는 장점이 있어서 시장 규모도 지속적으로 증가하고 있다.

정보의 수집

정보의 수집은 디지털 사이니지뿐만 아니라 모든 서비스의 시작
이다. 다양한 상황정보를 기반으로 위치나 환경 등 주변 상황을 인
지하여 사용자(또는 도시)의 요구에 부응할 수 있는 맞춤형 서비스
를 제공할 수 있으며, 이와 같은 상황인지기반 서비스는 의료, 교
육, 재난 및 구조, 쇼핑 등 많은 분야에서 널리 응용되고 있다.[3]

　　사물 인터넷 기술(센싱 기술)의 발전에 힘입어 정보를 사용자에게서 직접 수집할 수도 있으며, 다양한 센싱 기술을 활용하여 온·습도, 조도, 열 감지, 가스·연기 감지, 풍량·풍향 감지, 움직임 감지, 위치(GPS), 영상(카메라)뿐만 아니라 사용자 상황 등의 정보를 간접적으로 수집할 수 있다. 스마트시티를 구성하는 사용자, 도시의 환경(날씨, 일조, 조도, 대기의 질, 재난 상황), 교통 상황 등이 수집 대상이 될 수 있다. 다양한 센서에서 수집된 수많은 양의 데이터는 주로 가공되지 않은 비정형 데이터이기 때문에 목적에 맞게 제대로 활용하기 위해서는 빅데이터에 대한 분석과 가공이 필요하다. 여기에 방대한 형태의 데이터로부터 학습을 통해 목적에 맞는 최적의 답을 찾을 수 있는 인공지능 기술이 활용된다. 사물 인터넷 기술, 빅데이터 기술, 인공지능 기술은 결합하여 스마트시티를 만들어 가는 중요한 기술 체인을 형성한다.

〈표 6-1〉 스마트시티에서 수집될 수 있는 정보의 종류

기술 요소	내용
식별 정보	사람(성별, 연령, 인원수 등) 또는 사물 등
사용자 생리학적 정보	시선, 혈압, 심박 수, 체온 등
공간적 정보	장소, GPS 좌표, 속도 및 가속도 등
시간적 정보	날짜, 시각, 요일, 계절 등
환경적 정보	날씨, 기온, 습도, 밝기, 소리, 주변 교통 상황, 주변 재난 상황 등

---

3) 노광현, 이석기(2014). 키넥트를 활용한 상황인지형 디지털 사이니지 연구. JIIBC 2014-1-34, pp. 265-273.

[그림 6-4] 다양한 센싱 기술을 활용한 정보의 수집
출처: https://kr.cyberlink.com/faceme

정보 표현을 위한 디스플레이

디지털 사이니지는 비즈니스 텔레비전 또는 디지털 정보 디스플레이(Digital Information Dispaly: DID)로 불리며 정류장, 상업용 매장, 키오스크 등 활용범위가 무궁무진하다.

발광 다이오드(Light Emitting Diode: LED), 액정표시장치(Liquid Crystal Display: LCD), 프로젝션, 홀로그램 등 디스플레이 소재의 특성에 따라 디지털 사이니지로 구분하기도 한다. LED는 햇빛과 기온, 습도를 잘 견디기 때문에 주로 옥외에서 사용하고, LCD는 주로 실내에서 사용된다. 2018년 코엑스 밀레니엄 광장에 설치된 기둥 사이니지는 국내 최초로 실외용 LED를 실내에 구축한 사례다.

[그림 6-5] 코엑스 밀레니엄 광장에 설치된 사이니지

출처: https://www.yna.co.kr/view/AKR20180404061800005

디지털 사이니지는 옥외에 설치되는 경우가 많은데, 실내와는 달리 온도나 강한 자외선 등의 영향을 최소화시켜 선명한 화면을 보여 주기 위해 무엇보다도 패널의 신뢰성이 높아야 한다. 또한 여러 개의 디스플레이를 연결한 멀티비전으로 사용되는 경우가 많으며 화면과 화면 사이의 경계선, 즉 베젤이 얇을수록 자연스러운 화면 구현이 가능하다.

이와 같은 디스플레이는 LCD, LED, OLED, QLED, mini LED

등이 있으며, 크게 후면의 백라이트가 있는 LCD, LED와 백라이트가 없는 OLED로 나뉜다. LCD와 LED는 후면에 빛을 비춰 주는 조명(백라이트)이 필요한데, LCD는 백라이트로 형광등과 유사한 소자를 이용하고, LED는 LED램프를 이용한다. 이에 반해 OLED(Organic Light Emitting Diode)는 패널 구성 소자가 스스로 빛을 내기(자발광) 때문에 백라이트가 필요 없으며 이로 인해 디스플레이를 아주 얇게 만들거나 접는 등 다양한 응용이 가능하다.

디지털 사이니지는 멀티 디스플레이로서 실내외를 아우르기 때문에 오랜 시간 켜져 있고, 똑같은 화면을 장시간 띄워 놓는 경우도 많다. 또한, 외부 환경에 설치되기도 하므로 비를 맞거나 햇빛이 쏟아지는 환경에 노출되며, 공공장소에서 많은 사람의 시야각도 고려해야 하기 때문에 텔레비전보다 더 큰 화면과 멀티비전으로 구현하는 경우가 많고, 내구성도 강해야 한다. 가정용 TV의 하루 권장 사용 시간은 8시간이지만 사이니지는 패널 수명이 2~3배 높아 하루 16~24시간 켜 놔도 액정이 흘러내리지 않는다. 밝기 역시 가정용 TV가 200~300nit 정도인 반면 사이니지는 장소에 따라 250~4000nit로 범위가 넓다.[4]

우리나라는 디스플레이 분야의 세계적인 두 기업이 디스플레이 시장을 주도하고 있으며 맞춤형 디스플레이 시장에서 중소기업이 틈새시장을 공략하고 있다. 시장조사업체 옴디아에 따르면 2020년 1분기 기준 디지털 사이니지 시장 점유율은 34.2%의 점유

4) https://blog.naver.com/wjdehdtjs89/222269615705 (스마트폰 디스플레이 패널 종류)

율을 가진 ㈜삼성전자가 1위, 14.5%의 점유율을 가진 ㈜엘지전자(LG Electronics)가 2위를 차지했다. 마켓앤마켓은 디지털 사이니지의 성장 요인으로 신흥 국가의 인프라 개발 증가, 4K 및 8K 해상도 디스플레이에 대한 수요 급증, 디스플레이의 지속적인 기술 발전 등을 제시했다.

정보 공유를 위한 체계화

디지털 사이니지는 사용 중인 시스템 대다수가 폐쇄적이고 독자적이기 때문에 상호 운용성이 부족하다. 따라서 종단 사용자가 다른 제조업체나 오퍼레이터로부터 제품이나 서비스를 결합하여 사용하거나 다른 특징을 갖는 다양한 종류의 단말을 사용하기 위하여 산업체에서는 상호 운용 가능한 디지털 사이니지 솔루션을 위한 기술적인 표준을 정의한다. 현재 디지털 사이니지 기술에 대한 표준화는 ITU-T, POPAI(Point of Purchase Advertising International), W3C 등에서 진행되어 왔다.[5]

ITU-T H.780 권고의 본문에서는 디지털 사이니지 시스템 아키텍처, 요구사항, 기능 구조와 주요 특징, 메타데이터 및 단말 인터페이스 등을 기술하고 있다. POPAI는 1936년에 설립된 도매 산업 마케팅을 위한 국제무역협회로서 약 1,400개 이상 업체가 가

---

5) 허미영, 강신각(2012). 디지털 사이니지 기술 표준화 동향. 전자통신동향분석. 27(5), 73-85.

입되어 있다. POPAI 산하의 디지털 사이니지 그룹(Digital Signage Group)에서는 사이니지 기술과 응용 프로그램 채택을 위해 사용자 요구사항 정의, ROI(Return On Investment), 광고 효과 분석 등의 연구와 표준 문서도 개발하였다. W3C(World Wide Web Consortium)의 산하 웹 기반 사이니지 비즈니스 그룹(Web-based Signage Business Group)은 웹 기반의 디지털 사이니지 표준에 관심 있는 단체와 업체들로 구성된 그룹으로, 설립 목적은 기존 웹 표준보다 더욱 스마트한 웹 브라우저 기반의 디지털 사이니지의 확산을 위해 사용 사례와 시스템 이미지/모델을 정의하는 데 있다.

2012년 6월 창립된 한국텔레스크린협회에서는 디지털 사이니지 관련 표준화 기반 구축 및 표준 개발을 5대 주요 사업의 하나로 설정하고, 수행을 위한 조직으로 표준 인증 분과를 설립하였다. 2012년 9월에는 협회, 방통위, TTA, ETRI, 디지털 사이니지 사업자로 구성된 '디지털 사이니지 표준 포럼'을 구성하여 표준화의 내용 및 범위 등을 논의하였으며, 「옥외 광고물 등 관리법」 개정, 「텔레스크린 육성 특별법」 제정 필요성 검토, 산업 발전을 위한 중장기 발전 전략 수립, 디지털 사이니지 서비스 발굴, 상용화 기반 조성을 위한 시범 서비스 기획 등의 다양한 활동을 진행하고 있다.

정보 가공, 표현의 스마트화: 디지털 사이니지 서비스

스마트시티는 ICT 기술을 활용하여 도시 내 시설물을 지능화함으로써 도시의 경쟁력과 도시 구성원들의 삶의 질 향상을 도모하며 이를 위한 정보제공 수단으로서 디지털 사이니지를 활용한다.

앞서 살펴본 바와 같이 디지털 사이니지는 디스플레이 장치를 통해 광고 및 정보를 제공하는 서비스를 총칭하며, 공공장소와 상업공간에 설치되어 네트워크를 통해 정보, 오락, 광고 등의 미디어 서비스를 제공한다. 이 장에서는 다양한 기술의 융복합 미디어 서

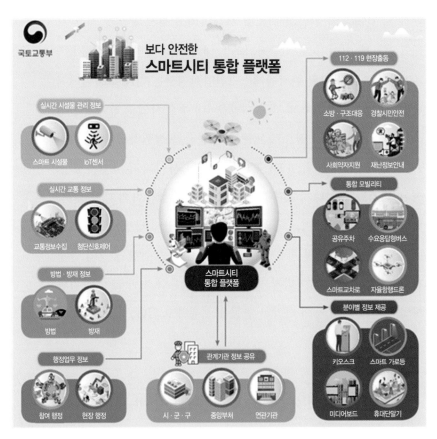

[그림 6-6] 스마트시티 통합 플랫폼

출처: 국토교통부(2020). 스마트시티 통합 플랫폼 기반 구축.

비스인 디지털 사이니지 서비스 제공을 위한 기술 개발 흐름을 간략히 살펴보고자 한다.

먼저, 디지털 사이니지는 콘텐츠 및 관련 S/W, 콘텐츠를 분배하고 전송하기 위한 네트워크, 디스플레이 장치, 중앙 관리 · 제어 시스템(플랫폼) 등으로 구성되며 기술 구성의 특징으로는 양방향화, 네트워크화, 상황인지, 미디어 커뮤니티, 실감화가 있다.

〈표 6-2〉 디지털 사이니지 기술 요소

기술 요소	내용
양방향화	센서 및 인식 기술 등을 적용해 사용자 인터랙션을 이용한 새로운 서비스 가능
네트워크화	독립적 운영을 넘어 네트워크를 통해 사람–휴대기기–웹–자동차 등 다양한 외부객체와 연결되고 있음
상황인지	시청자의 반응 · 성향 분석뿐만 아니라 주변 상황을 인지하고 반영(개인 맞춤형 서비스 가능)
미디어 커뮤니티	미디어 중심의 관계정보를 기반으로 동적 커뮤니티를 생성하고 미디어 라이프타임을 제어함으로써 미디어의 경직성을 해소하고 능동적 미디어 소비환경 제공
실감화	디스플레이 패널이 형태와 소재 면에서 다양화되어 초고화질 영상 기술, 홀로그램, 가상 · 증강현실, 오감 기술 등의 활용으로 몰입감 극대화

출처: 디지털 사이니지 산업동향 보고서(2016).

다음에서는 국가 R&D로 한국전자통신연구원에서 수행한 디지털 사이니지 서비스 플랫폼 기술을 기술 요소 관점에서 간략히 살펴보고자 한다.

1) 상황인지형 텔레스크린 시스템 기술 개발
(2012~2015)

상황인지형 텔레스크린 시스템 기술은 키오스크 앞의 사용자를 인식하여 성별, 연령대 등을 파악하고, 시선을 추적하여 사용자의 관심 영역에 해당하는 콘텐츠를 제공하는 기술로 ITU 전권회의(2014) 안내 시스템 및 KOBACO 방문자 분석 시스템(2014)으로 활용되고 있다. 이러한 상황인지형 텔레스크린 시스템은 디지털 사이니지와 네트워크를 결합하여 공간 및 개인 상황 정보를 수집/분석하고 양방향 인터랙티브 서비스를 제공할 수 있다.

주요 기술 개발 항목으로는, ① 디지털 사이니지 콘텐츠 표준화, ② 다양한 센서 및 네트워크를 사이니지 주변의 상황을 인지하는

"i-Vision 3.0": 클라우드 기반 권역별 사이니지 플랫폼
• 스마트 콘텐츠 스케줄링 기술 및 맵 기반 모니터링 기술을 통한 사이니지 콘텐츠 플랫폼(제2롯데월드 수족관)

"하이브리드 쇼케이스": 상황인지 및 인공지능형 정보검색대
• 스마트 콘텐츠 스케줄링 기술 및 맵 기반 모니터링 기술을 통한 사이니지 콘텐츠 플랫폼(제2롯데월드 수족관)

"동작인식형 스마트광고관리 시스템"
• 상황인지 센서 기반 유동인구 검출 시스템
• 성별인지 기반 상황별 콘텐츠 제공

"상황인지형 회의안내 시스템"
• 사용자 동선 분석에 따른 동적 콘텐츠 제공(ITU 전권회의 안내 시스템 '14.10)

텔레스크린 기술 개발

"스크린 맞춤형 UX"
• 사용자 모델, User journey map 및 상황인지기반 텔레스크린 서비스
시나리오 개발: 극장, 대형서점, 의류매장 공공장소에 적용
서비스 시나리오 제일모직 Pilot 개발

"모바일 실시간 공공영상중계 시스템"
• 가상화 실시간 부호화 기술을 적용한 영상 전송 시스템에 활용
인천소방/인천아시안게임/경남소방구축

"스크린-모바일 원터치 인터랙션"
• 사용자의 관심있는 콘텐츠를 원터치로 다운받아 활용할 수 있는 서비스

집중도 분석기반 방문자 히스토리 분석
• 화면 집중도 인지/분석을 통한 방문자 분석
• 콘텐츠 노출도의 정량적 분석 가능

[그림 6-7] 텔레스크린 시스템을 이용한 상용화 서비스

상황인지 기술, ③ 서버에서 서비스를 수행하는 방식으로 씬 클라이언트(Thin Client)에서 고품질의 디지털 사이니지 서비스를 자유롭게 이용할 수 있는 텔레스크린 가상화 기술이 있다.

2) 다수의 비정형 스크린 분배 및 협업을 통한 오픈스크린 서비스 플랫폼 기술 개발(2014~2017)

가로/세로 회전, 좌/우 이동이 가능한 다수의 디스플레이 장치를 원하는 형태로 배치하여 주변 환경과 조화를 이룰 수 있는 협업형 멀티스크린 서비스를 제공하는 기술이며 평창 동계올림픽 홍보관에 설치되어 전시에 활용되었다.

주요 기술 개발 항목으로는, ① 임의의 형태, 수량, 각도로 자유롭게 구성된 디스플레이를 통해 콘텐츠를 적응적으로 제공할 수 있는 영상 처리 및 분배 플랫폼 기술, ② 넓은 지역에 분산 설치되

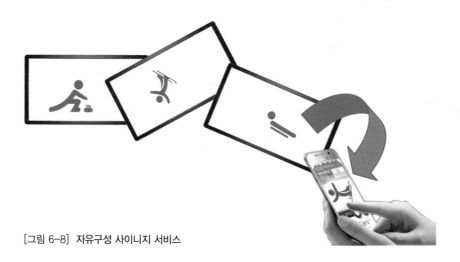

[그림 6-8] 자유구성 사이니지 서비스

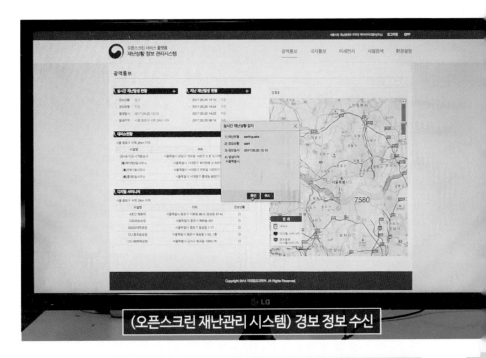

[그림 6-9] 오픈스크린 재난정보 연동시스템(2017)

(상) 오픈스크린 재난관리시스템 / (하) 재난정보수신 디지털 사이니지 화면

어 있는 다수의 센서를 통해 사용자들과 주변 상황을 인식하는 기술, ③ 이동 중인 사용자에게 가장 인접한 디스플레이로 콘텐츠를 제공하는 스크린 간 협업 서비스 기술이 있다.

오픈스크린 서비스 기술은 공간의 크기에 따라 디스플레이 장치의 규모를 탄력적으로 구성할 수 있게 해 주며, 주어지는 공간에 맞추어 자유롭게 디스플레이 장치를 배치함으로써 조형물의 역할도 가능하게 해 준다. 이 기술에는 자이로 센서, 적외선 센서 등 다양한 센싱 기술이 적용되어 테코레이션뿐 아니라 광역 상황인지 기술을 통해 재난 발생 시 대피 안내용으로 전환하는 등 스마트시티에서 다양한 응용 및 활용이 가능하다.

3) IoT 표준 플랫폼 연동형 스마트 사이니지 시스템 기술 개발(2014. 4.~2017. 2.)

사물 인터넷(Internet of Things: IoT) 표준규격에 따라 만들어진 디바이스들을 객체로 통합 관리하는 플랫폼 기술과 서비스에 따라 이 디바이스들을 조합하여 창의적 사용자 맞춤형 서비스를 제공하는 기술로, 경기도 소재 요양원에서 시범 서비스를 시행하였다. 앞서 언급한 오픈스크린 기술과 서비스 측면에서는 유사하나 디바이스들은 IoT 표준(M2M)을 따르며, 서비스 목적에 따라 디바이스들을 재구성할 수 있다.

주요 기술 개발 항목으로는, ① 다양한 센서정보 등의 IoT 플랫폼의 정보를 활용하여 정보 표출 공간을 구성할 수 있는 플랫폼 간 연동 및 제어 기술, ② 디지털 사이니지를 중심으로 센서, 웨어러블 디바이스를 IoT 플랫폼으로 수용할 수 있는 IoT 허브, ③ IoT 디바이스 기반의 상황인지를 통한 지능적 정보 표출 에이전트 및 플랫폼 기술이 있다.

4) 사물 스크린 환경기반의 공간일체형 디지로그 사이니지 기술 개발(2016. 4.~2018. 12.)

디스플레이 장치 대신 다양한 사물의 형태를 인지하여 스크린을 구성하고, 기하학적 보정을 통해 콘텐츠를 원하는 곳에 생성/투사하는 사물 스크린 환경기반 사이니지 기술로, 대전 소재의 카페에

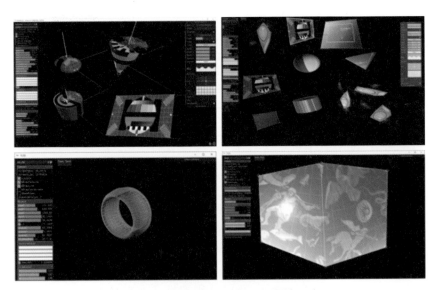

[그림 6-10] 사물 스크린 지원 가능 형상(2018)
(임의평면, 구, 링, 원통, 원뿔, 3D 객체, 다중 평면)

[그림 6-11] 공간일체형 디지로그 사이니지 시범 서비스('카페 SAM', 2018)

설치하여 시범 서비스를 제공했다.

주요 기술 개발 항목으로는, ① 비평면 객체를 다양한 상황의 콘텐츠와 연계하는 혼합평면 사이니지 플랫폼 기술, ② 사물 스크린과 사용자와의 인터랙션을 통하여 창조적 콘텐츠를 제공하는 공간일체형 사이니지 서비스 기술이 있다.

실체의 가상화와 정보의 연결: 메타버스

요즘 가장 주목받고 있는 키워드인 '메타버스 미디어(Metaverse

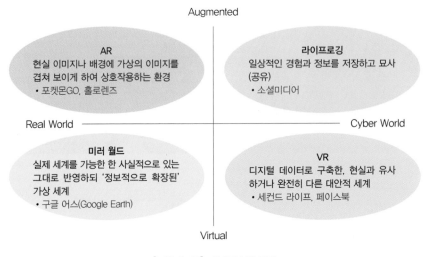

[그림 6-12] 메타버스의 유형

출처: ASF(Acceleration Studies Foundation)

Media: 이하 메타버스)'는 정치 · 경제 · 사회 · 문화의 전반적 측면에서 현실과 비현실이 공존할 수 있는 생활형 · 게임형 가상세계라는 의미로 폭넓게 사용되고 있다.

메타버스의 유형은 증강현실(Augmented Reality), 라이프로깅 (Lifelogging), 거울세계(Mirror Worlds), 가상세계(Virtual Reality)로 나눌 수 있다. 이 중에서 테코레이션과 메타버스의 접점은 넓은 의미의 증강현실에서 찾을 수 있다. [그림 6-13]은 뉴욕 타임스스퀘어에 설치된 멀티스크린 디지털 사이니지를 통해 디스플레이되는 삼성 갤럭시 광고다. 이 광고는 타임스스퀘어를 중심으로 들어선 건물에 설치된 다수의 스크린을 연동하여 멀티 디스플레이를 실현하였는데, 이를 통해 메타버스의 한 유형으로서 증강현실에 근접한 미디어 서비스를 구현했다고 볼 수 있다. 이는 우리가 일반적으

[그림 6-13] 뉴욕 타임스스퀘어 광고('삼성 갤럭시', 2017)

출처: Samsung Newsroom

로 접해 온 증강현실 서비스와는 차이가 있으며 메타버스가 아바타를 통해 가상의 세계에서 활동하는 것과 달리 타임스스퀘어에 서 있는 사용자 스스로 현실 속의 아바타가 되어 현실의 세계에서 활동한다는 차이점이 있다.

　메타버스 미디어 서비스를 위해서는 미디어 초실감화 기술, 미디어 객체화 기술, 기존의 미디어와의 연동 플랫폼 기술 등이 필요하다.

[그림 6-14] 테코레이션과 메타버스('삼성 갤럭시', 2017)

출처: Samsung Newsroom

미디어 초실감화 기술은 초실감 메타버스 실현을 위해 가상공
간의 주요 관심 영역을 실사 입체공간으로 표현함으로써 몰입감과
현장감을 극대화하는 기술이다.

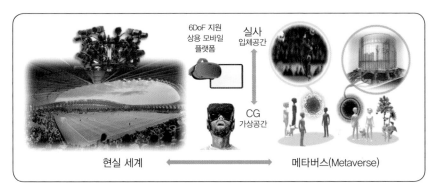

[그림 6-15] 입체공간 미디어 초실감화 기술 개념도

미디어 객체화 기술은 카메라 어레이 등을 이용하여 실제로 촬
영된 객체를 메타버스 공간 내 3D 장면과 사실적으로 합성하여 재
현하거나, 사용자가 원하는 모습으로 재생성하는 기술이다.

[그림 6-16] 미디어 객체화 기술 개념도

미디어 서비스 연동 플랫폼 기술은 메타버스에서 만들어진 객체와 현실세계의 레거시(방송, 광고 등) 미디어를 메타버스에서 활용하기 위한 기술로, 현실세계 및 타 메타버스와 소통하기 위한 정보를 전달하고 표현하는 기술이다.

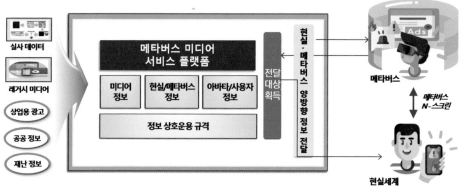

[그림 6-17] 미디어 서비스 연동 플랫폼 기술 개념도

미디어 인터넷, 스마트시티 테코레이션

ICT 기술의 발전과 이들 기술의 융합으로 스마트시티의 실현은 한 걸음 더 가까워졌다. 민간협의체 '스마트시티 융합 얼라이언스'가 출범했으며(2019) 정부에서도 '스마트시티 통합 플랫폼 기반 구축' 계획을 발표했다(2020).

앞서 언급한 바와 같이 스마트시티는 '스마트(smart)'와 '도시화(urbanization)'라는 두 메가트랜드를 융합해 탄생했다. '스마트(smart)'는 초고속통신망, 디스플레이 기기, 디지털 미디어 처리 기술, 빅데이터, 사물 통신 등 다양한 기술의 발전에 힘입어 이들 기술과의 융합을 통해 기능적 다양함을 지향하며 진화했고, 이제는 인공지능 기술과의 융합을 통해 다양함을 넘어 (아직 완벽하지는 않지만) 감성까지도 인지하고 공유할 수 있는 정교함을 갖추게 되었다.

테코레이션은 스마트시티의 외면적 이미지를 담당하며 내면적 이미지와의 결합을 통해 유기적 이미지 메이킹을 추구한다. 정도의 차이는 있겠지만 스마트시티를 구성하는 모든 구성 요소는 정보를 갖고 있으며 메타버스와 같이 이제는 사람의 생각까지도 미디어화되어 다양한 방법으로 표현되고 있다. 이처럼 스마트시티 구성 요소의 작은 생각과 정보가 모여 미디어 인터넷을 형성하고 이를 통해 만들어진 이미지를 다양하게 활용함으로써, 도시는 점진적인 변화를 통해 지속적인 성장을 추구할 수 있다.

07

'Post City'의 징후,
테코레이션으로서의
도시예술

QR코드를 통해 저자의 소개 영상을 시청하실 수 있습니다.

유원준
영남대학교 트랜스아트과 교수

∙ ∙ ∙

모더니즘 건축의 거장 미스 반 데어 로에(Ludwig Mies Van der Rohe)는 로버트 브라우닝(Robert Browning)의 시 〈Andrea del Sarto〉의 구절을 인용한 "Less is More(적을수록 많다)"라는 표어를 통해 당시의 건축적 · 예술적 흐름에 관한 역설적 미학을 드러냈다. 주지하다시피 이 시도로 인해 모더니즘은 기능적 욕망을 건축에 투영하였고 결과적으로 무표정한 도시의 모습을 양산하게 되었다. 1970년대에 들어 포스트모던 건축은 이러한 모더니즘 건축 양식에 반기를 들었다. 로버트 벤투리(Robert Charles Venturi Jr.)의 "Less is Bore"라던지, "More is More"[1]와 같은 표현은 미스 반 데 로에의 표현을 염두에 둔(혹은 비틀어 버린) 변화하는 건축 양식의 지형을 적확하게 묘사한다. 포스트모던 건축이 이처럼 모더니즘의 경직성과 장식의 결여에 관한 문제의식에서 출발한 만큼 현대 도시의 모습은 모더니즘적 기능성과 포스트모던의 장식성이 혼재된 상태로 명멸한다.

테코레이션과 예술

18세기 말부터 19세기까지 기술 혁명과 산업 발전에 따라서 다양한 재료가 건축에 사용되기 시작하면서 기능을 따르는 모더니

---

1) "More is More"는 현대 도시 건축의 거장인 렘 쿨하스(Rem Koolhaas)의 건축 이론에 관한 출판물의 제목이자 현대 건축의 모호함과 복잡함을 대표하는 표현이다.

즘의 건축 형태는 점점 더 다양한 형태로 기술을 받아들여 진화하기 시작하였다. 이에 구조와 재료의 표현으로 대체되었던 과거 건축의 장식성이 다른 양상을 띠게 되었다. 최근 제기되는 '테코레이션(Techoration)'과 같은 용어는 기술이 건축의 장식성에 있어서 앞서 언급했던 정체와 혼돈을 넘어 새로운 가능성을 제공할 수 있으리라는 기대를 불러일으킨다. '기술(Technology)'과 '데코레이션(Decoration)'[2]의 합성어인 '테코레이션'은 전통적인 장식이나 예술 작품이 아닌 전자적 장비를 통해 공간을 채우는 작업을 지칭한다.[3] 이는 집에 명화를 걸어 두어 내부를 아름답게 장식하는 1900년경의 '홈-데코(home-decor)'([그림 7-1])의 관습을 현대적으로 발전시킨 개념으로 이해된다. 과거에는 예술 작품으로 집안을 장식했지만, 현재 기술이 단순한 장식을 넘어 기능적 요소를 제공함과 함께 스스로 장식의 주요한 요소가 된다는 점에 주목해 볼 만하다. 이는 이전까지 건축 및 공간 설계에 있어 형식적 구조에 주로 사용되었던 기술의 범주를 더욱 확장시키는 의미를 지니기 때문이다. 따라서 해당 개념은 기술이 지닌 잠재적인 미적 가능성을 소환한다. 기술의 미적 가능성은 도시-경관-건축 분야에 있어서 기술적 활용에 관한 사유를 넘어 다양한 분야에서 감지되어 왔다. 잠재적 기술과 신체성, 공간-건축의 문제를 연구하는 여성주의 철학자 엘리자

---

2) 일반적으로 '장식하다'의 의미로 사용되는 '데코레이션(Decoration)'은 모든 인도유럽어족의 조상인 '원시 인도유럽어(Proto-Indo-European Language: PIE)'로부터 '우아함을 더하다.'라는 의미를 얻은 'dek-'으로부터 취하는 단어다. Online Etymology Dictionary, https://www.etymonline.com/word/decor

3) Urban Dictionary, https://www.urbandictionary.com/define.php?term=techoration

베스 그로스(Elizabeth Grosz)는 기술적 혁신이 전 지구적 소통 방식의 변화와 영향 사이에 있는 복잡한 연결 관계에 의해 요구되고 발생되며 결국 우리가 이 세계에 존재하는 방식을 변경시킨다고 언급한다. 이는 기술이 지식/과학, 예술과 표현 방식, 소통과 상호작용의 형식들을 가능하게 만들며 사회적·개인적 삶을 재구성한다는 의미다.[4] 따라서 기술이 스스로의 기능적 특성을 확장하여 우

[그림 7-1] 단테 가브리엘 로세티의 drawing room at No. 16 Cheyne Walk(1882), by 헨리 트레프리 던
출처: Victorian decorative arts From Wikipedia, the free encyclopedia

---

4) Grosz, E. (2012). 건축, 그 바깥에서: 잠재 공간과 현실 공간에 대한 에세이. (탈경계인문학연구단 역). 서울: 그린비, p. 84.

리 삶의 풍경에 적극적으로 개입하리라는 예측은 어찌 보면 당연한 귀결인 듯싶다. 다만, 우리가 함께 사유해 보아야 하는 부분은 이러한 기술이 예술의 특성 또한 변화시키고 있다는 점이다.

기능화된 예술, 장식화된 기술: 기술주의와 심미주의

예술은 경험의 요소를 직접적 감각으로 표현하기 위해 지속적으로 매체의 표현 능력을 확대시켜 왔다. 그러나 현재의 예술은 그러한 매체, 특히 새로운 기술과 결합한 매체들을 좀 더 적극적인 형태로 활용하여 자신의 경계를 확장한다. 예술은 더 이상 아름다움을 표현하는 인간의 행동만을 의미하지 않으며, 과도한 매체의 사용은 장구한 역사를 거쳐 구축된 예술의 개념마저 위협하고 있다. 그러나 이러한 위협을 최근에서야 두드러지는 경향으로만 볼 수는 없을 것이다. 이미 모더니즘은 문화−사회적 측면에서 기술을 심미화하려는 경향을 보였고 러시아 구성주의(Constructivism), 데 스타일(de Stijl)과 바우하우스(Bauhaus)에 이르는 다양한 아방가르드 운동의 작업과 선언에서 이러한 기술주의적 경향은 선명하게 등장한 바 있다. 더 거슬러 올라가면 르네상스 시기부터 예술과 과학의 공유 지점에 관한 실험이 있어 왔으며, 기술을 통해 예술이 지닌 주술적이고도 마법적인 장막을 제거하는 기능적 역할을 수행하기도 하였다. 흔히 예술가는 시대의 통념과 절연(絶緣)하여 '정신의 내적 필연성'에 따름으로써 다음 시대를 창조해 낸다고들 말한다. 그러나 반문해 보자. 시대를 반영하지 않는 예술, 또 예술가가 다음 시대를 창조할 수 있을까? 그리고 시대의 통념을 전제하지 않는 예술이 그 사회를 온전하게 반영하는 거울이 될 수 있을까?

각 시대의 아방가르드는 항상 존재해 왔다. 아방가르드 (Avant-garde), 즉 전위예술(前衛藝術)은 단순히 20세기 초의 예술 운동만이 아니라 동시대 예술 흐름을 넘어 다음 세대의 예술을 준비하는 움직임으

[그림 7-2] **야고프 체르니코프**, Fantastic composition (1929-1931), composition 5

출처: The Charnel-House FROM BAUHAUS TO BEINHAUS

로서 존재했다. 다만 생각해 볼 지점은 1900년대 이후의 아방가르드에게 있어 예술과 과학 기술의 관계는 그 위상과 비중을 달리하며 항상 문제의 중심 주변에 머물러 왔다는 사실이다. 들뢰즈(Gill Deleuze)는 새로운 사유와 개념이 창출되기 위해서는 상상력 혹은 감성이 개념에 종속되어서는 안 된다고 주장하였는데, 예술이 취한 전략들을 살펴보면 스스로의 개념 종속을 피하려고 새로운 기술-미디어들을 적절히 사용해 왔음을 확인할 수 있다. 새로운 기술들은 예술의 면모를 지속해서 변화시켜 왔으며, 어떠한 측면에서는 가장 순수한 사유로 회귀시켰다.

1950년대 후반과 1960년대 초반에 설치와 퍼포먼스를 동반한

예술가들은 자신의 작업에 TV 모니터나 비디오와 같은 새로운 기술—미디어를 사용하였으며, 1960년대 후반에 이르러서는 컴퓨터가 활용되기에 이르렀다. 최근에 와서는 예술의 모든 장르에서 기술 매체와의 결합을 시도하고 있으며, 이러한 기술과의 결합에 힘입어 예술 장르 간의 자유로운 왕래가 시도되고 있다. 마셜 맥루한(Marshall Mcluhan)은 인간의 감각들이 분배되는 비율에 관심이 많았는데, 그의 예언처럼 현재의 기술 매체 및 그와 결합된 예술은 메시지보다는 서로의 교류에 의해 만들어진 혼성 감각의 전달을 더욱 중시하는 듯 보인다. 그럼에도 불구하고 예술과 기술 매체와의 결합이 아방가르드 정신이 왜곡된 채 형식적인 실험으로 물화(物化)되는 이유는 매체를 예술의 대립항으로 위치시키는 일종의 오래된 습관 때문이다. 모더니즘 시기에는 이러한 기술 매체의 전면화(당시에는 좀 더 형식주의적 측면에서 두드러졌지만)에 관하여 '심미주의'와 '기술주의'로 나뉘어 각각 테크놀로지의 심미화와 예술의 기술화를 부추겼는데, 이러한 관점들은 예술을 바라보는 두 가지의 주요한 시선, 즉 감성과 이성의 측면으로도 확대되어 이해되곤 하였다. 그러나 이러한 이분법적 구도는 현재의 예술을 바라보는 데 있어 그리 유용하지 못하다. 현 상황에서 예술과 결합된 기술 매체는 과거처럼 이성적 측면에서 바라보기엔 매우 감성적이고 혼성적이기 때문이다.

현재는 명백히 과학 기술에 의해 촉발된 신 매체에 의해 규정되고 있다. 그것도 예술의 원본성에 관한 문제를 제기했던 광학적 복제 시대를 넘어 전자적 · 디지털적 복제와 가상 이미지의 시대다.

빌렘 플루서(Wilem Flusser)는 "디지털 코드로서 탄생하고 있는 것은 하나의 새로운 공간 및 시간 경험이다. 그것은 새로운 패러다임과 마찬가지로 모든 종래의 경험을 부정해야만 한다."라고 말한다. 과거로부터 새로운 기술이 나타날 때마다 세상은 변화해 왔다. 철도는 기존 시공간에 관한 인식을 바꾸어 버렸고, 사진은 복제의 기능으로부터 예술이 지닌 원본성과 아우라의 개념을 소급시켰다. 자연스럽게 각 시대의 예술도 그와 동기화된 감성과 행위를 발생시켰는데, 큐비즘(Cubism)은 사진 기술에 조응하여 사실적 회화공간을 파괴하고 대상을 파편화시켰으며, 비디오아트는 예술의 시간적·공간적 한계를 광활하게 터놓았다. 특히 플루서의 언급처럼 디지털 기술은 종전의 예술 개념을 근본적 차원에서 변화시키고 있다. 예술이 아무리 혁신적인 개념을 가지고 종래의 개념을 변화시켜 왔더라도 그것은 물리적 혹은 물질적 형태의 한계 안에서 진행된 것이었다. 그러나 디지털의 개념은 물리적 형태를 디지털적인 가상의 숫자 정보로 환원시켰다. 예술은 더 이상 물질적 환경 속에서만 구현되고 기능하는 현실적 개념에서 비물질적 환경, 즉 가상적 상황 속에서도 인식이 가능한 비물질적인 그 무엇으로 변모한다.

매체 자체의 예술 구성

예술가들은 전통적으로 자신들의 개념을 매체에 담아 표현해 왔다. 이러한 매체들은 스스로의 속성을 마땅히 예술가들의 표현을 위한 도구적 존재로서 제공해 왔는데, 이러한 매체의 도구적 개념은 입체주의와 뒤샹(Marcel Duchamp)에 이르러 오브제 자체로서의 지위를 획득하게 된다. 그러나 전통적 매체의 도구적인 속성에 대한 전면적인 부정은 러시아의 전위예술가에 의해 정의된 '팍투라(factura)'의 개념에서 나타난다.[5] 팍투라란 재료 자체가 본래지니고 있는 성질의 실현과 제작 과정 중의 재료의 특수한 조건과 그 재료의 변모를 의미한다. 즉, 팍투라는 재료 자체가 갖고 있는 성질을 손상하지 않고 완전히 살려 낸다는 재료의 전체성(integrity of material)을 의미한다. 말레비치(Kasimir Malevitch)의 아르키텍톤, 타틀린(Tatlin, Vladimir Evgrafovich)의 레타틀린, 엘 리시츠키(Lissitzky, El)의 포토몽타주(photo-montage), 에이젠슈타인(Sergei Mikhailovich Eizenshtein)의 몽타주는 팍투라의 이념 아래 태어난 것으로서, 피카소(Pablo Ruiz Picasso)의 콜라주(collage)에서 보여 준 매체의 수동적·주변적 활용으로부터 매체 자체가 예술을 구성하는 단계로 나아가는 과정을 보여 준다.[6]

매체 자체의 예술 구성은 기계적 기술에서 전기적 기술로의 발전에 영향을 받으며 더욱 확대된다. 나움 가보(Naum Gabo)는 전기력을 이용하여 움직이는 조각 〈키네틱 구조물〉([그림 7-3])로 새롭게 규정된 과학문명 세계를 이미지화함으로써 과학을 우리의 생

---

5) 1914년 마르코프(Vladimir Markov)는 팍투라를 러시아적 전통에 뿌리를 둔 종교적이고 초월적인 것으로 간주하여 그것에 대해 '텍스처의 조합'이라고 정의했다. 이와 관련해서는 다음을 참조하길 바란다. Buchloh, B. H. D. (1997). '팍투라'에서 '팍토그람'으로. (곽현자 역). 서울: 시각과 언어.

6) 최태만(2001). 미디어 천국과 미디어 제국의 경계에서. 현대미술학 논문집, 4, pp. 63-64.

생한 의식과 감각의 영역으로 끌어들였다.[7] 초기 과학 기술을 통한 전기력이 바탕이 된 이러한 매체예술은 과학적이고 기술적인 부분을 예술의 영역으로 끌어들였다. 그러나 전자매체의 파급력은 여기서 그치지 않고 우리 생활의 전 영역에 걸쳐 지대한 영향력을 행사하게 된다. 캐나다의 매체 이론가이자 문화비평가인 맥루한은 "전기와 함께 일어난 최대의 전환은 선형(線形)의 연속에 종지부를 찍고, 사물이 순간적으로 만들어지게 되었다는 것이다. 순간적인 속도 아래서는 연속적 혹은 연쇄적으로 사물을 포착할 수는 없게 되었으며, 새로이 다시 한번 사물의 기인(起因)을 인식하지 않으면 안 되게 되었다."라고 말하고,[8] 전기의 보급으로 인한 우리 생활의 전 영역에 걸친 변화를 상기시키며 전자 매체들이 스스로 메시지가 될

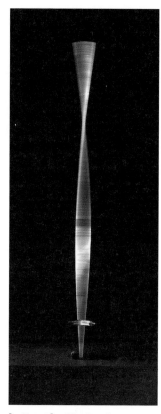

[그림 7-3] 나움 가보, ⟨Kinetic Construction⟩(1920)

출처: https://prabook.com/web/naum.gabo/721225

수 있다고 이야기한다. 전자 기술의 등장은 필연적으로 예술 형태에도 변화를 일으키게 만들었으며, 맥루한의 언급처럼 매체 자체가 메시지로서 기능하는 시대를 맞이하게 하였다. 즉, 오브제 자체

7) 박숙영(2000). 테크놀로지를 이용한 오브제-환경에서의 관람자의 참여. 현대미술학 논문집, 4, p. 185.
8) Mcluhan, M. (1997). 미디어의 이해. (박정규 역). 서울: 커뮤니케이션 북스.

로서 지위를 획득하고 더 나아가 그 자체로서 예술을 구성하게 된 매체는 전자 매체의 보급으로 인하여 점점 더 자기 지시적인(self-referent) 성격을 갖게 된 것이다. 데리다(Jacques Derrida)는 이러한 매체의 스스로의 의미 창출에 대해 의미는 항상 매체에서의 '입력 (Einschreibung)'에 달려 있고, 의미에 대한 매체성은 순차적으로 그리고 외면적으로 일어나는 것이 아니라 처음부터 의미를 구성하는 것이라는 사실을 밝히고 있다. 볼프강 벨쉬(Wolfgang Welsch) 또한 이러한 견해에 동의하고 있는데, 그는 자신의 글 「인공낙원?-전자 매체 세계와 다른 세계들에 관한 고찰」에서 "의미는 매체의 매체성과의 결합에 의해서 '얼룩진' 것이나 '위조된' 것이 되지 않고 매체와의 결합 없이는 의미가 있을 수 없는 것이다."라고 말하며, 매체가 스스로 의미를 생성하고 결합하는 단계를 이야기하고 있다.[9]

현실 재구성 매체로서의 도시예술

칸딘스키(Kandinsky)는 자신의 저서 『예술에 있어서 정신적인 것에 대하여』에서 당시 전위예술의 특성을 설명하기 위해 '정신의 삼각형'이라는 비유를 사용한다. 살펴보자면, 시대의 정신생활이 형성하는 삼각형 속의 저변(底邊)에는 광범위한 대중이 있고, 정점 (頂點)에는 고독하고 이해받지 못하는 예술가가 있다. 그런데 이 삼

---

9) Welsch, W. (2005). 인공낙원?-전자 매체 세계와 다른 세계들에 관한 고찰. 미학의 경계를 넘어. (심혜련 역). 서울: 향연. pp. 313-314.

각형은 위로 조금씩 움직이고 있어, 오늘 고독한 정점에 있는 예술가의 예감에 지나지 않던 것이, 내일은 지식인의 관심사가 되고, 모레에는 대중의 취미를 지배하게 된다는 것이다.[10] 그러나 현재 예술은 이러한 도식과는 달리 예술가의 예감과 대중의 취미의 간극은 매우 좁혀지고 있으며, 대중에게 다른 방식의 수용 형태를 요구하고 있다. 과거에는 예술이 순수한 형태의 감상을 필요로 하는 어떤 것이었으며 그 이후 해독되어야 할 특정한 무엇으로 존재했다면, 현재의 예술은 그러한 두 가지의 감상 태도에 더하여 공감각적 체험을 전제하는 유희적인 그 무엇이 되기도 한다.

따라서 테코레이션의 범주에서 기술 매체와 예술을 분리할 필요는 없어 보인다. 기술 매체는 그 자체로 예술적 형식으로 구체화되고 있으며, 예술 작품 역시 기술적 특성을 기반으로 관객들에게 미적 경험과 더불어 기능적 요소를 제공하고 있기 때문이다. 오히려 예술 작품과 같은 인터페이스를 통해 심미화된 기술 매체의 형식이 가시화된다고 인식하는 것이 합리적일 것이다. 현재 예술은 기술과 결합하여 우리의 환경을 변화시킨다. 특히 도시의 풍경 속에서 이러한 기술 매체와 결합한 예술적 시도를 다양하게 발견할 수 있는데, 과거 박물관이나 미술관에서만 마주할 수 있었던 예술 작품이 기술과 결합하여 대중적 형태로 나타나고 있다. 최근 전개되고 있는 이러한 도시예술의 형태는 몇 가지 유형으로 구분될 수 있다. 첫 번째는 현대 건축의 주요한 요소로서 점점 더 확대되고 있

---

10) Kandinsky, W. (1977). M.T.H. Sadler, *Concerning the Spritual in Art*, Dover Publications, 1977, pp. 6-9.

는 외부 스크린을 활용한 예술적 시도다. 공공적 성격을 지니고 있으며 외부에 유출된 스크린을 사용하는 만큼 여전히 공익적이거나 상업적인 디지털 옥외광고가 주요 콘텐츠이긴 하지만, 대중과의 접점을 가지고 있으며 콘텐츠에 관한 접근성이 용이하다는 점에서 점점 예술 작품의 스크린으로도 활용되고 있는 추세다. 최근 국내에서 매우 큰 호응을 일으켰던 삼성동 코엑스 앞 SM 타운 아티움의 웨이브(Wave)는 디지털 에이전시 디스트릭트(d'stirct)의 작품이다. 기존의 외부 스크린을 활용한 시도들과는 달리 2개의 면(전면부 및 측면부)을 활용하여 입체적 공간감을 제공한 것을 특징으로 삼고 있다. 별다른 예술적 장치가 제공되지 않음에도 불구하고 마치 공

[그림 7-4] **(좌) 사무엘 반 호흐스트라텐,** "The Shadow Dance" from his book 『Inleiding tot de Hogeschool der Schilderkunst』(1675) / **(우) 라파엘 로자노-해머,** ⟨Body Movies⟩(2001)

출처: https://www.lozano-hemmer.com/body_movies.php

간 속에서 실제 파도가 치는 듯한 입체감을 제공해 주어 전광판 앞을 지나는 이들에게 신선한 경험을 제공하였다.

두 번째 유형은 하나의 채널 혹은 스크린으로 전광판을 활용하는 것을 넘어 도시를 거니는 시민들과의 상호작용을 위한 인터페이스로 제시하는 경우다. 이는 단순히 새롭고 신기한 이미지를 제시하는 것이 아닌 예술의 새로운 형식을 대중과 함께 실험해 본다는 점에서 또한 스마트시티에 급속도로 침투하는 기술의 특성을 상호작용적으로 시민들과 함께 공유해 본다는 점에서 의미가 있다. 건축과 공연, 미디어아트를 넘나드는 전자예술가인 라파엘 로자노-해머(Rafael Lozano-Hemmer)의 2001년 작 〈Body Movies〉([그림 7-4]의 오른쪽)는 이러한 초기 미디어아트의 성격을 잘 드러내는 작품이었다. 사무엘 반 호흐스트라턴(Samuel van

Hoogstraten)의 1600년대 일러스트([그림 7-4]의 왼쪽)에서 영감을 받은 이 작품은 빛과 사람들에 의해 발생하는 그림자의 원리를 전자적으로 재해석하여 많은 호응을 이끌어 냈다. 시민들은 단순히 일방적으로 제시되는 예술 작품을 감상하는 것이 아니라 자신의 움직임으로부터 상호작용하여 발

생하는 이미지에 열광하였다. 이러한 공공 영역에서의 상호작용성적 예술 작품은 이후 예술 및 디지털 옥외광고 이벤트에 많은 영향을 제공하였다.

2014년 뉴욕의 타임스스퀘어(Times Square)에서 진행되었던 현대자동차의 'Brilliant Interactive Art'는 보행자의 소통을 중시하는 디지털 옥외광고 이벤트였다. 타임스스퀘어의 옥외광고판을 이용한 이 광고는 '미스터 브릴리언트'라는 가상의 캐릭터가 등장하여 광고를 보는 이들 중 한 사람만을 위한 페인팅 아트를 선보인다. 국내 디지털 에이전시인 '포스트비주얼(PostVisual)'이 제작한 이 광고는 사람의 얼굴을 'Human Detection'이라는 기술로 포착하여 그를 위한 초상화를 그려 주는 내용으로 구성된다. 선택된 방문객은

[그림 7–5] **구글(Google)의 안드로이드파이(Androidfy) 프로젝트(2015)**

출처: https://redpaperheart.com/work/androidify

타임스스퀘어의 거대한 벽면에 걸려 있는 자신만을 위한 초상화를 선물 받는 셈이다. 만약 현대자동차의 디지털 옥외광고가 직접적으로 방문객을 광고 속에 등장시켰다면 구글의 디지털 옥외광고는 이와는 다른 접근 방식을 선보인다. 구글 역시 타임스스퀘어 광장에 거대한 축구장 크기의 LED 전광판을 제작하였는데, 실제 사람들의 모습을 포착한 현대자동차와는 달리 자사의 모바일 운영체제인 안드로이드를 이용하여 자신만의 캐릭터를 창조하게 만들었다. 무료 앱을 다운받거나 인터넷에 접속하여 간단하게 자신만의 캐릭터를 만든 후 구글의 전광판 앞에 서면, 마치 '마이크로소프트(Microsoft)'의 콘솔 게임기인 XBOX의 키넥트와 유사하게 사람들의 동작을 포착하여 캐릭터에 반영한다. 따라서 구글 보드에는 수많은 캐릭터가 저마다의 행동을 보여 주는 또 다른 세계가 펼쳐진다.

Post City: 21세기 도시-환경 문제와 예술

마지막 유형으로 우리가 직면할 미래의 거주 문화 혹은 환경에 관한 좀 더 진지한 예술적 시도들을 떠올려 볼 수 있다. 2015년 세계적인 미디어아트 페스티벌인 '아르스 일렉트로니카(Ars Electronica)'에서는 'Post City'를 표제어로 제시하며 21세기 거주 문화에 관한 예술적 전망이 소개되었다. 이 자리에서 예술 감독이었던 게르프리드 슈토커(Gerfried Stocker)는 인류의 가장 성공적인 생존 전략이자 주요한 사회적 경험을 제공하는 도시가 디지털 혁명으로부터

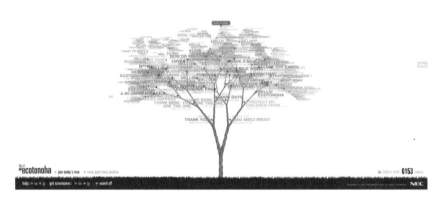

[그림 7-6] NEC의 환경보호 예술 프로젝트, ⟨Ecotonoha⟩(2003)
출처: https://www.ecotonoha.com/index_en.html

새로운 차원의 경험을 제공하게 될 것이라 예견하였다.[11] 그의 주
장처럼 도시는 단순한 거주 공간을 넘어 다양한 삶의 특성을 결정
짓는 요건이 되어 가고 있다. 디지털을 위시한 새로운 기술 혁명은
이러한 흐름을 가속화하였으며 과거에는 불가능했던 사회적·문
화적 경험을 가능케 하였다. 예술 분야의 경우 2000년대 이후 본격
적으로 삶의 터전에 관한 혹은 환경에 관한 이슈를 주요한 문제의
식으로 산정하는 작품들이 나타나기 시작했다.

2003년 일본의 통신 및 전자 제조 기업인 'NEC'는 자국의 인
터렉티브 디자이너인 유고 나카무라(Yugo Nakamura)와 함께
⟨Ecotonoha⟩([그림 7-6])란 환경 캠페인을 시도하였는데, 사용자

---

11) Stocker, G., Schopf, C., & Leopoldseder, H. (2015). *Post City : Habitats for the 21st Century*, Ars Electronica, p. 16.

들이 온라인 페이지에 환경에 관한 메시지를 입력하면 가상의 나무가 생성되고 이러한 가상의 나무가 모여 지구 온난화를 방지하기 위한 실제 나무를 심는다는 간단한 아이디어를 구현한 프로젝트였다. 전 세계인의 참여를 끌어낸 이 프로젝트는 모바일을 이용한 보다 일상적 형태로 전이되기도 하였다. 가령, 아이폰 앱인 〈Raise the Village〉는 일종의 가상 시뮬레이션 게임인데, 게임 속에서 마을을 만들고 가꾸는 행위가 실제 아프리카 '우간다'의 마을을 돕는 행위로 이어졌다. 사용자들은 실제 모금함에 기부하는 것이 아닌 모바일 기기를 통해 흥미로운 게임을 하면서 사회적으로 의미 있는 행위를 동시에 실행하는 셈이다. 도시의 환경 및 공간에 관한 관심을 불러일으키는 이러한 특성의 프로젝트는 건축과 미디어, 정보 기술을 넘나드는 활동을 보여 주는 일본의 아티스트 그룹 'dNA(double Negative Architecture)'의 작업인 〈Corpora in Si(gh)te〉([그림 7-7])에서도 잘 드러난다. 일본 야마구치현에 위치한 미디어아트 센터 'YCAM(Yamaguchi Center for Arts and Media)'의 후원으로 제작된 이 작품은 다수의 센서를 통해 야마구치 센터 주변의 실시간 환경정보(기온, 밝기, 습도, 바람의 방향과 소리 등)를 수집한다. 그리고 이렇게 수집된 데이터는 세포들처럼 보이는 "Corpora"의 가상 건축물을 구성하는데, 이 가상의 건축물은 실시간 프로세싱을 통해 마치 유기체와 같이 성장하고 섭생한다. 건축물을 구성하는 각각의 노드는 전체 건축물의 구조와는 독립적이면서도 우연적인 발생들을 만들어 내는데, 관람객들은 센터 각지에 위치하는 증강현실적 건축물을 관찰하며 살아 있는 형식으로서의 건축물의

[그림 7-7] dNA, ⟨Corpora in Si(gh)te⟩(2008)

출처: http://corpora.hu/en/

유기적 특성을 발견하게 된다.

생성 일반 및 진화에 관한 깊은 통찰을 제공하였던 프랑스의 철학자 앙리 베르그송(Henry Bergson)은 기계론적 진화에 맞서 인간과 생명의 근본에 존재하는 창조적 본성을 끄집어낸다. 그는 사회를 움직이는 원동력을 '엘랑 비탈(elan Vital)', 즉 약동하는 생명력 자체로 보았다.[12] 최근 스마트 기술을 활용한 스마트시티에 관

---

12) Bergson, H. L. (2005). 창조적 진화. (황수영 역). 경기: 아카넷. p. 89.

한 논의는 도시를 고정된 대상이 아닌 살아 움직이는 유기체적 존재로 간주한다는 점에서 생명 일반에 적용하는 창조적 진화의 모습을 닮아가는 듯하다. 보행자의 시선에 반응하는 도시의 경관이나 환경과 유기적으로 상호작용하는 건축물의 모습을 상상해 보자. 이는 과거 예술이 그려 내는 유토피아적 이상향으로만 존재하지 않는다. 오히려 현재 우리가 거주하는 도시의 주요한 콘텐츠로서 자연스럽게 삶 곳곳에 침투한다. 과거 도시를 구성하는 건축물과 공간은 단단하고 경직되어 고정된 그 무엇으로 인식되었다. 그러나 현재의 도시 풍경은 보다 스마트하게 혹은 좀 더 생기 있는 유기적 환경으로 변모하고 있다. 미래를 예측하는 것은 조심스러운 일이지만 향후 도시의 모습은 예술의 외피를 두른 채 기술적 인자들로부터의 유기체적 특성을 더욱 강하게 부여받을 것이다. 따라서 현재 우리가 경험하고 있는 스마트시티의 흥미로운 요소들은 Post City로 나아가는 길목에서 마주친 아주 작은 조각 혹은 징후일지도 모른다.

08

테코레이션이 열어 가는
스마트시티 그리고
도시 브랜딩에의 새로운 접근

QR코드를 통해 저자의 소개 영상을 시청하실 수 있습니다.

함창대
미국 일리노이 대학교 광고학과 교수

• • •

디지털 기술은 우리가 살아가는 세상을 근본적으로 변화시키고 있다. 사람들이 살아가기 위해 물건을 구매하고 브랜드를 경험하며 그 브랜드로 인해 공부하고 즐기며 일하는 방식이 변하고 있다. 이러한 변화는 가상의 사이버 세계에만 존재하는 것이 아니다. 실제 사람들이 직접 눈으로 보고 손으로 만지고 몸으로 체험하는 물리적인 환경을 변화시키고, 그 환경 속에서 살아가는 사람들의 생활양식과 문화를 진화시킨다. 사람들이 살아가는 실체적이면서도 계획된 공간으로서의 도시 역시 예외가 아니다. '테코레이션'은 말 그대로 디지털 테크놀로지가 사람들이 살아가는 도시라는 공간을 어떻게 꾸미고 발전시키는지를 설명하는 개념이다. 이 장에서는 도시라는 공간과 사람, 그리고 그 공간 내에서 살아가는 사람과 사람들 간의 커뮤니케이션을 촉진시키는 테코레이션의 역할에 대하여 스마트시티로 대표되는 디지털 시대의 도시를 어떻게 마케팅할 것인가 하는 '도시 마케팅'이라는 관점에서 알아본다.

사람들이 살아가는 물리적 공간, 도시를 커뮤니케이션하다

몇 년 전 미국에서 큰 인기를 끌었던 〈매드맨(Mad Men)〉이라는 드라마가 있다. 미국 광고 산업의 황금기였던 1960년대 뉴욕의 광고회사가 밀집해 있던 매디슨 애비뉴(Madison Avenue)를 그린 이

드라마에서, 주인공인 돈 드레이퍼(Don Draper)는 이스라엘 관광청의 텔아비브(Tel Aviv)시의 마케팅 캠페인 의뢰를 받고 고민하는 장면이 나온다.

드라마에서의 돈(Don)과 광고주와의 대화를 보면, 그 고민의 핵심이 무엇인가를 쉽게 이해할 수 있다. 당시만 해도 도시/장소 마케팅(City/Place Marketing) 혹은 목적지 마케팅(Destination Marketing)의 가장 대표적인 사례는 도시 상징물을 이용한 캠페인이었다. 예를 들면, 에펠탑의 파리, 자유의 여신상의 뉴욕, 그리고 콜로세움의 로마 등 도시의 대표 상징 이미지를 전면에 내세워 사람들로 하여금 그 도시에 방문하고 싶게 만드는 방식이다. 드라마

[그림 8-1] 1960년대 미국 광고계를 그린 드라마 〈매드맨〉에서 광고 캠페인을 논의하고 있는 한 장면

속에서 텔아비브의 도시 마케팅 담당자가 돈을 찾은 이유 또한 그가 최근에 브라질 리우데자네이루의 거대 예수상을 모티브로 한 도시 마케팅을 성공적으로 해냈기 때문이다. 그러나 드라마 속에서 돈의 고민은 이스라엘의 텔아비브에 도시를 대표할 만한 마땅한 상징물이 없다는 것이었다. 에펠탑 같은 상징물 없이 텔아비브라는, 그 당시만 해도 인지도가 거의 없던 중동의 한 도시를 어떻게 미국인들에게 프로모션할 것인가? 비록 드라마 속의 이야기지만 언뜻 보기에도 쉽지 않은 프로젝트로 보였다. 그런데 만일 주인공인 돈 드레이퍼가 2020년대로 시간여행을 해 올 수 있었다면 보다 손쉽게 그 답을 찾을 수 있을까?

도시 마케팅의 변화: 인지에서 경험으로-경험의 구조화

〈매드맨〉의 돈 드레이퍼가 2020년대에 그 답을 찾을 수 있을지에 대한 해답을 얻으려면 1960년대와 2020년대의 마케팅 커뮤니케이션 방식이 어떻게 다른지에 대한 지식이 조금 필요해 보인다. 특히 2010년 이후 10년간 마케팅 커뮤니케이션에는 거의 혁명적이라고 할 만한 근본적인 변화가 있었기 때문이다.

2000년대 말에 등장하여 그 당시까지만 해도 참신했던 페이스북(Facebook), 유튜브(YouTube), 트위터(Twitter) 등의 디지털 미디어는 플랫폼(Platform)이라는 새로운 개념과 함께 2010년대 미디어 산업의 기반을 통째로 바꾸기 시작했다. 이러한 변화에서 미디어에 기반한 마케팅 커뮤니케이션 또한 예외일 수 없었다. 거대 매스미디어 중심의 일방향 커뮤니케이션에 기반했던 매스 마케팅 커뮤니케이션 활동은 다양한 디지털 미디어의 등장과 함께, 개인의 활동과 상호작용이 중심이 되는 다양한 디지털 플랫폼으로 그 기반이 변화하였다. 2019년에 디지털 미디어 광고비가 전통 미디어 광고비를 추월했다는 뉴스를 제외하더라도, 텔레비전 등 전통 매스미디어 광고의 역할이 갈수록 축소되는 반면, 소셜, 검색, 블로그, 동영상 등 개인 중심의 디지털 플랫폼을 통한 소비자 마케팅이 주를 이루기 시작했다는 것은 대부분의 사람이 일상에서 이미 느끼고 있는 사실이다. 소위 디지털라이제이션(Digitalization)으로 일컬어지는 모든 생활과 커뮤니케이션 방식의 디지털화는, 마케팅 커뮤니케이션에 있어서도 초기 디지털 미디어들에 광고 메세지를 노출시키는 일차원적인 방식에서 양방향성(Interactivity)과 소비자의 관여(engagement) 및 참여(paticipation)라는 디지털 플랫폼의 특성과 문화에 보다 걸맞은 근본적인 마케팅 방식으로의 변화를 요구해 왔다.

　이러한 변화는 기존 광고 비즈니스에는 커다란 도전이자 기회이기도 했다. 그리고 그 기회의 중심은 이전까지의 메시지 노출 중심의 마케팅 커뮤니케이션에서 메시지를 어떻게 사람들에게 효과적으로 '경험'시킬 수 있는가 하는 문제로 사고방식을 전환하는 데있었다. 이러한 변화는 2012년 WARC Ad Map Prize에서 발표된「왜 경험 아키텍처가 마케팅 플래닝의 미래인가(Why experience architecture is the future of planning)」에 잘 요약되어 있다.[1] 이 글에서 저자는 기존의 메시지 중심의 기획을 콘셉추얼 기획(Conceptual Planning), 그리고 이를 단순히 소비자에게 전달하는 기획을 프랙티컬 기획(Practical Planning)으로 정의하면서 이러한 전통적 방식의 플래닝은 디지털 시대 소비자의 시선(Attention)조차 잡지 못한다고 주장하였다. 소비자의 기본적인 정보처리모델(Information processing model)에 의하면 메시지 수용자, 즉 소비자의 시선을 잡지 못하면 소비자들은 그 브랜드 메시지를 기억(memory)하고 좋아하고(attitudes) 선택(choice)할 기회조차 가지지 못한다. 다양한 디지털 기기와 플랫폼에 시선을 빼앗긴 소비자에게 전통적인 일방적 방식의 커뮤니케이션은 의미가 없다. 그들의 시선조차 잡지 못하는 마케팅 커뮤니케이션 활동은 아무런 효과도 만들어 낼 수 없기 때문이다.

이러한 문제제기에 대한 해답으로 저자는 컨택스추얼 기획(Contextual Planning)과 경험 구조화(Experience Architecture)라는 새로운 플래닝모델을 제시한다. 컨택스추얼 기획은 간단히 말해 주변 상황과 맥락이 마케팅 메시지와 잘 어울릴 때 소비자들은 마음의 문을 열고 그 브랜드가 전달하고자 하는 방식을 제대로 경험하고 인식할 수 있다는 뜻이다. 예를 들면, 컴퓨터를 사려고 전자제품점을 방문한 소비자에게만 할인쿠폰을 지급한다든가, 점심시간 직후에만 커피 브랜드의 광고를 집중하는 방식이다. 당연하지

---

1) Hirst, N. (2012). *Why Experience Architecture is the future of planning.* Ad Map Prize, WARC, available at: https://www.warc.com/content/paywall/article/admap-prize_14/en-GB/96503

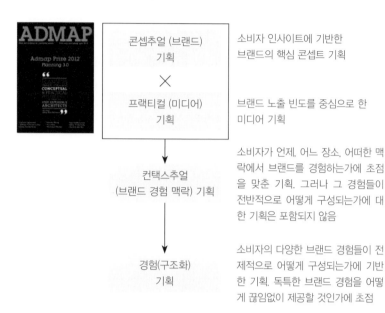

소비자 인사이트에 기반한
브랜드의 핵심 콘셉트 기획

브랜드 노출 빈도를 중심으로 한
미디어 기획

소비자가 언제, 어느 장소, 어떠한 맥락에서 브랜드를 경험하는가에 초점을 맞춘 기획. 그러나 그 경험들이 전반적으로 어떻게 구성되는가에 대한 기획은 포함되지 않음

소비자의 다양한 브랜드 경험들이 전제적으로 어떻게 구성되는가에 기반한 기획. 독특한 브랜드 경험을 어떻게 끊임없이 제공할 것인가에 초점

[그림 8-2] 브랜드 플래닝모델의 진화 - 브랜드 경험 아키텍처

출처: Hirst(2012)를 참고해 요약함

만 맥락이 맞으면 소비자의 시선을 끌고 선택을 받을 확률이 높아지기 때문이다. 경험 구조화는 이러한 맥락적 경험을 한두 번으로 끝내는 것이 아닌, 마치 거대한 건축물 안에서 사람들이 동선을 따라 가며 그 건축물의 모든 구성 요소를 경험하는 것처럼 소비자들의 동선을 기반으로 총체적인 브랜드 경험을 할 수 있도록 소비자들이 사는 세상 속의 구성 요소들을 총체적으로 디자인해야 한다는 것을 뜻한다.

이 새로운 플래닝모델은 마케팅 커뮤니케이션에 일대 혁신을 가져왔고, 그 결과 브랜드 경험 생태계(brand exprience ecosystem)라는 개념이 대두되기 시작했다. 브랜드 경험 생태계라는 개념의 목적은 소비자들이 한두 곳의 장소나 시간에 어떤 브랜드의 광고 메시지에 노출되는 것을 목표로 하는 것이 아니라 한 사람을 둘러싼 전반적인 생활공간과 시간 속에서 해당 브랜드와 상호작용하면서 브랜드가 제공하는 다양한 혜택을 끊임없이 제공받고 경험하며, 그 브랜드가 만든 세계 속에서 살아가는 것을 말한다. 흔히 말하는 애플 제품으로 모든 일상을 영위하는 애플 생태계나 혹은 삼성의 갤럭시 생태계 등이 좋은 예일 것이다. 마케팅 커뮤니케이션 사례로서는 당시 주목을 끌었던 나이키 퓨얼 밴드(FuelBand) 또한 그 좋은 사례라고 할 수 있다. 나이키 퓨얼 밴드는 제품 자체로만 보면 흔한 신체활동 측정기기인데, 당시에도 이 기기 하나만으로는 그리 매력적인 제품이라고 하기 어려웠다. 핏빗(Fitbit) 등으로 대표되는 다른 경쟁 제품에 비해 기능적으로 더 나은 요소를 찾기 어려웠

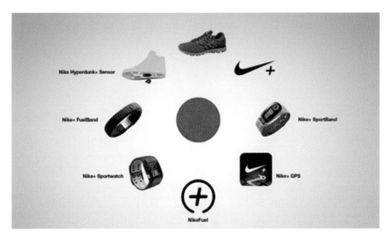

[그림 8-3] 나이키 제품들로 구성된 브랜드 생태계

출처: https://www.contagious.com/news-and-views/opinion-four-principles-for-a-strong-brand-proposition

기 때문이다. 그러나 나이키가 의도한 것은 이 제품 하나의 판매 증대가 아닌 이 제품으로부터 연결되어 나이키가 창조하는 달리기를 즐기는 사람들, 즉 러너들을 위한 나이키 생태계를 만드는 것이었다. 나이키가 제공하는 다양한 제품과 서비스가 러너들을 위한 완벽한 환경을 제공한다는 개념이다. 즉, 나이키 퓨얼 밴드는 나이키 생태계를 이루는 하나의 구성 요소로서 메인 타깃인 러너에게 매일 달릴 동기를 제공하고, 같은 지역에 사는 러너들끼리 연결시켜 커뮤니티를 구성하도록 도와주며, 더 나아가 일상의 모든 활동을 "#Counts"라는 슬로건을 통해 나이키 생태계 내에서 경험할 수 있도록 하는 일종의 플랫폼 역할을 한다는 개념이다.

이러한 브랜드 생태계를 기반으로 한 마케팅 커뮤니케이션의 전개는 기존의 통합 마케팅(Integrated Marketing Communication)에서 진일보한 형태라고 할 수 있었다. [그림 8-3]에서 볼 수 있듯이 "#Counts"라는 슬로건하에서 나이키 브랜드 생태계 내의 개별 커뮤니케이션은 각각의 시간, 장소, 기회에 따른 다양한 방식의 경험을 제공한다.

이러한 브랜드 경험 생태계라는 관점에서 볼 때 물리적 세계에 존재하는 옥외광고, 특히나 디지털 사이니지의 역할이 매우 중요하다. 브랜드 생태계 내에서 각각의 물리적인 시간과 장소에 적합한, 즉 맥락적인(contextual) 경험을 제공할 수 있기 때문이다. [그림 8-4]에서 볼 수 있듯이 옥외광고인 빌보드의 경우 뉴욕 할렘 지역에는 그 지역에 맞는 메시지가 노출된다("Reiver side to Harlem river, #Counts"). 그리고 달리기를 시작하는 지점엔 나이키 지도를 설치

[그림 8-4] 나이키 생태계를 구성하는 다양한 마케팅 커뮤니케이션 활동

출처: https://adage.com/creativity/work/make-it-count/26425를 참고해 요약함

하여 달리는 코스를 안내하고 나이키 퓨얼 밴드와 함께 달리기에
적합한 코스를 안내해 준다(Nike Fuel Map). 디지털 사이니지가 제
공하는 중요한 가치는 이러한 브랜드 경험을 일방향적(one-way)이
아닌, 쌍방향적(interactive)으로 제공한다는 점이다. 이러한 디지털
사이니지가 갖는 인터랙티브한 특성은 소비자로 하여금 해당 브랜
드의 핵심가치와 그 가치에 기반한 서비스를 '경험'할 수 있는 중요
한 접점으로서의 역할을 한다.

최적화된 경험 미디어: 디지털 사이니지

앞서 마케팅 커뮤니케이션 플래닝의 혁명적 변화에 대하여 언급한 이유는 바로 디지털 사이니지가 갖는 최적화된 물리적 경험 제공 미디어로서의 역할 때문이다. 그럼 좀 더 구체적으로 디지털 사이니지는 브랜드 '경험'을 제공하는 미디어로서 어떤 역할을 할 수 있을까?

첫째, 디지털 사이니지는 전통 옥외광고에 비해 인지적으로 훨씬 높은 효과를 보인다. 조사에 따르면 디지털 사이니지는 전통적 옥외광고에 비해 10배나 많은 시선을 끄는 효과가 있다. 또한 소비자들이 디지털 사이니지에 노출되었을 때 전통적 옥외광고 대비 70%나 높은 비보조 인지(unaided recall)를 보였다고 한다. 또 다른 조사에 의하면 79%의 쇼핑객은 공간 내에 설치된 디지털 사이니지의 메시지를 정확하게 인지하였음을 알 수 있다.[2] 디지털 기술이 만들어 내는 다양하고 효과적인 시각적 혹은 물리적 자극이 사람들의 시선을 끌어내고, 기억하고, 행동하게 만들 수 있다. 얼마 전 한국 코엑스에 설치되었던 대형 LED스크린을 통한 웨이브(Wave) 영상이 그 사례일 수 있다.[3] 이 사이니지가 보여 준 디지털 시각 효

2) Quiel Signs (Semtember 2, 2016). Building A Brand With Outdoor Digital Signage Displays, Retail Minded, Available at: https://retailminded.com/building-a-brand-with-outdoor-digital-signage-displays/#.YS2sFI5KgnJ

3) Lim, J. (May 26, 2020). 'Wave' on Coex digital billboard grabs international attention. The Korea Herald. available at: http://www.koreaherald.com/view.php?ud=20200526000796

과는 해당 장소뿐 아니라 전 세계적 관심을 받았다.

둘째, 디지털 사이니지는 인지적·물리적 상호작용(Interactiviety)에 기반하는 경우가 많다. 사람들이 물리적으로 디지털 사이니지의 스크린을 통해 기계와 상호작용할 수 있으며(Human Machine Interaction) 혹은 디지털 사이니지를 매개체로 다른 개별 사용자와도 커뮤니케이션할 수 있다는 것은 소비자 혹은 사용자를 인지적·감정적으로 관여 및 몰입시키는 데에 아주 중요한 요소다.

셋째, 디지털 사이니지는 다양한 디지털 기술과의 결합을 통

[그림 8-5] **펩시콜라의 증강현실기반 디지털 사이니지**

출처: https://www.oneclub.org/awards/theoneshow/-award/22855/unbelievable-bus-shelter

해 더욱 효과적인 사용자 몰입을 가져올 수 있다. 특히 증강현실 (Augmented Reality: AR)이나 가상현실(Virtual Reality: VR) 기술을 디지털 사이니지에 접목시켜 주목도를 높이고 사용자의 자발적 참여와 상호작용을 유도하는 사례가 많아지고 있다. [그림 8-5]에서 보여 주는 펩시의 버스 정거장 사이니지는 증강현실 기술을 디지털 사이니지에 잘 적용한 사례다. 버스 정거장에서 무료하게 다음 버스를 기다리는 승객들에게 버스 정거장의 한 벽을 투명 스크린처럼 처리하고 그곳에 갑작스러운 괴물과 캐릭터가 출현하여 사람들을 놀라게 하면서 즐거운 경험을 선사한다. 이는 물론 펩시의 '즐거움'이라는 브랜드 콘셉트와 연결된 아이디어다.

증강현실과 디지털 사이니지의 결합은 또한 매우 크리에이티브

[그림 8-6] Lynx의 대형 디지털 전광판에 증강현실 기술을 응용한 캠페인

출처: https://campaignbrief.com/lynx-excite-angel-ambushes-lon/

한 스토리텔링을 가능하게 한다. 유니레버의 남성용품인 AXE의 Lynx는 '타락한 천사(fallen angel)'라는 콘셉트로 진행한 전체 통합 마케팅 커뮤니케이션 캠페인의 일환으로 기차역 대형 전광판을 이용하여 실제 천사가 역사 내 사람들 옆으로 내려오는 모습을 연출한다. 이는 증강현실 기술을 디지털 사이니지에 응용한 것으로 텔레비전 광고 등에 나오는 이미지와 같은 비주얼의 천사 캐릭터가 사람들 옆으로 다가와 포옹과 키스를 하는 모습을 대형 전광판의 증강현실을 통해 마치 현실적으로 경험하듯이 보여 준다.

버거킹은 타 경쟁사(주로 맥도날드)의 옥외광고를 자사의 모바일 앱을 통해 보면 마치 그 광고가 불타는 것처럼 보이는 증강현실 앱

[그림 8-7] 버거킹의 "그 광고를 태워라" 캠페인에서 증강현실과 옥외광고를 재미있게 결합시킨 사례

출처: https://sites.wpp.com/wppedcream/2019/direct/consumer-marketing/burn-that-ad?c=75ab5861-ae59-4709-885d-adcd8991e9af

을 통해 자사의 대표 상품인 와퍼 햄버거가 실제 숯불에 구운 것이라는 콘셉트를 명확하게 인식시켰다. 이 사례에서 배울 수 있는 점은 각각의 디지털 사이니지에 직접적으로 메시지나 브랜드 경험을 노출시키지 않더라도, 증강현실이나 가상현실 등의 디지털 기술과 결합하여 훨씬 다양한 메시지나 편의를 제공할 수 있다는 것이다.

브랜드로서 도시, 도시 브랜드 생태계, 스마트시티 그리고 테코레이션의 역할

테코레이션(Tech+Decoration)이라는 큰 개념에서 볼 때, 디지털 사이니지는 단순히 브랜드를 노출하거나 브랜드 경험을 제공함으로써 인지도를 제고하고 인식을 바꾸는 역할에 그치지 않는다. 오히려 도시를 하나의 콘셉트를 가진 '브랜드'로 인식한다면, 도시 전체 공간을 하나의 브랜드 생태계(Brand Ecosystem)로 보고 그 생태계를 구성하는 중요한 하나의 터치포인트(도시민과 도시가 가진 브랜드 가치가 만나는 물리적인 접점)로서 디지털 사이니지의 역할에 주목해 볼 필요가 있다. 즉, 개별 디지털 사이니지는 하나의 메시지 혹은 소비자 경험 전달의 매개체로서의 역할을 하지만, 전체가 모여 하나의 클러스터를 이룬 디지털 사이니지는 도시 전체의 인상과 이미지를 결정짓거나 강화(reinforcement) 혹은 재활성화(revitalization)하는 중요한 도구로서의 역할을 한다고 볼 수 있다.[4]

생태계로서의 도시 브랜드를 이해하는 데 있어 가장 뜨거운 관심을 받고 있는 영역이 바로 스마트시티(Smart City)의 개념이다. 최근 보고된 자료에 따르면 지난 20년간 세계 인구는 지속적으로 도시로 집중화하는 현상을 보이고 있다고 한다. 10년 전과 비교하더라도 많은 수의 도시가 1천만이 넘는 인구를 가진 초거대 도시로 거듭나고 있다. 이러한 도시 집중화 현상은 한 국가 내에서만 발생하는 것이 아니다. 도시 간의 거대화 현상은 국가 간의 경계를 넘어선다. 국가경쟁력의 척도 중 하나가 인구수이듯, 각 국가의 거대 도시들은 탄탄한 인프라와 좋은 비즈니스 환경을 갖추고, 글로벌 비즈니스와 여기서 일할 능력 있는 인재의 유치에 열을 올리고 있다. 이러한 가운데 주목받고 있는 것이 바로 스마트시티다. 스마트시티는 다양한 정보 커뮤니케이션 기술로 도시 내 많은 환경을 자동화하고, 여기에서 얻는 효율성으로 글로벌 인재와 비즈니스를 유치하고자 경쟁한다. UN의 연구에 따르면 2030년까지 전 세계적으로 40개 이상의 천만 인구 도시가 탄생할 것으로 예상하고 있다.

스마트시티 경쟁력 평가에서 빠지지 않는 것이 정보기술기반의 커뮤니케이션 역량이고, 디지털 사이니지는 세 가지 측면에서 이러한 스마트시티의 역량 강화에 기여한다.

첫 번째는 도시 내 혹은 도시 간 커뮤니케이션의 활성화를 위한 디지털 사이니지의 역할이다. 실제 많은 도시에서 경쟁력 강화를 위해 디지털 사이니지를 적극적으로 활용하고 있다. 몇 년 전 뉴욕

---

4) Ubuntu (October 10, 2018). Digital signage: the face of the smart city revolution, Available at: https://ubuntu.com/blog/digital-signage-the-face-of-the-smart-city-revolution

[그림 8-8] Link 뉴욕시의 무료 와이파이 서비스

출처: https://www.bloomberg.com/news/articles/2016-01-05/new-york-city-unveils-its-first-super-fast-wifi-kiosks

시에서는 Link라는 회사가 시의 일부 지역에 무료 와이파이 인터넷 네트워크 서비스를 지급하였다. 지금은 공공 와이파이를 제공하는 도시들이 늘어 가고 있는데, 이러한 도시 공공 인프라의 제공은 디지털 사이니지가 도시 경쟁력 제고를 위해 제공할 수 있는 서비스다. 이에 디지털 사이니지는 '스마트시티 혁명의 얼굴'이라 평가받기도 한다.

두 번째는 활력 있고 아름다우며 지속 가능한 도시 생태계를 위한 디지털 사이니지의 역할이다. '테코레이션'이라는 용어에서 알 수 있듯이 디지털 사이니지는 전반적인 도시 미관과 효용성을 향상시킨다. 이는 바로 도시에 대한 인상과 이미지를 향상시켜 브랜

드로서의 도시 포지셔닝에 유리하게 기여한다. 최근 상하이, 싱가
폴, 홍콩, 서울 등의 아시아권 국가들이 도시 내 디지털 사이니지
및 키오스크의 설치를 통해 유용한 정보를 적확한 시간과 장소에
제공함으로써 기술 인프라가 강한, 비즈니스에 유리한 도시라는
이미지를 강조하고 있는 모습은 이 좋은 예시라고 할 수 있다.

세 번째는 디지털 사이니지는 그 쌍방향성에 기반하여 소비자 혹
은 도시민들의 데이터를 모으는 접점으로의 역할을 한다. 디지털
에 기반한 기술들은 다양한 접점에서 사용자 데이터를 모으고 저장
한다. 이렇게 모인 개인 데이터는 개인의 취향 및 관심사를 분석하

[그림 8-9] 얼굴인식 기능을 기반으로 맞춤형 정보를 제공하는 디지털 사이니지

출처: https://www.alamy.com/stock-photo-intelligent-digital-signage-augmented-reality-marketing-and-face-recognition-176247071.html

는 데 이용되어 각 개인에게 가장 최적화된 마케팅 메시지와 브랜드 경험을 제고하는 것을 목표로 한다. 스마트시티에 퍼져 있는 디지털 사이니지를 포함한 다양한 디지털 기기는 이렇게 소비자 정보를 모으는 접점으로서의 역할을 한다. 일부 국가에서 디지털 사이니지는 얼굴인식 기능을 이용하여 그 앞을 지나가는 개인의 기본정보(나이, 성별 등)를 인식하고 그에 맞는 브랜드 경험을 제공한다.

개인정보 프라이버시와 관련하여 이러한 정보는 엄격히 통제, 보호되고 있기는 하지만 가명정보라는 이름으로 전반적인 도시 마케팅에 광범위하게 이용되기도 한다. 또한 구글이나 페이스북 등 거대 정보기술 회사가 보유한 웹 브라우징 정보 등의 비실명정보 및 개인의 허락하에 노출된 실명정보 등과의 결합을 통해 더욱 가치 있는 마케팅 정보로 재가공되기도 한다. 이러한 정보들은 대부분 도시민의 생활 편의성을 높이고 공공의 혜택을 높임으로써 도시의 경쟁력을 제고하는 데 사용되지만, 동시에 극도로 개인화된 마케팅 정보의 제공 등과 같은 상업적인 목적으로 쓰이기도 한다.

도시 마케팅에서의 테코레이션의 역할 그리고 고객의사결정 경로모델

도시 마케팅에서의 테코레이션의 역할을 알아봄에 있어 중요한 점은 어떻게 전략적으로 디지털 사이니지를 포함한 각 사용자 접점(touchpoints)의 역할을 규정하고 이용할 것인가 하는 점이다. 디지털라이제이션이 본격화되면서 소비자의 의사결정모델에 기반한 고객의사결정 경로모델(Consumer Decision Journey Model)이 이러한 관점에서 새로운 전략 플래닝모델로 주목을 받아 왔다.[5] 컨설팅 회사인 맥킨지 앤드 컴퍼니(Mckinsey & Company)에서 최초로 제안한 이 개념은 향후 디지털 시대 소비자를 이해하는 가장 정확한 모델로 인정받고 있다.

이 모델의 핵심은 소비자의 의사결정 과정을 하나의 여정(Journey)으로 보고 해당 브랜드가 소비자 의사결정의 여행 경로상에서 어디에 위치하는지 파악하고, 그 위치에서의 문제점을 해결하는 적합한 터치포인트를 구분하여 가장 적확한 브랜드 경험을 제공하는 것을 목표로 한다.

[그림 8-10]은 장난감 브랜드인 레고가 뉴욕행 비행기 여행에서의 경험을 디자인한 고객 경험 휠(Experience Wheel)로 고객의 의사결정 경로를 모델화한 비주얼 맵이다. 한편, 이러한 고객의사결정 경로모델은 도시 및 목적지 마케팅에도 적용이 가능하다. [그림 8-11]의 예시는 유럽 철도를 이용하는 고객을 대상으로 한 의사결정 경로모델이다. 고객의사결정 경로모델의 가장 큰 장점은 크게 두 가지로 요약해 볼 수 있다.

첫 번째 장점은 소비자의 의사결정 과정을 비주얼화(mapping)함으로써 도시 브랜드가 가지고 있는 취약점이 어디에 있는지를 이

---

5) Court, D., Elzinga, D., Mulder, S., & Vetvik, O. J. (2009). The consumer decision journey. *McKinsey Quarterly*, Available at: https://www.mckinsey.com/business-functions/marketing-and-sales/our-insights/the-consumer-decision-journey

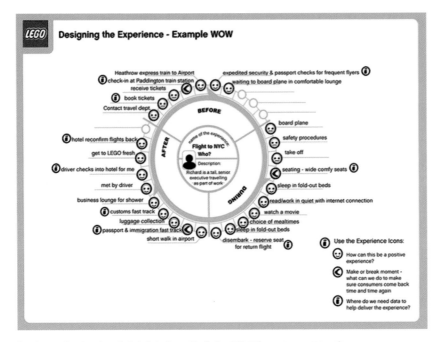

[그림 8-10] 레고의 고객의사결정 경로모델 예시: 경험 휠(Experience Wheel)

출처: http://www.paulolyslager.com/wp-content/uploads/2015/04/lego.jpg?997da0

해하는 데 편리하다는 점이다. 예를 들어, 텔아비브라는 도시 브랜
딩에 있어서 문제점이 인지도의 부족인지, 선호도의 부족인지, 아
니면 그 도시를 경험할 수 있는 기회가 부족해서인지, 이 경로모델
을 이용하면 쉽게 파악이 가능하다는 점이다. 특히 고객의사결정
경로모델은 소비자의 디지털 데이터와의 결합을 통해 이러한 역할
을 더욱 명확하게 수행해 낼 수 있다. 예를 들어, 구글 트렌트 데이
터 등을 통해 텔아비브의 뉴스 보도 검색량이 적으면 이는 인지도
가 부족한 것으로 해석할 수 있다. 기본적인 도시 브랜드의 노출량
이 부족하기 때문에 인지도 역시 낮은 것이다. 만일 뉴스 보도량이

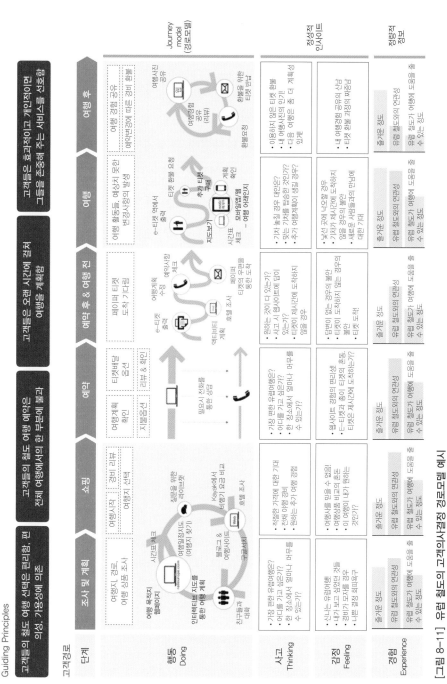

[그림 8-11] 유럽 철도의 고객의사결정 경로모델 예시

출처: http://uxmastery.com/ux-marks-the-spot-mapping-the-user-experience/

적지 않은데 구글 검색엔진의 웹 검색량이 적다면, 이는 사람들이 평가 단계에서 텔아비브에 관심이 적었기 때문이라고 해석할 수 있다. 이러한 경우 검색이나 정보 노출에 더 많은 마케팅 비용을 투자해야 한다는 결론에 이른다.[6]

이 모델의 두 번째 장점은 의사결정 과정에서 어떠한 터치포인트(소비자의 브랜드 접점)가 어떤 역할을 하는지를 명확하게 판단할 수 있다는 점이다. 브랜드 터치포인트 매트릭스(Brand Touchpoint Matrix)는 이러한 목적에 흔히 이용되는 포지셔닝 맵이다. 소비자

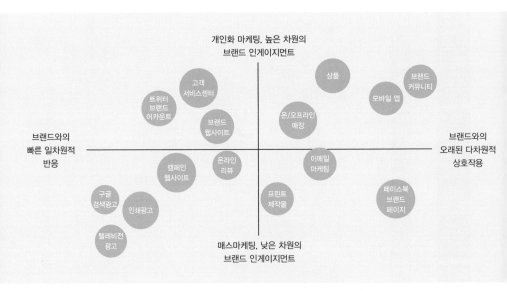

[그림 8-12] 브랜드 터치포인트 매트릭스 모형

출처: http://brandtouchpointmatrix.com/

---

6) Hawley, M. (March 7, 2011). Research Methods for Understanding Consumer Decisions in a Social World, Available at: https://www.uxmatters.com/mt/archives/2011/03/research-methods-for-understanding-consumer-decisions-in-a-social-world.php

데이터를 이용하여 소비자가 각 터치포인트에 대하여 인식하는 정도를 바탕으로 두 가지 척도에 따라 각각의 터치포인트를 포지셔닝함으로서 각각의 터치포인트가 소비자 의사결정 경로상에서 어떤역할을 하는지 쉽게 파악하게 해 준다. 이 포지셔닝 지도에서 가로축(Horizontal axis)은 소비자와의 상호작용이 얼마나 빠른지(혹은 장기적인 관계형성이 필요한지) 그리고 세로축(Vertical axis)은 그 접점에서의 소비자 접촉이 얼마나 광범위한지(혹은 지극히 개인화된 상호작용인지)를 기준으로 각 터치포인트를 포지셔닝하게 된다.[7]

일반적으로 전통적인 전광판 중심의 옥외광고는 불특정 다수를 대상으로 한다는 점과 상호작용의 정도가 매우 빠르다는 점(야외에서 잠깐 노출되는 메시지)을 고려할 때 보통 브랜드 터치포인트 매트릭스의 네 가지 사분면 중 좌하단에 위치하게 된다. 이 사분면에 위치한 옥외광고를 포함한 터치포인트들은 일반적으로 인지(Awareness)나 고려(Consideration) 단계의 문제를 해결하는 데 유용한 터치포인트로 알려져 있다. 그러나 개인정보를 이용한 개인화(Personalization)된 메시지가 가능한, 그리고 상호작용을 통한 장기적 관계형성이 가능한 디지털 사이니지는 그 역할이 매우 광범위해질 수 있다. 단지 인지나 고려 단계가 아닌, 평가나 구매 그리고 고객의 자발적인 정보 공유 및 브랜드 주장 단계에까지 상황에 맞게 이용될 수 있다.

---

7) Peterson, J. *Brand touchpoint matrix: The planning of brand experiences*. Available at: http://brandtouchpointmatrix.com/

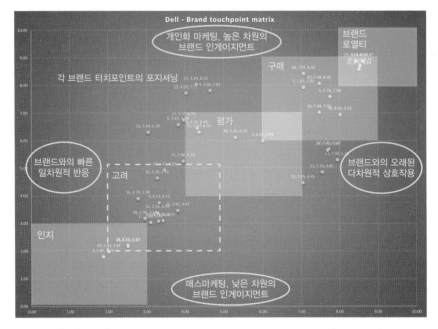

[그림 8-13] 브랜드 터치포인트 매트릭스: 고객의사결정 경로모델(Dell의 사례)

출처: http://brandtouchpointmatrix.com/를 기준으로 적용함

스마트시티 브랜딩을 위한 도시 브랜드 관리

고객의사결정 경로모델(Consumer Decision Journey Model)과 함께 최근 들어 스마트시티로서의 도시 브랜드 마케팅 관리를 위한 연구가 조금씩 소개되고 있다.

다음의 [그림 8-14]는 그레보즈-크라우츠키(Grebosz-krawczyk)가 제안한 모델로 일반 도시 브랜드 관리모델을 기반으로 어떤 단계에서 어떤 커뮤니케이션 활동이 있어야 하는지를 프로세스별로 정리한 모형이다. [8] 스마트시티와 관련해서 관심 있게 보아야 할 점

은 스마트시티의 전반적인 정보기술 인프라의 역할(Infrastructure)
과 브랜드 커뮤니케이션에 있어서의 정보기술 및 개인 사용자 데
이터 교환의 역할(information and subjective information exchange)
이다. 스마트시티 브랜딩의 핵심 중 하나로 기술기반 인프라가 도
시 브랜드 아이덴티티에 미치는 영향력을 포함시킨 것은 어쩌면
당연하지만 기존 모델에서는 찾아볼 수 없던 요소이기도 하다. 또
한 데이터 정보에 기반하여 각 개인의 적확한 브랜드 경험을 디자
인하고 그 개인이 처한 상황과 장소에 맞게 제공할 수 있는 디지털
사이니지를 고객의사결정 경로모델을 도시 마케팅에 적용함에 있

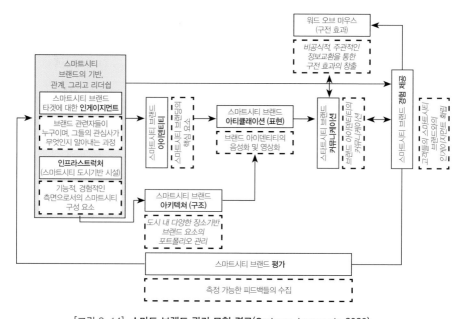

[그림 8-14] 스마트 브랜드 관리 모형 경로(Grebosz-krawczyk, 2020)

8) Grebosz-krawczyk, M. (2020). Place branding (r)evolution: the management of the
smart city's brand. *Place Branding and Public Diplomacy, 17*, pp. 93-104.

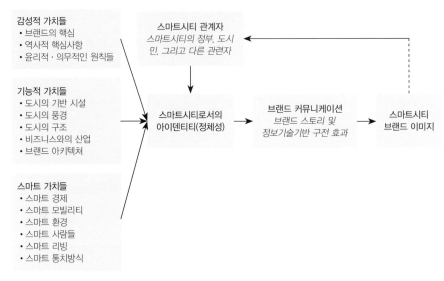

[그림 8-15] **스마트시티 브랜드 이미지에 영향을 미치는 요소의 모델화**(Grebosz-krawczyk, 2020)

어 가장 중요한 브랜드 터치포인트로서의 역할을 할 수 있다.

이 연구에서 저자들은 스마트시티 브랜딩에 영향을 미치는 요소들을 모델화해서 제안하였다. [그림 8-15]에 따르면, 스마트시티 브랜드 아이덴티티에 영향을 미치는 요소는 크게 '감성적 가치' '기능적 가치' '스마트 가치'로 카테고리화된다. 감성적 및 기능적 가치는 상업 브랜드에서도 포함되는 가치지만, 이 모델의 특이한 점은 스마트 가치를 하나의 독립된 가치로 보고 있다는 점이다. 스마트 가치는 스마트 경제, 스마트 모빌리티, 스마트 환경, 스마트 사람들, 스마트 생활, 스마트 정부를 포함하는 개념으로 정보기술에 기반하여 도시의 전반적인 인프라가 얼마나 잘 구축되어 있는지가 스마트시티 브랜딩에 중요한 영향을 미친다는 사실을 보여 준다. 디지털 사이지니를 포함한 테코레이션이 스마트시티 브랜드 아이

텐티티 형성에 중요한 영향을 미친다고 해석해 볼 수 있을 것이다.

이 모델에서 또 한 가지 흥미로운 점은 이러한 스마트시티 아이 덴티티가 정보기술에 기반한 구전 효과(ICT-word-of-mouth) 중심

[그림 8-16] **스마트시티와 디지털 사이니지의 역할**

출처: https://business.sharpusa.com/Infographics/why-smart-cities-need-digital-signage

으로 커뮤니케이션되며 그 결과로 스마트시티 브랜드라는 이미지를 형성한다는 점이다. 또한 이렇게 형성된 이미지는 다시 도시민들과 기타 관련자들(stakeholders)과의 관계형성에 간접적으로 기여한다.

스마트시티는 도시민과의 최적화 접점으로서 디지털 사이니지를 필요로 한다. [그림 8-16]에서 보듯이 디지털 사이니지는 도시 비상상황을 커뮤니케이션하고, 지역 커뮤니티에 정보를 제공하며, 상호작용기반의 이정표로서의 역할을 함과 동시에 정보 제공 미디어로서의 기능도 수행한다.[9] 무엇보다 허브를 통해 하나로 연결되고 통제되는 디지털 사이니지는 스마트시티에 거주하는 도시민과 여행객들에게 최적화된 도시정보 및 경험 서비스를 제공해 줌으로서 그 도시 브랜딩에 중요한 역할을 담당한다.

시스템화된 디지털 사이니지
그리고 개인화와 프라이버시 문제

스마트시티에서의 디지털 사이니지의 역할과 함께 마지막으로 살펴볼 문제는 개인정보 이용에 따른 개인화와 프라이버시 문제다. 스마트시티는 기본적으로 도시를 개발하고 발전시키는 방법에 개인정보의 시스템화와 커뮤니케이션 기술에 크게 의존하기 때문

---

9) Sharp, *Why smart cities need digital signage*, Infographics. available at: https://business.sharpusa.com/Infographics/why-smart-cities-need-digital-signage

이다.

디지털 사이니지는 디지털화된 보드 혹은 큰 디스플레이를 통해 특정 장소를 지나가는 사람들을 대상으로 광고나 뉴스, 혹은 도움이 되는 정보 등을 보여 준다. 이는 다수의 사람이 접하는 미디어로 스마트시티를 구성하는 중요하고 유용한 정보원으로서의 역할이다.

디지털 시대의 정보가 제공되는 형태는 크게 개인화(personalization)와 맥락화(Contextualization)에 기반한다고 할 수 있다. 디지털 사이니지를 통해 타깃팅된 광고 역시 그러한 맥락화되고 개인화된 정보의 형태라고 할 수 있다. 이러한 개인정보 이용에 요구되는 특이성이 몇 가지 있다.

첫째로 사용자들의 익명성(Anonymity of Users)을 들 수 있다. 법적으로 디지털 사이니지는 익명성을 기반으로 해야 한다는 전제가 있다. 구성원이 매우 제한적인 회사나 소규모의 커뮤니티를 제외하고 일반적으로 공적인 영역에서의 디지털 사이니지는 개인의 프라이버시를 침해하지 않는 범위 내에서 작동해야 한다.

둘째로 디지털 사이니지는 사용자 관심에 대한 광범위한 이해(Dynamic Assessment of User Interest)에 기반해 개별 사용자에게 가장 관련 있는 정보를 제공한다. 디지털 사이니지 역시 이러한 데이터 기술에 기반한 개인화가 목표라면 개인의 관심사에 대한 광범위한 데이터에 접근할 수 있어야 한다. 이러한 개인화는 데이터 플랫폼이나 얼굴인식 기술, 혹은 아이트래킹 등의 기술을 통해 충분히 실현 가능하지만, 동시에 따라오는 개인 프라이버시 침해의 문제는 해결해야 할 숙제일 수밖에 없다. 공공에 노출되는 디지털 사이니지라면 개인 이외의 불특정 다수 역시 한 개인의 정보에 기반한 정보를 볼 수 있기 때문이다.

셋째로 개인화된 디지털 사이니지 광고는 현실적으로 개인보다는 비슷한 특성을 가진 한 집단(Cluster)을 대상으로 하는 경우가 일반적이다. 즉, 사이니지가 얼굴 혹은 신체 인식 기능을 통해 사용자의 성별 나이 등의 기본정보를 인식하면, 이에 기반한 타깃팅된 정보 혹은 메시지를 보여 주는 형식이다. 이 경우 아주 개인적인 차원의 정보를 이용하는 것은 아니기 때문에(Non PII or non-personally identifiable information) 개인 프라이버시 침해 문제를 어느 정도 해결할 수 있다.

이러한 인식에 기반하여 실로프(Shilov)와 동료들은 그들의 연구인 「스마트시티를 위한 디지털 사이니지 개인화: 주요 필요점들과 접근법(Digital Signage Personalization for Smart City: Major Requirements and Approach)」에서 어떻게 스마트시티에서 개인화된 디지털 사이니지 전략을 수리할 수 있는지에 대한 접근법을 제

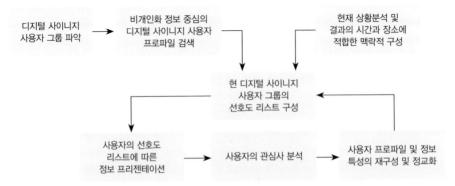

[그림 8-17] **개인화된 디지털 사이니지 시스템 구현을 위한 프로세스**(Shilov et al., 2019)

안하고 있다.[10]

디지털 사이니지를 이용한 커뮤니케이션 전략은 기본적으로 집단 혹은 그룹 정보에 의존한다. 따라서 개인 프라이버시 침해 문제를 해결할 수 있는 방법으로서 개인의 익명성을 어느 정도 보장한다고 할 수 있다. 개인 가명정보를 기반으로 각 사이니지가 위치하는 장소 및 상황에 맞는 정보를 출력하고 이를 제공하기 때문에 이에 대한 개별 사용자들의 반응을 측정 분석하고 이를 추후 타깃팅 정교화에 이용한다는 것이 기본 프로세스다. 기존의 웹이나 모바일 기반의 정보 관리 및 이용 프로세스와 거의 동일하다고 볼 수 있다. 즉, 비록 웹 같은 가상공간이 아닌 물리적인 공간에 존재하는 디지털 사이니지는 실제 뒷단에서는 모든 프로세스가 디지털화되어 운용된다. 이러한 점은 향후 디지털 사이니지가 하나의 브랜드 경험 생태계에서 매우 의미 있는 데이터를 수집하고 분석된 데이터에 의해 타깃팅된 정보를 제공하는 중요한 브랜드 경험 포인트로서 역할을 할 것이라는 점을 보여 준다.

이 장의 첫 부분에서 만일 돈 드레이퍼가 2020년대로 시간여행을 올 수 있다면, 특별한 상징물이 없는 이스라엘 텔아비브의 도시 마케팅을 어떻게 전개했을까 하는 질문으로 돌아가 본다. 정답은 없다. 그러나 현대의 이스라엘이라는 나라 혹은 텔아비브라는 도시가 가진 첨단 산업도시의 이미지를 활용한다면 스마트시티라는

10) Shilov, N., Smirnova, O., Morozova, P., Turov, N., Shchekotov, M., & Teslya, N. (2019). *Digital Signage Personalization for Smart City: Major Requirements and Approach.* IEEE International Black Sea Conference on Communications and Networking (BlackSearCom).

이미지를 놓고 경쟁하는 다른 도시들의 전략에서 힌트를 얻을 수 있지 않을까 한다. 역사적인 도시 상징물도 좋지만, 지속 가능한 첨단 생태계를 제공하는 도시로서의 포지셔닝이 효과적이지 않을까 생각해 본다. 물론 그렇게 포지셔닝하기 위해서는 디지털 사이니지를 포함한 테코레이션의 역할이 중요할 것이다.

결론적으로, 디지털 사이니지는 스마트 도시를 '테코레이션'하는 중요한 요소로서의 매우 중요한 가치를 가진다. 이는 기존의 분절화된 정보를 일방향 커뮤니케이션하는 역할에 한정되었던 전통적 옥외광고 미디어와는 전혀 다른 차원의 역할이다. 스마트시티의 곳곳을 연결하는 스마트 정보 제공 허브로서의 디지털 사이니지는 스마트시티의 이미지를 제고하는 도시 마케팅 관점에서 혹은 '고객 의사결정 경로모델'상에서 전략적으로 활용되어야 한다. 세계의 도시들이 최고의 스마트시티라는 이미지를 놓고 경쟁하는 현실에 있어 디지털 사이니지로 대표되는 테코레이션의 역할은 매우 크다고 할 수 있다.

09

전문가 인터뷰 및
테코레이션 사례

QR코드를 통해 저자의 소개 영상을 시청하실 수 있습니다.

강승미
닥스미디어 편집장

• • •

도심 속 거리를 거닐 때, 버스나 지하철을 기다리면서, 출퇴근길 정체된 도로 운전석에서, 우리는 옥외광고를 스치듯 마주친다. 그것이 때로는 각종 정보가 깨알같이 적힌 작은 포스터 규격일 때도 있지만, 시선을 압도하는 대형 크기일 때도 있다. 저자는 하드웨어 및 소프트웨어적으로 발전을 거듭하는 디지털 옥외광고 시장에서 흐름을 선두하고 있는 학자와 기업의 실무진에 주목했다. 이번 장에서는 미래 메타버스 스마트시티를 만들어 가는 미디어 전문가들의 생생한 현장의 이야기를 담았다. KT나 삼성과 같은 굵직한 대기업들뿐만 아니라, 에이더블유엠알(AWMR), 사운드그래프, 상화와 같은 최첨단 기술을 앞세운 디지털 사이니지 및 옥외광고 유망 기업, 정부 주도 스마트시티 사업에 참여한 교수 등의 눈으로 본 테코레이션의 현재와 미래를 이야기하려고 한다.

도시의 브랜딩과 아이덴티티를 만드는 독특한 디지털 미디어 체험 연출

−인천가톨릭대학교 문화예술콘텐츠학과의 신일기 교수−

작게는 구 단위, 크게는 도시 단위로 새로운 공간이 만들어지고,

저마다 '살기 좋은 도시' '방문하고 싶은 도시'라고 마케팅하지만, 정작 기억에 남는 곳은 별로 없는 현실이다. 그 이유에 대해, 인천 가톨릭대학교(https://www.iccu.ac.kr) 문화예술콘텐츠학과 신일기 교수는 '특정 도시가 가진 아이덴티티를 고민하고 전략적 브랜딩을 하지 않으면 생길 수 있는 결과'라고 설명한다. 과거 뉴욕 타임스스 퀘어가 그러했듯, 우리도 도시에 대한 철저한 기획과 공간에 관한 연구를 바탕으로 변화를 모색해야 남들이 한 번쯤 와 보고 싶은 도시가 될 수 있다는 것이다.

이러한 맥락에서 신일기 교수가 맡았던 굵직한 프로젝트 중 하

[그림 9-1] 서울 강남구 옥외광고자유표시구역 초기 조감도
출처: 강남구청, www.gangnam.go.kr

나가 '서울 코엑스 광고 자유표시구역 기획'(2016. 6.~2021. 12.)이
다. 삼성동 코엑스 일대를 전국 최초의 '옥외광고물 자유표시구역'
으로 지정한 것으로, 국내에는 유일하게 크기나 종류에 관한 규제
없이 옥외광고물을 설치할 수 있는 특별구역이다. 디지털 옥외광
고 미디어 구축, 뉴미디어를 연계한 문화·예술 축제 개최 등을 통
해 한국을 대표하는 랜드마크로 만들겠다는 것이 주된 사업 내용
이다. 단순히 광고를 많이 편성한다는 마케팅적 개념을 넘어, 디지
털 사이니지를 통해 의미 있는 콘텐츠를 제작 및 배포함으로써 광
고를 보는 사람들에게 색다른 경험을 제공하고, 매력적으로 소통
하는 데 목적이 있다.

'옥외광고물 자유표시구역' 중 세간의 화제가 된 것은 이 책에서
도 여러 번 언급된 서울 삼성동 코엑스 앞에 설치된 초대형 디지털
사이니지 퍼블릭 미디어아트인 '웨이브(Wave)'다. 압도적인 크기
에 넘실거리는 파도의 물결을 역동적으로 구현한 이 콘텐츠는 글
로벌 소셜미디어를 통해 인기를 먼저 끌었으며, 이어 CNN, BBC 등
외신까지도 주목했다. 최근 세계 3대 디자인상으로 꼽히는 독일의
'iF(International Forum Design) 디자인 어워드 2021' 공공미디어 부
문에서 전체 수상작 중 최고점으로 금상을 받기도 했다.[1] '웨이브'
콘텐츠의 인기와 성공은 사이니지라는 옥외 미디어가 소셜미디어
와 연계된 접점을 통해 확산되고, 궁극적으로는 '삼성동'이라는 지
역이 한국의 랜드마크로 발돋움하는 데 이바지했다는 점에서 의미

---

1) 이지윤(2021. 4. 21.) 전 세계 사로잡은 '코엑스 파도', 獨도 빠졌다. 서울경제. https://
www.sedaily.com/NewsView/22L66EUUO7

[그림 9-2] 코엑스 퍼블릭 미디어아트 '웨이브(Wave)'
출처: 강남구청, www.gangnam.go.kr

가 크다.

이렇듯 도시의 특정 공간을 디지털 사이니지로 매개해서 명소화하고, 명소화된 공간이 다시 소셜미디어라는 디지털 공간에서 재확산하는 소통의 형태는 뉴미디어를 통한 스마트시티의 발전 가능성을 보여 준다. 신일기 교수는 이러한 개념을 기반으로 새롭게 진행하고 있는 대단위 도시 혁신 프로젝트를 소개했다. 바로 '인천의 야간명소화 프로젝트'다. 이 사업은 수봉놀이공원, 송도 센트럴파크, 청라 커널 웨이 등 대상 지역 인근에 있는 역사·문화·예술 자원과 미디어를 연계하는 문화 활성화를 통해 야간명소를 개발하고자 한다.

'인천의 야간명소화 프로젝트'에서 가장 먼저 진행한 곳은 '수봉놀이공원'이다. 인천 도심을 조망할 수 있는 유서 깊은 공간으로 인천 도심의 전망대 역할을 하기에 적절한 곳이다. 1979년도에 조성되어 대관람차, 바이킹 등 놀이시설이 있는 이곳은 인천의 대표적인 추억의 장소로 역할을 해 왔다. 인천 시민들에게는 오랜 경험이 쌓여 있는 추억의 장소인 셈이다. 신일기 교수는 "수봉놀이공원을 이용했던 이들의 추억과 지금 2030세대가 앞으로 이용할 미래 가치가 조화된 공간으로서 재탄생할 가능성"을 보았다고 설명했다. 이를 실현할 방법으로는 디지털 미디어를 활용해 체험공간을 만드는 방법을 채택했다. 이를 위해 인천 야간명소화 프로젝트에서는 수봉놀이공원 전체를 '수봉 별마루'라고 칭하고, 디지털 미디어를 활용하여 별빛을 주제로 서로 다른 여덟 가지 형태로 독특한 야경 경관을 조성했다.[2] 또한 수봉공원 인공폭포는 바위를 배경으로 삼아 미추홀구의 역사와 수봉공원의 탄생을 영상으로 구현했다.

인천 야간명소화 프로젝트는 꾸준히 진행 중이다. 신일기 교수는 현재 인천 송도와 청라 역시 공간의 독특한 아이덴티티를 어떻게 확보할 것인지를 논의 중이라고 설명했다. 그는 다양한 방법 중에서도 디지털 옥외광고를 기반으로 한 '체험형 공간'에 주목해야 한

---

2) 윤용해(2021. 4. 28.). '별빛이 머물다'…인천 미추홀구 수봉별마루 점등. 경기신문. https://www.kgnews.co.kr/news/article.html?no=640669

[그림 9-3] 인천 수봉 별마루 전경

출처: 미추홀구청, www.michuhol.go.kr

[그림 9-4] 인천 수봉 별마루 전경

출처: 미추홀구청, www.michuhol.go.kr

다고 덧붙였다. 국내외를 막론하고 '어디에 가서, 무엇을 먹는지'에 대한 자신의 경험을 SNS에 올리고 공유하는 것이 전 세계적인 문화가 된 지 오래다. 이처럼 경험의 공유는 우리의 일상이며 타인과 소통하는 방식이 되었다는 점에서 볼 때, 소비자에게 '어떤' 경험을 줄 수 있는지가 시장 경쟁력이 되는 시대임을 가늠할 수 있다. 야경이 아름다운 수많은 동네 중 바로 여기, 이곳에서 무엇을 경험하게 할 것인지에 따라 공간의 아이덴티티가 완전히 바뀔 수 있다. 여기서 메타버스 스마트시티의 미래를 전망할 수 있다.

도시의 곳곳에서 콘텐츠와 소비자를 초고속으로 연결하는 'KT'의 디지털 옥외광고

-KT 광고사업팀의 손정호 팀장-

출퇴근길에 자주 마주치는 버스 정류장, 지하철 역사의 스크린 도어, 심지어 엘리베이터에서도 만날 수 있는 디지털 스크린 광고들. 우리의 일상에서 빈번하게 마주치는 이러한 디지털 옥외 미디어를 담당하는 기업이 어떤 기업인지를 한 번쯤 생각해 본 적 있을 것이다. KT는 모바일, 인터넷 등 통신사업뿐만 아니라, 디지털 옥외광고 미디어 사업 영역에서도 활발히 활동 중이다.

KT(https://www.kt.com)의 가장 대표적인 옥외광고 미디어 사업은 서울 수도권에 있는 버스 정류장과 신분당선 지하철 역사에서 이루어지고 있다. 버스 정류장은 서울 전 지역에 분포되어 있으므로, 서울 및 수도권 시민을 타깃으로 한 생활 밀착형 광고가 노출되기에 좋은 환경이다. 실제로 버스 정류장에 노출된 광고에 대한 인지도는 94%에 달하며, 광고 주목도 역시 긍정적인 것으로 나타난다. 강남과 판교, 분당, 광고 등 경기권 지역을 연결하는 신분당선 옥외광고 역시 KT가 미디어 사업을 주관하고 있다. 월 550만 명이 출퇴근 또는 지역 이동에 이용하고 있을 뿐 아니라, 상업 밀집 지역인 강남으로 통하는 길이므로 다양한 광고가 집행되고 있다. 역사 스크린도

[그림 9–5] KT 가로변 버스 정류장 옥외광고 집행
출처: KT 제공

---

3) 한국 리서치(2011). 버스 정류장 광고 인지도와 주목도 조사.

어, 지하철 내부, 승강장 등 옥외광고의 사이즈와 형태는 다양하다.

KT가 옥외광고 미디어 사업 중에서 주력을 기울이는 것 중 하나는 타운보드다. 타운보드는 최근 들어 증축되는 아파트나 빌딩의 엘리베이터에 거의 빠지지 않고 들어가는 옥외광고 미디어다. 특히 아파트 엘리베이터에 설치되는 타운보드는 대중교통시설에 설치되는 옥외광고 미디어에 비해 타깃층이 매우 구체적이라는 점이 특징이다. 광고주로서 자사의 광고 콘셉트에 맞는 소비자를 선별하여 맞

[그림 9-6] KT 신분당선 지하철 옥외광고 집행
출처: KT 제공

춤형 광고를 전달할 수 있다는 장점이 있다. 엘리베이터 내 타운보드는 광고뿐 아니라 날씨·뉴스 등 유용한 생활정보를 제공할 수 있으므로 정보공간으로의 역할도 담당한다. 예를 들어, 허리가 아픈 사람을 위한 스트레칭 동작을 그림 정보로 전달하면서, 아파트가 위치한 지역 근처의 한의원 광고가 함께 나가는 등의 형식으로 활용할 수 있다. 또한 마트의 할인 및 프로모션 정보 역시 미디어가 설치된 인접 지역의 특성을 고려한 맞춤형 광고를 송출할 수 있다.

그러나 유튜브 플랫폼 등에서는 미디어를 접하는 사용자를 분석해서 맞춤형으로 콘텐츠나 광고를 노출하는 데 비해, 디지털 옥

[그림 9-7] KT 엘리베이터 옥외광고 집행

출처: KT 제공

외광고는 맞춤형 정보를 제공하기에는 아직 부족한 면이 있다. 선명도, 속도 등 하드웨어적인 부분에서 많이 발달했으나, 소프트웨어적인 면에서 발전은 상대적으로 더딘 편이라는 것이다. 이에 대해서 KT 손정호 팀장은 "데이터 기반으로 소비자를 분석할 수 있는 여건을 형성하고, 이들이 관심을 가질 만한 정보를 제공하는 흐름을 만들 수 있다면 디지털 옥외광고의 성장 속도가 더 빨라질 것으로 생각"한다고 설명한다. 예를 들어, 특정 지하철역에 특정 시간 때를 가정할 때, 항상 비슷한 승객이 지나다닐 것으로 예상할 수 있다. 이들의 연령대, 성별, 지역, 이동 시간 등을 데이터 분석을 통해 의미 있는 정보를 추출한다면, 보다 목표 소비자에게 어울리는 광고나 정보를 게시할 수 있을 것이다. 정밀한 소비자 정보와 광대역의 초고속 네트워크 그리고 창의적인 콘텐츠를 활용하면 디지털 사이니지를 통해 도시민들에게 혜택을 제공하는 동시에 광고주의 만족도도 크게 높일 수 있을 것이다.

첨단 디지털 디스플레이 기술력으로 역동적 비주얼을 구현하는 '삼성전자'

−삼성 B2B 영업팀의 이성욱 프로−

삼성전자(https://www.samsung.com/sec)는 디지털 사이니지 구축 및 활용을 통해 옥내외 공간을 테코레이션하고 있다. 같은 매체를 활용하지만, 옥내와 옥외는 성격이 약간 다르다. 먼저 옥외 공간에서의 테코레이션은 옥내와 비교할 때 불특정 다수에게 노출된다는 점에서 밝기 및 크기에 대한 등에 대한 규제를 받는 편이다. 반면, 옥내 공간에서의 테코레이션 작업은 몇 년 전까지만 해도 건물주 혹은 회사 내 공지용 게시판을 담당하는 정보 전달적인 측면이 강했다. 그러나 이제 실내 공간의 사이니지는 엔터테인먼트 및 홍보적 측면의 성격이 강하다. 대형 예술 작품 대신 디지털 사이니지가 공간을 차지하며 실내 테코레이션에 변화의 바람이 불었다.

삼성이 옥외 및 옥내 디지털 사이니지 작업에 모두 참여한 대표적인 프로젝트 중 하나는 2021년 2월 오픈한 '더 현대 서울' 프로젝트다. 코로나19 등의 영향으로 비대면·온라인 쇼핑이 오프라인 쇼핑을 압도하는 상황에서, 차별화된 고객 경험을 위한 공간 디자인에 참여한 것이다. 더 현대 서울의 건물 외벽과 내부에는 삼성

[그림 9-8] 더 현대 서울 건물 외벽에 설치된 삼성 스마트 사이니지

출처: https://www.samsung.com/sec/business/insights/case-study/reference-THEHYUNDAIseoul/

[그림 9-9] 더 현대 서울 문화센터 'LIVE STUDIO'에 설치된 삼성 스마트 사이니지

출처: https://www.samsung.com/sec/business/insights/case-study/reference-THEHYUNDAIseoul/

의 초대형 스마트 LED 사이니지를 배치했다. 삼성 스마트 LED 사이니지는 화면을 경계하는 베젤을 최소화하여 용도에 따라 비율과 사이즈를 자유롭게 구성할 수 있다. 더 현대 서울 건물 외벽에 설치한 사이니지는 세로형 디스플레이를 도입하며 매력적인 미디어 콘텐츠의 비주얼 임팩트를 한층 높였다.

더 현대 서울 내부에도 삼성 디스플레이를 마주할 수 있다. 영화 상영, 명사 초청 강연 등의 다양한 문화 행사를 진행하는 문화센터인 'LIVE STUDIO'에 입장하면 거대한 공간을 빈틈없이 채우는 디스플레이를 마주할 수 있다. 이처럼 삼성 스마트 LED 사이니지는 영화관처럼 몰입할 수 있는 시네마형, 뉴미디어 콘텐츠에 특화된 세로형 등 공간의 형태와 크기에 따라 자유롭게 설치할 수 있다.

2021년에 개장 45주년을 맞은 테마파크 에버랜드에도 삼성 스마트 디스플레이를 설치해 디지털 기반의 콘텐츠를 활용한 체험 마케팅을 펼치고 있다. 에버랜드 안에 아름다운 튤립이 만발한 '포시즌스 가든'은 대표적인 포토존이다. 삼성은 이 가든의 중앙에 테니스 코트와 유사한 크기의 대형 스마트 LED 사이니지를 설치해 콘텐츠를 선보였다. 정오부터 오후 7시까지 매시 정각 디스플레이 화면을 통해 꽃이 가득한 정원의 모습을 생생하게 연출했다. 실제와 같은 가상공간으로 방문객들에게 특별한 시각적 경험을 제공한다는 측면에서 체험공간으로의 역할을 톡톡히 하고 있다.

이 대형 스마트 LED 사이니지는 때에 따라 다양하게 활용된다. 저녁 시간대에는 화려한 뮤직 퍼포먼스 영상에 레이저, 조명이 더해진 리드미컬한 공연을 송출한다. 이뿐만 아니라 고객과의 소통

[그림 9-10] 에버랜드 '포시즌스 가든'에 설치된 삼성 스마트 사이니지

출처: https://www.samsung.com/sec/business/insights/case-study/reference-EverlandSmartLED1/

[그림 9-11] 에버랜드 '포시즌스 가든'에 설치된 사이니지를 통한 소통형 콘텐츠 송출 장면

출처: https://www.samsung.com/sec/business/insights/case-study/reference-EverlandSmartLED1/

형 콘텐츠를 내보내기도 한다. 에버랜드를 찾은 소비자가 이곳에서의 추억을 담은 영상을 에버랜드 홈페이지에 업로드하면, 포시즌스 가든에서 송출하는 형식이다. 디스플레이 기술력과 소통형 콘텐츠를 결합해 체험 마케팅의 하나로 진행하고 있다.

첨단 디스플레이 기술력과 혁신적인 콘텐츠가 이용자의 맥락과 어우러질 때 가져올 수 있는 미디어 효과는 대단하다. 향후 삼성전자를 비롯한 국내 디스플레이 선두 기업들이 정보공간으로서 스마트시티에서 담당할 역할은 상당할 것으로 기대한다.

도시공간 빅데이터 기반의 디지털 옥외광고 커뮤니케이션을 주도하는 '에이더블유엠알'

–에이더블유엠알의 한주원 대표–

에이더블유엠알(AWMR, http://awmr.co.kr)은 빅데이터에 기반한 타깃팅과 효과 분석이 강점인 디지털 옥외광고 대행사다. 에이더블유엠알에서는 데이터 기반으로 미디어 운영 전략을 짜고, 성과 역시 측정하는 플랫폼을 구축하는 일을 주 업무로 한다. 유동인구 정보, 주요 상권 시설 분석 등을 병행해 광고하고자 하는 브랜드에 가장 효율적인 옥외 미디어를 선정하고, 집행하는 방식이다. 대한

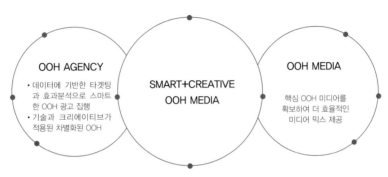

[그림 9-12] 에이더블유엠알의 비즈니스모델

출처: 에이더블유엠알

민국 전 지역의 실제 생활인구, 거주 및 직업 인구, 대중교통, 자가
운전 및 교통량, 공항뿐 아니라, LTE 통신사에서 수집되는 모든 빅
데이터를 분석하는 과정을 거친다. 그리고 브랜드의 타깃 소비자
에게 가장 많이 노출될 수 있는 지역 등을 맵핑한다. 일련의 과정을
통해 가장 효과적으로 오랜 시간 타깃에게 노출될 수 있는 디지털
옥외광고 미디어를 선택 후 집행한다.

디지털 옥외광고를 집행하는 것으로 에이더블유엠알의 업무가
끝나는 것이 아니다. 클라이언트에게 가장 중요한 성과 측정까지
시도한다는 것이 에이더블유엠알의 강점으로 꼽힌다. 일반적으로
디지털 옥외광고는 단순 게재 이후 실질적인 성과 측정이 현실적
으로 불가능했었다. 구체적으로 어떤 이들에게 광고가 노출됐는
지, 그들이 광고주가 원하는 타깃이 맞는지 등을 확인할 과학적 근
거가 부족하기 때문이다. 그러나 에이더블유엠알은 광고가 집행된
해당 지역에서의 생활/유동 인구 및 교통량 빅데이터를 활용해 디
지털 옥외광고 미디어의 총 노출 성과를 정량적 수치로 제공한다.

에이더블유엠알이 맡았던 프로젝트 중 위치기반 데이터를 활용
한 사례는 2020년 10월부터 2020년 12월까지 광고를 집행한 반반
택시(https://banbantaxi.com)다. 교통 빅데이터를 취합해서 어떤 연
령대의 사람들이 어디를 방문하는지 정교한 도구로 분석했으며,
그 결과를 옥외광고 집행에 활용했다. 먼저 에이더블유엠알 팀은
반반택시 모바일 애플리케이션이 서울−경기를 이동하는 일이 잦
은 사람들을 대상으로 하는 서비스임에 주목했다. 클라이언트였던
반반택시 애플리케이션에서 제공하는 데이터를 받아서 인기 도착
지 및 인기 출발지를 확인함으로써 서울−경기 광역권 타깃이 밀집
하는 장소를 추출했다. 그리고 타깃팅한 지역에 있는 지하철 및 버
스 정류장과 같은 교통시설에 인접한 옥외 미디어에 광고를 집행
했다. 지하철과 버스를 타고 내려 걸어가는 길, 늦은 밤 장거리 귀
가 교통수단으로 택시를 기다리는 동선 등에 반반택시의 디지털

[그림 9-13] 반반택시 옥외광고 집행
출처: 에이더블유엠알 제공

옥외광고를 집행한 것이다. 이러한 광고 집행 결과는 반반택시의 실질적인 매출 증가로 이어졌다. 캠페인 후 호출량, 회원 수, 검색량 등이 광고 집행 이전에 비해 월등히 늘었다.

위치기반 데이터를 활용한 두 번째 프로젝트 사례는 2021년 5월부터 7월까지 광고를 집행한 렌터카 카모아 모바일 애플리케이션이다. 에이더블유엠알은 7~8월간 성수기 렌터카 예약을 늘리기 위해 25~35세 남성이 오피스로 향하는 출퇴근길을 점유하는 것을 목표로 옥외광고 전략을 기획했다. 먼저 서울시 생활인구 이동 데이터를 활용해 강남, 종로, 여의도, 구로 권역에서 근무하는 25~35세 남성이 주로 어느 지역에서 유입되었는지 확인했다. 그에 따라 상위 12개 행정구 내 타깃 밀집 거주지들을 추출했고, 타깃 지역을 중심으로 출퇴근길 미디어 동선을 엮어 나갔으며, 가로변 버스 정류장, 지하철 역사 스크린도어 등 해당 지역의 출퇴근 동선에 있는

[그림 9-14] **카모아 옥외광고 전략, 타깃 지역 정교화**
출처: 에이더블유엠알 제공

옥외광고 미디어에 카모아 광고를 집행했다. 옥외광고 집행 결과,
카모아를 통한 차량 예약률이 급증했으며, 광고 집행 초기인 5월에
전년도 극성수기보다 더 높은 매출을 달성하는 기록을 냈다.

　또한 에이더블유엠알은 SNS와 디지털 옥외광고 미디어를 결
합하여 팬클럽 광고를 집행하는 참신한 아이디어를 실천 중이
다. 일명 '성덕시티' 플랫폼은 팬클럽 광고 미디어로, 글로벌 팬
들이 자신이 좋아하는 아티스트를 위해 옥외광고를 집행할 수 있
도록 설계되었다. 해외 각지에 있는 팬들이 자신이 좋아하는 아
티스트가 서울 권역에서 이동하는 동선에 광고를 집행하고 싶

[그림 9-15] 이태원 해밀턴 파노라마 옥외광고 미디어
출처: 에이더블유엠알 제공

성덕시티 | Fan-tastic Fan Life, Sungduk_City
@Sungduk_city

Watch now your fan-art on Hamilton Panorama Live!

— 성덕시티 | Fan-tastic Fan Life, Sungduk_City @Sungduk...
sungdukcity

6:59 PM · Apr 2, 2021 · Twitter Media Studio

20 Retweets **1** Quote Tweet **43** Likes

[그림 9-16] 성덕시티 플랫폼 활용한 광고 집행 생중계 영상

출처: 에이더블유엠알 제공

어 하는 니즈가 높다는 것에 착안했다. 에이더블유엠알이 '성덕시티(https://twitter.com/sungduk_city)'라는 아이돌 광고 후원 트위터 계정을 만들고 8일간 팬아트 공모전을 열었는데, 팬들이 자발적으로 팬아트 콘텐츠를 생산해서 자연스레 캠페인 홍보가 되었다. 232개 출품작 중 104개를 서울 이태원 해밀턴 파노라마 옥외광고에 송출했으며, 트위터 라이브 스트리밍

기능을 활용해 3회에 걸쳐 광고가 집행되는 모습을 생중계로 진행했다. 팬들에게 자신이 직접 제작한 팬아트 영상이 송출되는 것을 보여 주는 것은 물론, 집행 중인 타 광고의 간접 노출 효과도 함께 얻었다. 디지털 옥외광고와 SNS와의 상호작용을 통해 더 큰 광고 효과를 누릴 수 있었던 셈이다.

이렇듯 에이더블유엠알은 자사가 보유한 디지털 옥외광고를 통합하여 미디어 광고 구매 플랫폼을 개발하는 데 한창이다. 이를 통해 앞으로 에이더블유엠알이 바라보는 방향은 '미디어 쇼핑몰'에 있다. 즉, 자동화된 디지털 옥외광고 구매 시스템을 구축함으로써 모든 디지털 옥외광고의 실시간 입찰과 구매, 집행, 성과 측정이 이루어지도록 하는 것이다. 이와 같은 플랫폼이 구축된다면 해외

에서도 쉽게 접근할 수 있으며, 이들도 한국 내 원하는 곳에 자신의 브랜드를 알리는 광고를 집행할 수 있을 것으로 보인다. 에이더블유엠알 한주원 대표는 "궁극적으로 누구나 특정 도시의 디지털 옥외광고에 접근함으로써 미디어 쇼핑몰 플랫폼이 향후 세계인이 소통할 수 있는 스마트시티로 거듭나는 데 기여하기를 바란다."라고 말했다.

도시의 곳곳을 디지털 정보공간으로 트랜스포메이션 하는 '사운드그래프'

-사운드그래프의 정동관 대표-

사운드그래프(http://www.soundgraph.com)는 하드웨어와 소프트웨어를 아우르는 디지털 사이니지 솔루션을 제공하는 회사다. 주력으로 하고 있는 사업은 리테일 사업 공간에서의 디지털 사이니지 구축 및 관리다. 메뉴보드, 픽업 디스플레이(본인이 주문한 음식을 받기 위한 정보를 확인하는 디지털 사이니지) 등이 대표적이다. 스타벅스, 버거킹, MLB, 디스커버리 등 굵직한 브랜드를 클라이언트로 두고 있다.

디지털 사이니지 구축 시장에서 떠오르는 키워드는 역시 메타버스다. 디지털 사이니지를 통해 현실세계와 '메타버스'라 불리는 가상세계를 연결할 수 있다는 측면에서 그렇다. 사운드그래프 정동관 대표는 지금까지는 어떤 콘텐츠를 보여 주는 것이 광고였다면, 앞으로는 개인의 스마트폰이라는 매개체를 이용해 개인화된 콘텐츠를 보여 주는 방식으로 진화할 것으로 전망하고 있다. 예를 들어, 카페에 가서 메뉴보드를 볼 때도, 자신의 스마트폰을 이용해서 메뉴보드를 비추면 개인에게 맞춰진 커스텀 상품이나 혜택에 대한 정보 등이 표시되는 증강현실이 가능할 것이라는 이야기다.

사운드그래프는 미디어 재생과 관련된 클라우드 솔루션도 구축하고 있다. 일반적으로 디지털 메뉴보드를 제작하고, 제품 품절 등 실시간으로 변동이 생길 때 업데이트를 하려면 데이터 연동이 필

[그림 9-17] **사운드그래프의 클라이언트인 스타벅스 메뉴보드**
출처: 사운드그래프 제공

요하다. 클라이언트 기업에서는 이러한 데이터를 주로 내부망으로 사용하고 있으므로, 메뉴보드를 제작하고 제어하는 사운드그래프에 변경된 데이터를 연동하려면 내부망에 있는 데이터를 다시 모아서 외부로 연결해야 하는 작업이 별도로 이루어져야 한다. 이러한 불편 사항이 있음을 고려하여, 사운드그래프는 내부망과 연결해 재고 현황, 모바일 주문 현황 등 정보를 받아서 실시간으로 매장의 디지털 디스플레이에 반영한다. 이를 통해 소비자에게 더 정확한 정보를 신속하게 전달할 수 있다.

　디지털 옥외광고가 많은 발전을 해 왔지만, 지금까지도 가장 큰 단점으로 꼽히는 부분이 바로 광고 효과 측정이다. 이에 최근 사운드그래프는 라이브 스트리밍 개념에서 착안한 광고 효과 측정 방법을 개발하고 있는데, 옥외광고에 카메라를 설치해서 얼굴을 인식하고, AI학습모델을 사용해서 분석한 결과만 내보내는 시스템이다. 영상 스트림을 활용하는 방식으로 이미지나 동영상을 저장하지 않기 때문에, 「개인정보보호법」을 침해하지 않고도 옥외광고물을 시청하는 사람의 얼굴을 인식하고, 노출 얼굴 수, 노출 시간, 주목 시간 같은 지표를 분석해 낼 수 있다. 예를 들어, 1초에 한 번씩 영상 스트림에 노출된 얼굴의 숫자, 노출되고 있는 시간을 측정한다. 또한 눈동자 개폐 여부 등을 확인함으로써 광고물을 주시하고 있는지 아닌지도 판단할 수 있다. 이러한 데이터를 활용해서 실시간으로 재생되고 있는 디지털 옥외광고를 얼마나 많은 사람이 시청할 수 있는지 등을 파악하는 것이 목적이다. 아직 테스트 과정에 있어 상용화되지는 않았으나, 옥외광고 집행에 도입된다면 시청 효과를 보

[그림 9-18] CU 편의점에서의 얼굴인식 광고 효과 테스트

출처: 사운드그래프 제공

다 과학적으로 제시할 수 있는 서비스가 될 수 있을 것으로 보인다.

혁신을 두려워하지 않는 사운드그래프 정동관 대표는 새로운 형태의 디스플레이 방식을 구현하는 작업을 기획 중이라고 한다. 구체적으로 편의점에서 소비자가 선호하는 제품 카테고리를 바로 광고로 보여 주는 방식으로 전환하려고 하고 있다. 예를 들어, 편의점에서 커피를 계산할 때 바코드를 스캔할 때, 계산하는 점원 뒤편에 배치된 디스플레이에 커피 광고가 노출되는 형식이다. 지금 대부분의 편의점 계산대 뒤편의 디스플레이 광고는 주로 담배 광고라는 점을 고려할 때, 이러한 시스템이 구축된다면 편의점을 방문하는 수많은 고객의 니즈에 맞춘 맞춤형 광고가 재생될 가능성이 크다. 향후 고객의 개인정보를 침해하지 않는 것을 전제로 적정 정보를 잘 이용한다면 고객에게 더 큰 혜택을 주는 동시에 매장 매출도 높이는 상생 방안을 찾을 것으로 기대된다.

리마커블 콘텐츠를 통한 공간의 디지털화를 선두하는 '상화'

-상화의 이주환 부사장-

디지털 옥외광고는 갈수록 최적화된 콘텐츠를 찾아가는 중이다. 단순 광고 노출이 아니라 의미 있는 내용이 담기거나 스펙터클한 체험을 할 수 있는 미디어로 자리 잡아 가고 있다. 최근의 사례를 보면 더욱 그렇다. 앞서 신일기 교수의 인터뷰에서도 예로 들었던 삼성동 코엑스 '웨이브' 실감 콘텐츠가 대표적이다. 최적화된 콘텐츠가 탑재되었을 때의 파급력을 보여 주는 사례이기 때문이다. 이러한 트렌드에 따라 광고인의 입장에서 어떤 대형 전광판에 어떤 콘텐츠가 최적화될 수 있는지 고민하고 활용해 나가는 추세가 되었다.

상화(https://sangwha.com)는 AR, VR 등을 활용한 실감형 콘텐츠를 기획 및 전시하는 회사로, 도시가 정보공간으로 변화하는 중심에 서 있는 기업 중 하나다. 옥외광고가 단순히 외부에 노출되어 있는 전광판이 아니라, 소비자가 어떠한 경험을 할 수 있는 유의미한 콘텐츠로서 자리매김하는 데 기여하고 있다.

과거엔 대형 빌딩 로비에 멋진 그림이나 사진이 전시되었다면, 요즘은 대형 미디어가 설치되는 추세다. 미디어가 단순히 전시되는 것을 넘어서 빌딩을 방문하는 누구나 한 번쯤 관심을 가질 법한 문화 체험의 공간으로 변모하고 있다. 상화에서는 현대미술을 오마주한 작품을 미디어로 재현하는 공간작업을 시행 중이다. 일례로 여의도 파크원의 로비에 현대미술을 모티브로 한 미디어아트 콘텐츠를 제작했다. 가로 38m, 세로 5m의 초대형 LED의 특징을 살려, 마치 갤러리에서 거대한 작품을 감상하는 듯한 느낌을 재현해 냈다. SK 매직 브랜드샵 로비에 설치된 곡면형 LED 미디어 역시 상화가 콘텐츠를 제작하고 운영 및 개발을 진행했다. 물, 불, 바람 등을 주제로 한 테마 영상이 벽면에 펼쳐진 모습은 방문하는 사람들의 시선을 끌기에 충분하다.

건물 외벽 공간을 미디어 콘텐츠로 꾸미는 작업도 상화의 영역이다. 상화는 2021년 롯데월드타워의 외벽 미디어 콘텐츠를 기획하고 제작했다. 높이 555m에 달하는 대형 LED wall로, 경기 하남권에서 서울로 진입할 때 가장 먼저 감상할 수 있는 매체예술이기도 하다. 또한 사계절 및 시즌 행사 분위기에 따라 다채로운 콘텐츠를 연출하고 있다.

[그림 9-19] 파크원 타워 로비에 설치된 미디어아트 콘텐츠

출처: 상화 제공

[그림 9-20] 롯데월드타워의 외벽 미디어 콘텐츠

출처: 상화 제공

대규모 공간을 몰입형 미디어아트로 바꾸는 작업은 많이 이루어지고 있으나, 소비자가 일상에서 마주치는 작은 공간에 대한 미디어아트 작업은 아직 부족하다. 층고가 낮고 좁아 미디어아트를 구현하기가 상대적으로 어렵기 때문이다. 상화는 이와 같은 좁은 공간을 변모시키는 데 주목하고 있다. 사람들이 VR 체험 등을 통해 콘텐츠를 오감으로 즐길 수 있는 몰입형 미디어아트를 제작할 생각이다. 상화 이주환 부사장은 "자동차 매장이나 대형마트 등 층고가 낮고 좁은 공간에서도 미디어아트를 구현할 수 있다면, 소비자의 일상에 더 다가갈 수 있을 것"으로 전망했다.

상화는 어트랙션 전시도 주요 영역으로 두고 있다. 대표적인 사례가 2019년 세계 최대 ICT 전시회 중 하나인 CES(Consumer Electronics Show)에서 현대 모비스의 미래형 자율주행 콘셉트카가 실제 무대 위를 움직이는 퍼포먼스를 선보인 것이다. 차량을 3면

[그림 9-21] CES 2019에서 선보인 상화의 현대모비스 어트랙션 퍼포먼스
출처: 상화 제공

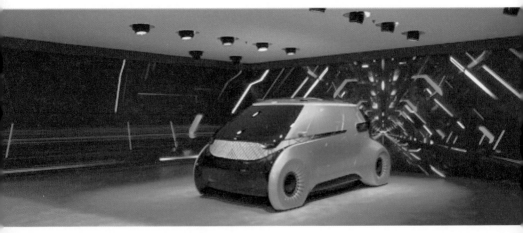

LED Wall 영상과 연동하여, 실제로 차량이 도로를 자율주행하는 듯한 모습을 연출했다. 뿐만 아니라 2021년 전북 남원의 항공우주 천문대 전시공간을 지루하지 않게 풀어낸 것도 상화의 공이 크다. VR을 활용해서 항공우주발전의 역사와 미래 변화를 놀이 형식의 콘텐츠로 구성했다. 방문객들이 직접 VR 체험을 통해 가상현실을 즐기며 우주를 체험하는 시설로 탈바꿈한 것이다.

이처럼 혁신적인 상화의 콘텐츠 뒤에는 끊임없는 연구와 노력이 있었다. 소비자에게 더 새로운 즐거움, 광고주에게 더 나은 솔루션을 제공하기 위해서 상화는 별도의 공간을 마련해 R&D 센터를 운

[그림 9-22] CES 2019에서 선보인 상화의 현대모비스 어트랙션 퍼포먼스
출처: 상화 제공

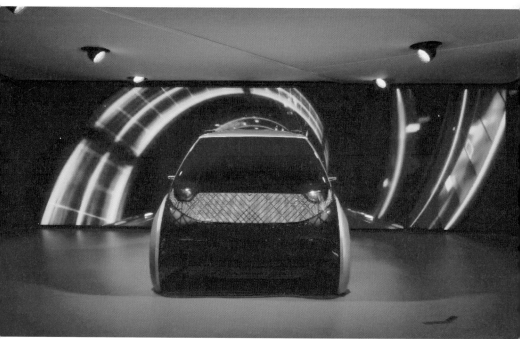

영하고 있다. 상화의 이주환 부사장은 "디지털 사이니지를 제작하는 초대형 기업이 나와서, 충분한 연구 개발을 통해 업계 자체가 성장하기를 기대한다."라고 덧붙였다.

참고문헌

4차산업혁명위원회(2018. 1. 29.). 도시혁신 및 미래성장동력 창출을 위한 스마트시티 추진전략. 서울: 4차산업혁명위원회.

국토교통부 국토도시실(2021. 6. 24.). 스마트시티 추진현황 및 계획: 스마트시티 특별위원회 제24차 회의 1호 안건. 세종: 국토교통부.

국토교통부(2020). 스마트시티 통합 플랫폼 기반 구축.

권동준(2017). [이슈분석] 급성장하는 상업용 디스플레이 시장, 기술경쟁 불 붙는다. 전자신문. https://m.etnews.com/20170622000227

권중록(2016). 전광판 광고탑의 랜드마크 기능에 대한 탐색적 연구. 지역사회연구, 24(1), 157–176.

김병희(2021). 디지털 사이니지의 파노라마. 디지털 시대의 광고 마케팅 기상도. 서울: 학지사. pp.181–196.

김병희, 김현정(2021). 디지털 옥외광고 크리에이티브 유형 분석 및 활성화 방안 연구. 서울: 한국옥외광고센터.

김선영(2013). 도시 마케팅과 환경심리학적 측면으로 본 미디어 파사드 디자인과 도시 이미지. 한국과학포럼, 14, 23–38.

김성원(2014). 디지털 사이니지 현황고 산업 발전 방향. 세종: 산업연구원.

김신엽(2018). 디지털 옥외광고 효과측정방안. 한국OOH광고학회 특별 세미나 발제집. 47–74.

김신엽(2021). 애드테크놀러지의 발견과 확장. 디지털 변화 속 광고PR산업. 서울: 학지사.

김한철 외. 메타버스에 기반한 차세대 U-Biz 고찰. *Samsung SDS Journal of IT Services*, 6(1), 180.

노광현, 이석기(2014). 키넥트를 활용한 상황인지형 디지털 사이니지 연구. JIIBC 2014-1-34, 265–273.

문철수(2010). OOH 광고 미디어로서의 디지털 사이니지에 관한 탐색적 연구.

OOH 광고학연구, 7(4), 237-256.

박숙영(2000). 테크놀로지를 이용한 오브제-환경에서의 관람자의 참여. 현대미술학 논문집, 4, 185.

박정선, 정현주(2014). 아이트래커를 활용한 야립광고 수용자 효고 측정 연구. 광고학 연구, 25(6), 135-168.

박현, 김신엽(2021). 도시의 스마트화와 DOOH 커뮤니케이션 기술의 발달. 한국광고PR실학회 2021년 춘계학술제 스마트시티 환경에서의 DOOH 발전 방향 논문집, 37-38.

변혜민, 심성욱(2021). 디지털 사이니지 매체태도가 설치 기대효과와 장소성 형성에 미치는 영향연구: 안전, 빛공해 문제의 조절효과. 광고연구, 129, 127-160.

서미숙(2021). 디지털 사이니지 시장 커진다…"코로나 딛고 올해 23% 성장". 연합뉴스. https://www.yna.co.kr/view/AKR20210511013200003

서울시 스마트도시정책관(2020. 10.). 서울시의회 제297회 임시회 행정자치위원회 주요업무보고 자료. 서울: 서울시의회.

서울시 스마트도시정책관(2021. 4.). 서울시의회 제300회 임시회 행정자치위원회 2021년 주요업무보고 자료. 서울: 서울시의회.

성수영(2019). '동영상 광고'가 달린다 … 버스에 디지털 광고 허용. https://www.hankyung.com/economy/article/2019021183271

송근혜, 박안선(2020). 미래 스마트시티 비전과 과제: 도시문제 대응을 중심으로. 전자통신동향분석, 35(6), 107-118.

시사상식사전(2021. 8. 16.). 프로그래매틱 광고. https://terms.naver.com/entry.naver?docId=2724093&cid=43667&categoryId=43667

신일기, 심성욱, 손영곤(2019). 디지털 옥외광고물 도입을 통한 이용자 커뮤니케이션 효과: 용산 전자랜드 사례를 중심으로. 광고PR실학연구, 12(1), 61-89.

심성욱(2013). 디지털광고물의 법적적용에 관한 연구. OOH광고학연구, 10(2), 39-72.

심성욱, 박현(2017). 신옥외광고론. 서울: 서울경제경영.

옥외광고물법(2016. 1. 6.). 옥외광고물 등의 관리와 옥외광고산업 진흥에 관한 법률.

유승철(2019). 공간문화콘텐츠 비즈니스의 핵심 성공조건에 관한 연구: ID3 알고리즘 기반 의 귀납적 추론을 활용한 비즈니스 사례분석을 중심으로. 미디어 경제와 문화, 17(2), 81-116.

유승철, 민지원, 황혜형(2016). 한국 디지털 사이니지 연구의 어제와 오늘. 한국콘텐츠학회 논문지, 16(10), 745-757.

유승철, 송시강, 박정선(2017). 미디어 환경에서 옥외광고의 새로운 정의와 범위에 대한 연구: 광고학과 법학적 관점의 종합. 광고연구, 112, 199-237.

유승철, 신일기(2018). 디지털 사이니지 미디어 크리에이티브: 매체 유형화와 광고 크리에이티브 전략. 광고학연구, 29(6), 81-108.

유재훈(2021). 〈What's up Start up〉 모토브, 인천경찰청과 '야간골목 안전시스템' 구축. 헤럴드경제. http://news.heraldcorp.com/view.php?ud=20210615001089

윤용해(2021. 4. 28.). '별빛이 머물다'… 인천 미추홀구 수봉별마루 점등. 경기신문. https://www.kgnews.co.kr/news/article.html?no=640669

이승지(2015). 도시 공간적 특성을 고려한 옥외광고물 자유표시구역의 지정 방안, OOH 광고학연구, 12(1), 78-105.

이안나(2020. 9. 18.). 슬기로운 소비생활. 65인치 사이니지, 이거 TV인가요?, 디지털데일리.

이재용, 한선희(2017). 스마트시티법 재개정의 의미와 향후 과제. 한국도시지리학회지, 20(3), 91-101.

이정학, 구영민(2005). 현대도시에서 랜드 마크의 의미 변화에 관한 연구. 대한건축학회 학술발표대회 논문집, 25(1), 259-262.

이춘성, 유승철, 김신엽, 장신석, 홍다현, 임다영(2020). 국내 스마트사이니지 산업의 해외시장 진출 방안 연구. 나주: 한국방송통신전파진흥원.

이형민, 김신엽, 천용석(2019). OOH(Out-of-Home) 광고 매체 유효접촉인구의 과학적 측정 : WiFi 감지 기술과 수용자 시선 행태 측정(Eye-tracking) 기술의 복합 적용 사례 연구. 언론과학연구, 19(2). 70-111.

이후종(2011). 복합요소를 통한 디지털 사이니지 사례연구, *Archives of Design Research, 24*(3), 153-164.

임현재(2018). 10초에 승부건 동영상, 6초짜리 광고. 유튜브 마케팅 핵심 '초반에 눈이 커지게' https://dbr.donga.com/article/view/1202/article_no/8814

전철기, 강부미(2018. 9.). 4차 산업혁명 핵심 융합사례: 스마트시티 개념과 표준화 현황. 경기: 한국정보통신기술협회.

차정운(2015). 디지털 사이니지 환경에서의 행동유도성에 관한 연구: 물리적 어포던스와 맥락 정보성을 중심으로. 서강대학교 대학원 석사학위논문.

천용석(2020). 스마트시티 구축을 위한 디지털 사이니지 활용 방안. 정보통신방송정책, 32(3), 1-23.

최광훈, 이경실(2014). 디지털 사이니지의 진화 방향과 경제적 효과. 세종: 산업연구원.

최태만(2001). 미디어 천국과 미디어 제국의 경계에서. 현대미술학 논문집, 4, 63-64.

한국 리서치(2011). 버스 정류장 광고 인지도와 주목도 조사.

허미영, 강신각(2012). 디지털 사이니지 기술 표준화 동향. 전자통신동향분석, 27(5), 73-85.

황주성, 유지연, 이동후(2006). 휴대전화의 이용으로 인한 개인의 공간인식과 행태의 변화. 한국언론정보학보, 306-340.

타카하시 요시에(2019). 일본, 소멸 위기 지방도시가 스마트시티로 변신. KOTRA. http://news.kotra.or.kr/user/globalAllBbs/kotranews/album/2/globalBbsDataAllView.do?dataIdx=175104

홍콩관광청(2018). *A Symphony of Lights | Hong Kong Tourism Board*, http://www.discoverhongkong.com

Arns, I., Auner, J., & Bull, M. (2013). *Throughout: art and culture emerging with ubiquitous computing.* MIT Press.

Baker, L. E. (2007). Public sites versus public sights: The progressive response to outdoor advertising and the commercialization of public space. *American Quarterly, 59*(4), 1187-1213.

Bergson, H. L. (2005). 창조적 진화. (황수영 역). 경기: 아카넷.

Bhargava, M., Donthu, N., & Caron, R. (1994). Improving the effectiveness of outdoor advertising: Lessons from a study of 282 campaigns. *Journal of dvertising Research, 34*(2), 46-56.

Butler, R. W. (2006). The future and the TALC. *The tourism area life cycle, 2*, 281-290.

Castells, M. (1983). Crisis, planning, and the quality of life: managing the new historical relationships between space and society. *Environment and Planning D: Society and space, 1*(1), 3-21.

Court, D., Elzinga, D., Mulder, S., & Vetvik, O. J. (2009). The consumer decision journey. McKinsey Quarterly, Available at: https://www.mckinsey.com/businessfunctions/marketing-and-sales/our-insights/the-consumer-decision-journey

eMarketer (2020). US Digital Out-of-home Ad Spending, 2019-2023. https://www.emarketer.com/content/out-of-home-advertising-becoming-moredigitaldriven

Gibson, T. A., & Lowes, M. D. (2007), *Urban communication: Production, text, context*. Lanham, MD: Rowman & Littlefield.

Grebosz-krawczyk, M. (2020). Place branding (r)evolution: the management of the smart city's brand. *Place Branding and Public Diplomacy, 17*, 93-104.

Grosz, E. (2012). 건축, 그 바깥에서: 잠재 공간과 현실 공간에 대한 에세이. (탈경계인 문학연구단 역). 서울: 그린비.

Hamlyn, D. W. (2017). *The psychology of perception: A philosophical examination of Gestalt theory and derivative theories of perception* (Vol. 13). Routledge.

Hawley, M. (March 7, 2011). Research Methods for Understanding Consumer Decisions in a Social World, Available at: https://www.uxmatters.com/mt/archives/2011/03/research-methods-for-understanding-consumer-decisions-in-a-social-world.php

Hirst, N. (2012). Why Experience Architecture is the future of planning. Ad Map Prize, WARC, available at: https://www.warc.com/content/paywall/article/admap-prize_14/en-GB/96503

IESE cities in Motion Index (2017). https://blog.iese.edu/cities-challenges-andmanagement/2017/05/25/164

Jordaan, F. (2001). Environmental impact of outdoor advertising, SATC 2001.

Kandinsky, W. (1977). M.T.H. Sadler, Concerning the Spritual in Art. *Dover Publications*, 6-9.

KDI 경제정보센터(2020). 택시, 광고 싣고 달린다. https://eiec.kdi.re.kr/publish/naraView.do?fcode=00002000040000100012&cidx=13037&sel_year=2020&sel_month=10&pp=20&pg=1

Kim, B. H. (2019). *The City of Communication, Seoul: Citizen Communications, A New Start for the City*. Seoul: The Seoul Institute.

Kittler, F. (1996). The history of communication media. *theory*, pp. 7-30.

Knowles, C., & Harper, D. (2009). *Hong Kong: migrant lives, landscapes, and journeys*. Chicago, IL: University of Chicago Press.

Koeck, R., & Warnaby, G. (2014). Outdoor advertising in urban context: Spatiality, temporality and individuality. *Journal of Marketing Management, 30*(13-14), 1402-1422.

Lim, J. (May 26, 2020). 'Wave' on Coex digital billboard grabs international attention. The Korea Herald . available at: http://www.koreaherald.com/view.php?ud=20200526000796

Mcluhan, M. (1997). 미디어의 이해. (박정규 역). 서울: 커뮤니케이션 북스.

Milgram, P., & Kishino, F. (1994). A taxonomy of mixed reality visual displays. *IEICE TRANSACTIONS on Information and Systems, 77*(12), 1321-1329.

Mindshare (2020). POV: Uber and Lyft OOH advertising. https://www.mindshareworld.com/news/pov-uber-lyft-ooh-advertising/

Quiel Signs (Semtember 2, 2016). Building A Brand With Outdoor Digital Signage Displays, Retail Minded, Available at: https://retailminded.com/building-a-brand-withoutdoor-digital-signage-displays/#.YS2sFI5KgnJ

Relph, E. (1976). *Place and placelessness* (Vol. 67), London: Pion.

Richtel, M. (2010). *Digital Billboards, Diversion Drivers Can't Escape.* New York Times.

Schaeffler, J. (2008). *Digital Signage: Software, Networks, Advertising, and Displays: A Primer for Understanding the Business.* Burlington, MA: Focal Press.

Schmidt, A., Beigl, M., & Gellersen, H. W. (1999). There is more to context than location. *Computers & Graphics, 23*(6), 893-901

Shilov, N., Smirnova, O., Morozova, P., Turov, N., Shchekotov, M., & Teslya, N. (2019). *Digital Signage Personalization for Smart City: Major Requirements and Approach.* IEEE International Black Sea Conference on Communications and Networking (BlackSearCom).

Sidahmed, M. (2016). Pokémon Go: Restaurants and bars cash in on Pokéstop locations. The Guardian. https://www.theguardian.com/technology/2016/jul/14/pokemon-gosponsored-locations-restaurants-business.

Spence, K. M. (2020). *Creative Seoul: A Lesson for Asian Creative Cities. In Re-Imagining Creative Cities in Twenty-First Century Asia* (pp. 203-219). Palgrave Macmillan, Cham.

Statista (2021). Digital out-of-home advertising spending in the United States from 2019 to 2023. https://www.statista.com/statistics/278042/dooh-spending-in-the-us

Statista (2021). Value of the digital signage market worldwide in 2016 and 2023.

https://www.statista.com/statistics/699718/digital-signage-market

Stocker, G., Schopf, C., & Leopoldseder, H. (2015). *Post City : Habitats for the 21st Century*, Ars Electronica.

TDI Ads (2021). 데이터 마케팅 통합 소개서 및 자두 소개서.

Techcrunch (2020). Bin-e ㅣDisrupt Berlin 2019 https://youtu.be/g6S1IwdF08Y

Topolšek, D., Areh, I., & Cvahte, T. (2016). Examination of driver detection of roadside Traffic signs and advertisements using eye tracking. *Transportation research part F: Traffic Psychology and Behaviour, 43*, 212-224.

Tuan, Y. (1995). Island selves: HUMAN DISCONNECTEDNESS in a world of interdependence. *Geographical Review, 85*(2), 229. doi:10.2307/216065

Ubuntu (October 10, 2018). Digital signage: the face of the smart city revolution, Available at: https://ubuntu.com/blog/digital-signage-the-face-of-the-smart-cityrevolution

Ullman, G. L., Brydia, R. E., Ruback, L., Arrington, D. R., & Voigt, T. (2016). *Installation of dynamic travel time signs and efforts to obtain and test a graphical route information panel (GRIP) sign in Austin* (No. FHWA/TX-15/5-9049-03-7). Texas A&M Transportation Institute.

urleson, W., & Witzgall, B. (2002). Dynamic Physical Architecture. *InterSymp 2002*, 14th.

Welsch, W. (2005). 인공낙원?-전자 매체 세계와 다른 세계들에 관한 고찰. 미학의 경계를 넘어. (심혜련 역). 서울: 향연.

Wilson, R. T., Baack, D. W., & Till, B. D. (2008). *Out-Of-Home but Not Out-Of-Mind: Advertising Creativity and Recall. Proceedings of American Academy of Advertising Conference* (Online). Lubbock: American Academy of Advertising. pp. 105-110.

Yoo, S. C., Jeon, M., Truong, T. A., Kang, S. M., & Shin, I. (2021). "Tecoration" Using Digital Outdoor Advertising: A Case Study of the Three Leading Global Smart Cities. *Turkish Journal of Computer and Mathematics Education (TURCOMAT), 12*(13), 6206-6216.

─────────── 찾아보기 ───────────

인명

내용

● 저자 소개 ●

유승철(Yoo, Seung-Chul)

유승철 교수는 현재 이화여자대학교 '커뮤니케이션 · 미디어학부' 교수로 '융합 미디어 트랙'과 '미디어 공학 & 창업 트랙' 주임교수다. 미국 텍사스 대학교(The Univ. of Texas at Austin)에서 광고학(Advertising) 전공으로 석사 및 박사 학위를 취득했다. 유학 전에는 (주)제일기획에서 다년간 미디어/광고 실무를 담당했으며 학위 취득 후 로욜라 대학교(Loyola University Chicago)에서 디지털/인터랙티브 미디어(Digital/Interactive Media) 담당 교수로 재직했다. 한국광고학회, 한국광고홍보학회, 한국PR학회, 한국광고PR실학회, 한국스포츠미디어학회, 한국헬스커뮤니케이션학회에서 기획이사 및 일반이사로 봉사하고 있다. 도시 브랜딩과 마케팅, 헬스케어 서비스 혁신, 디지털 옥외광고 등 디지털 기술을 활용한 커뮤니케이션 전략과 소비자 및 광고심리학이 주요 연구 및 교육 분야다. 유승철 교수의 연구 및 교육 관련 인터뷰는 The New York Times와 Korea Herald, Arirang TV를 비롯한 다수 국제 언론에 소개된 바 있다.

김병희(Kim, Byoung Hee)

김병희 교수는 현재 서원대학교 광고홍보학과 교수로 재직하고 있다. 서울대학교를 졸업하고, 한양대학교 광고홍보학과에서 광고학박사를 받았다. 한국PR학회 제15대 회장과 한국광고학회 제24대 회장으로 봉사했으며, 정부광고자문위원회 초대 위원장과 서울브랜드위원회 제4대 위원장을 비롯해 여러 정부기관의 광고PR마케팅 정책 자문을 하고 있다. 그동안 『디지털 시대의 광고 마케팅 기상도』(학지사, 2021)를 비롯한 50여 권의 저서를 출판했다. 주요 논문은 「Analysis of the Interrelationships among Uses Motivation of Social Media, Social Presence, and Consumer Attitudes in Strategic Communications」(2019) 등 100여 편이 있다. 한국갤럽

학술상 대상(2011), 제1회 제일기획학술상 저술 부문 대상(2012), 교육부 · 한국연구재단의 우수 연구자 50인(2017) 등을 수상했고, 정부의 정책 소통에 기여한 공로를 인정받아 대통령 표창(2019)을 받았다. 도시 브랜딩과 마케팅을 비롯해 광고 크리에이티브 연구가 주요 관심 분야다.

김신엽(Kim, Shin Youp)

김신엽 소장은 디지털 광고회사 및 종합광고회사, 브랜드 매니저로 이어지는 경로를 거친 후 ㈜한국DS연구소 소장 및 한양대학교 광고홍보학과 겸임교수로 재직하고 있다. 서울과학종합대학원(aSSIST)에서 디지털 마케팅을 전공했으며(경영학 박사), 현재 부산국제광고제 디지털 위원장 및 한국광고홍보학회 이사로도 활동하고 있다. 2016년 부산국제광고제를 통해 글로벌 애드테크 콘퍼런스를 국내 최초 기획 · 개최하여 국내 광고 산업 및 애드테크(AD-Tech) 대중화에 공헌했다. 한국광고홍보학회에서는 전국 고등학교를 대상으로 '광고홍보학 알리기 사업'을 통해 MZ세대의 광고홍보학 관심과 이해를 높였으며 현재는 디지털사이니지 측정 표준화를 통해 광고 산업 내 또 다른 기여를 희망하고 있다. 옥외광고의 디지털 전환, 마케팅의 디지털 전환, 트랜스미디어와 광고융합이 주요 연구 분야다.

윤호영(Yoon, Ho Young)

윤호영 교수는 현재 이화여자대학교 '커뮤니케이션 · 미디어학부' 교수로 '미디어 데이터 사이언스' 전공 분야 교수다. 미국 위스콘신주 매디슨에 있는 위스콘신대학교(University of Wisconsin-Madison) Journalism & Mass Comm. 학과에서 박사학위를 취득했다. 영문 학사/컴퓨터과학 학사/사회학 석사이기도 하다. 기술 기반 미디어 생태계에 관심이 많은 학자로 텍스트 마이닝 분석에서 컴퓨터 비전과 커뮤니케이션을 연결하는 연구로 이동하고 있으며, 현재 한국언론학회 연구이사로 봉사하고 있다.

이남경(Lee, Nam-Kyung)

이남경 박사는 현재 한국전자통신연구원(ETRI) '미디어지능화연구실' 실장을 맡고 있으며 스마트 미디어 관련 다수의 국책과제를 맡아 가전사, 방송사업자, 통신사업자 및 다수의 중소기업과 협력 및 공동연구를 통해 방송·미디어 플랫폼 지재권확보와 정보통신산업 기술 확산에 힘쓰고 있다. 스마트 미디어 관련 핵심 기술을 개발하여 국내외에 기술 이전하여 다수의 제품화를 이루어 냈으며, CES, IFA, Digital Signage Expo, 한국전자전 등 국내외 기술전시회에 개발 기술을 전시하여 글로벌 기술 경쟁력 확보 및 국가 위상제고에 기여했다. 한국스마트사이니지포럼 운영위원, 인공지능 데이터 구축사업 미디어분과 자문위원 및 인터넷미디어 포럼, 지식정보 트러스트 포럼에서 활동하고 있다.

유원준(Yoo, Won Joon)

유원준 교수는 미술평론가이자 미디어문화예술채널 앨리스온(AliceOn)의 설립자이며, 현재 영남대학교 미술학부 교수다. 과학-기술 매체와 예술 융합의 다양한 지점에 관하여 연구하고 있으며 영화와 게임, 만화와 공연예술 등 전통적인 미술(시각예술)의 범주를 넘어 문화예술 콘텐츠 전반에 관심이 있다. 대학에서는 미학 및 트랜스아트 관련 과목을 강의하고 있으며 비평 분야에서는 미디어아트 및 현대미술에 관한 평론을 진행하고 있다. 문화관광부 광복 60주년 IT 프로젝트 팀장, 아트센터 나비 교육팀장, 주안미디어페스티벌(2011), 과학예술 융복합 프로젝트 GAS(과학기술정보통신부, 2016, 2017) 및 광주미디어아트페스티벌(2018), 아세안의 빛, 하나의 공동체(ACC, 2019) 총감독 등을 역임했다. 최근 한국콘텐츠진흥원에서 주최한 만화비평공모(2019)에서 대상을 수상하며 미술평론을 넘어 다양한 문화 콘텐츠에 관한 비평 작업을 시도하고 있다.

함창대(Ham, Chang—Dea)

함창대 교수는 현재 미국 일리노이 대학교(University
of Illinois at Urbana-Champaign), Charles H.
Sandage Department of Advertising의 종신교수이
자 부교수로 학과 내 Director of Graduate Studies,
Global Professional Training Program Director 및
Digital Certificate Program Director를 맡고 있다. 미
국 미주리 대학교에서 박사학위, 플로리다 대학교에서 석사학위를 취득했으
며, 유학 전 HSAd(전 LGAd)에서 10년간 AE 및 디지털 플래너로 재직하면서
여러 캠페인을 담당했다. 현재 American Academy of Advertising의 Research
Committee Chair, Asian Journal of Communication의 Associate Editor를 맡
고 있으며, Korean American Communication Association(KACA)의 부회장을
역임했다. 디지털시대 기업의 설득 전략에 대한 소비자의 메타인지에 대한 연
구를 하고 있다.

강승미(Kang, Seung Mi)

강승미 박사는 현재 의료 브랜드 컨설팅 회사인 닥스
미디어(http://docsmedia.co.kr)에서 편집장(Editor
in Chief) 및 헬스케어 브랜드 컨설턴트로 근무하고
있다. 이화여자대학교 커뮤니케이션 · 미디어학부에
서 '푸드 커뮤니케이션과 콘텐츠 마케팅을 주제로 박
사학위를 취득했으며, 박사학위 과정 전에는 국내 최
대 의료건강 미디어인 헬스조선(https://health.chosun.com)에서 다년간 취
재기자로 근무했다. 도시 브랜딩, 영상 콘텐츠 마케팅, 메디컬 및 푸드 커뮤니
케이션 등 뉴미디어 기술과 다양한 콘텐츠를 융합한 광고/PR 기획과 브랜드
전략이 주요 연구 분야다. 현재 한국헬스커뮤니케이션학회에서 이사로 봉사
하고 있다.

테코레이션(Tecoration)
-메타버스 스마트시티 그리고 디지털 옥외광고-

2021년 11월 1일 1판 1쇄 인쇄
2021년 11월 5일 1판 1쇄 발행

지은이 • 유승철 · 김병희 · 김신엽 · 윤호영
　　　　이남경 · 유원준 · 함창대 · 강승미
펴낸이 • 김진환
펴낸곳 • ㈜ 학 지사

　　　　04031 서울특별시 마포구 양화로 15길 20 마인드월드빌딩
대표전화 • 02-330-5114　　팩스 • 02-324-2345
등록번호 • 제313-2006-000265호

홈페이지 • http://www.hakjisa.co.kr
페이스북 • https://www.facebook.com/hakjisabook

ISBN 978-89-997-2528-9 93320

정가 18,000원

출판 · 교육 · 미디어기업 학 지사
간호보건의학출판 학지사메디컬 www.hakjisamd.co.kr
심리검사연구소 인싸이트 www.inpsyt.co.kr
학술논문서비스 뉴논문 www.newnonmun.com
교육연수원 카운피아 www.counpia.com

이 책은 한국지방재정공제회 '2021 옥외광고 전문도서 지원사업'을
통해 출판되었습니다.